COUNSELING THE ELDERLY

노인상담

오승하 저

양성원

머리말

지금의 우리 사회는 특별히 획기적인 변화가 있지 않는 한, 2025년 초고령사회에 진입할 것이다. 일이십 년 전만 하더라도 설마설마했던 일이 아닌가! 65세 이상 인구가 전체 인구의 20% 이상일 때 초고령사회라 일컫는데, 현재 상당히 근접한 상황이다. 급격한 노인 인구 증가로 노인 빈곤, 독거노인 등 여러 관련 문제도 수면 위로 떠오르고 있다.

노인 학대 또한 마찬가지다. 이는 우리 사회 저변에 깔린 노인을 비하하고 혐오하는, 노인에 대한 부정적인 인식과 무관하지 않다. 노인 학대는 쉽게 드러나지 않아 더 심각하다. 대부분의 학대는 가정에서 가족 구성원으로부터 발생하다 보니, 피해자들이 그 사실을 알리지 않거나 사실 자체를 인정하지 않으려 한다. 그러나 최근 5년간 노인 학대 건수는 매년 증가했다.

국제연합(UN)과 세계보건기구(WHO)는 2006년 노인 학대의 심각성을 알리기 위해 6월 15일을 '세계 노인 학대 인식의 날'로 제정했다. 우리나라는 2017년부터 같은 날을 '노인 학대 예방의 날'로 기념하고 있다. 「노인복지법」 제1조의 2 제4호를 보면, 노인 학대란 '65세 이상 노인에 대하여 신체적 · 정서적 · 성적 폭력 및 경제적 착취 또는 가혹행위를 하거나 유기 또는 방임하는 것'을 말한다.

노인 학대가 증가하는 배경에는 가구 형태의 변화와 돌봄에 대한 부담, 부양에 따른 스트레스 등이 꼽힌다. 특히 노인 단독 가구 형태가 급증하고, 평균 수명이 길어지며, 노인이 노인을 돌보는 '노노(老老) 돌봄'도 급격히 늘어나는 상황이다. 이런 면에서 '노(老)-노(老) 학대' 비율도 점차 높아지고 있다. 아무리 배우자라 하더라도 체력적으로나 정신적으로 노인이 노인을 돌보는 데는 한계가 따르기 때문이다.

여성 노인 학대는 더 심각하다. 학대당하는 노인의 대략 75%는 여성이다. 여성 노인은 나이를 먹어도 부양이나 돌봄에서 벗어나지 못한다. 젊을 때는 부모를 부양하고, 자녀를 양육하였다. 나이 들어서는 손자녀를 돌보고, 또 노인이 된 배우자를 살펴야 하는 사례가 많다. 또 대부분 배우자에게 경제적으로 의존했다가 사별 등 이유로 빈곤을 겪게 되고, 사회관계망도 약하기에 우울 속에서 살아간다. 최근에는 독거노인이 많아지며 스스로 생존을 위한 최소한의 권리를 포기하는 자기 방임도 꾸준히 늘고 있다.

노인 학대 예방을 위해서는 세대 공감 및 존중 문화 정착과 노인에 대한 부정적인 인식 개선 등이 기본적인 해결 방안으로 꼽힌다. 세대 공감과 존중 문화를 위해서는 어린이 · 청소년 교육 과정에 이를 반영하여야 한다. 학대가 가정에서 은폐되고 계속해서 반복되는 특성이 있으므로 학대 정황이 발견되면 즉시 신고하고 전문가 개입을 통해 학대의 고리를 끊어야 한다.

이러한 상황에서 상담자는 어떻게 할 것인가?

상담자는 노인이 성공적 삶을 마무리하는 데 도움을 주는 봉사적 활동을 해야 한다. 상담자는 노인을 상담하기 위해서 심리적 영역은 물론 신체적 건강, 의료적 진단 및 치료계획에 대한 지식, 재정적 · 사회적 · 법률적 정보 제공 · 영적 등의 영역까지 확대하여 상담하여야 한다. 예컨대 내담자가 이용할 수 있는 지역사회의 자원을 제공하고, 중재자 역할도 해야 한다. 가르치는 교사의 역할도 해야 한다. 때로는 내담자의 법적 대변자로서 문제 해결의 대안 선택을 위한 정보도 제공하여야 한다.

따라서 이 책은 이러한 의도로 집필하였다. 구체적으로 노인의 전반적인 삶 속에서 겪은 여러 가지 어려운 사건이나 상황을 극복한 강점을 확인하고, 보상받았던 경험을 기억 속에서 표출시키는 데 도움이 되고자 한다. 그리하여 그들이 남은 생이라도 후회 없고 행복한 나날이 되기를 기대한다. 2010년부터 노인상담사 양성을 하면서 행복한 노년이 되고 자아통합감을 이룰 수 있도록 길잡이가 되어 줄 교재가 필요하여 집필해 왔는데 출간에 도움을 주신 많은 분들께 진심으로 감사드립니다.

2024년 2월

오승하

목 차

제2부

노인상담의 기초

제3부 노인문제와 상담

제01부 노인에 대한 이해

제 01 장
노인의 기초적 이해

1 노인의 개념

노인(老人)이란 나이가 들어 늙은 사람을 뜻한다. 다른 말로 고령자, 늙은이, 늙은 분이라고도 한다. 그런데 우리나라에서는 노인들의 기분이 상하지 않게 하기 위해 어르신, 시니어, 실버, 연장자 등과 같은 말로 완곡하게 말하는 경우가 많다. 그리고 늙었는데 가난하기까지 하다면 노궁(老窮)이라는 말을 쓰기도 한다. 속되게 표현할 때는 노인네, 노친네, 노땅, 꼰대, 틀딱[1] 등의 용어를 쓴다. 그렇지만 당하는 입장에선 굉장히 불쾌해할 수도 있으니 주의하여야 한다. 그러나 다른 비하 명칭들처럼 격의 없이 친한 사이에서 쓰거나 같은 노인끼리 쓰면 친근감의 표현으로 쓰이기도 한다.[2]

언뜻 봤을 때 나이가 많이 들어 보이면 노인이라는 칭호가 자동으로 생기며, 사회학 쪽에서는 보통 65세를 넘으면 노인으로 보지만, 사회적으로 60대는 노인으로 취급하지 않는 경우가 종종 있다. 다소 부정적인 인상을 주는 '늙은이'보다는 '노인'은

1) 틀딱은 틀니와 틀니가 부딪치는 소리를 나타내는 의성어 '딱'을 합성한 신조어이다. 초기엔 틀니딱딱충(틀니+딱딱(의성어)+충)이라는 형태로 쓰이다가, 이를 줄인 틀딱이라는 용어가 빈번히 쓰이게 되었다. 주로 노인을 낮춰 보거나 '몰지각한 언행을 벌이는 노인들'을 비난하는 용도로 쓰이지만, 최근에는 아직 중년이거나 초로(初老)인 4050세대에도 심심찮게 쓰인다. 실제로 2030세대가 부모 세대라고 할 수 있는 중년 세대를 지칭하거나, 그들이 향유하는 잘못된 문화를 비판할 때 틀딱, 틀이라는 표현을 쓰는 걸 흔히 볼 수 있다.

2) 이것은 외국도 예외는 아니어서, 미국에서는 old man 대신 senior citizen을 쓰고, 일본에서는 老人 대신에 한국의 어르신에 대응하는 말인 年寄(としより)라는 단어를 쓴다. 영국에서는 설령 노인이라고 해도 다른 사람에게 old라고 하면 굉장히 무례한 것이어서, elderly라는 표현을 대신 쓴다.

비교적 중립에 가까운 표현이라고 볼 수 있다. 반대로 '젊은이'는 전혀 그러지 않지만, 사람마다 달라서 노인 혹은 늙은이라는 말을 듣기 싫어하는 당사자들도 있다. 따라서 요즘은 상대방에게 직접 말할 때는 주로 '어르신'이라고 부르는 편이다.

홍준표 "장인 영감탱이" 논란… 사전적 의미는?

홍준표 자유한국당 대선후보(현 대구시장)가 장인어른을 '영감탱이'라고 부른 사실이 알려져 논란이 거세지자 "경상도에서는 장인어른을 친근하게 표시하는 속어로 영감쟁이, 영감탱이라고 하기도 한다."라고 해명했다.
영감쟁이, 영감탱이는 모두 늙은 남자를 낮잡아 부르는 말이다. 유사한 말로는 '영감태기'가 있다. 홍 후보가 경상도에서는 친근하게 장인을 이르는 말로 쓰인다고 해명하자 일부 사람들이 "부산 등지에서는 영감쟁이나 영감탱이를 친근한 사이에 쓰기도 한다."라며 홍 후보의 말에 동조하기도 했지만, 표준어상으로 영감쟁이 · 영감탱이는 비하의 뜻이 더해진 단어들이기 때문에 논란이 지속되고 있다.
국립국어원 관계자는 "경상도 지역에서 영감쟁이나 영감탱이가 방언으로 정확히 어떻게 사용되고 있는지는 알 수 없다."라며 "모든 방언이 사전에 올라오는 것은 아니다."라고 설명했다.

출처: 머니투데이(2017. 5. 8.), 이재은 기자(jennylee11@mt.co.kr).

2 노화의 개념

사람은 누구든 태어나면 늙게 되고, 늙으면 병이 들고, 병이 들면 죽음을 맞이하게 된다. 역사 이래로 인간은 노화(老化) 현상과 싸워 왔다. 고대 중국의 진시황제(秦始皇帝)는 영원히 늙지 않고 살 수 있는 불로초(不老草)를 찾아 헤매었지만, 그 역시 죽음을 피할 수는 없었다. 이처럼 이 세상 어느 누구도 결코 생로병사(生老病死)의 주기를 피할 수는 없다.

노화란 시간의 흐름에 따라 신체의 구조와 기능이 점진적으로 저하되고 질병과 사망에 대한 감수성이 급격히 증가하면서 쇠약해지는 과정이다. 노화란 질병이나 사고에 의한 것이 아니라, 나이가 들면서 생체 구조와 기능이 쇠퇴하는 현상을 의미한다. 단순하게 표현하면, 노화란 나이가 들어 생기는 변화라고 말할 수 있다.

노화에 관한 최근의 연구 결과를 보면, 몇 가지 호르몬은 부분적으로 뚜렷한 치료 효과와 노화 방지 효과를 나타내는 것으로 보인다. 그러나 이와 같은 호르몬을 사용하는 것이 정말로 젊음을 유지하게 해 줄 것인지는 아직 확실하지 않다. 지금 우리는 최첨단 과학 시대를 살고 있지만, 아직까지 영원히 늙지 않는 사람이 있다는 이야기는 들어 본 적이 없다.

노화에 관한 이론은 크게 두 가지로 나눌 수 있다. 하나는 우리 몸 안의 어딘가에 생체 시계가 있고 사람마다 미리 정해진 시간표에 따라 태어나서부터 죽을 때까지 신체의 성장 및 발달과 노화 과정이 조절되어 노화가 진행된다는 것이다. 다른 하나는 살아가면서 외부 또는 주위 환경의 영향으로 말미암아 세포나 신체 기관이 마모되면서 손상을 입어 몸이 점진적으로 본래의 기능을 잃어 가는 과정이라는 것이다.

엄격한 의미의 노화란 질병과 무관하게 나이가 들어 신체의 전반적인 활력이 떨어지고 모든 생리적 기능이 저하되는 과정을 말한다. 예를 들면, 세포의 단백질 합성 능력이 감소하고, 면역 기능도 저하되며 근육은 작아지고 근력은 감소한다. 또한 체내의 지방 성분은 증가하고 골밀도가 감소하여 뼈가 약해지는 것 등이다. 따라서 나이가 들면서 동맥 경화, 암, 치매 등 각종 질병이 많아지는데 이들 성인병이나 노인 질환의 발생은 순수한 의미의 노화와는 별개라고 하겠다.

김태현(1999: 43-44)은 노화의 특징을 다음과 같이 설명하고 있다.

첫째, 노화는 시간의 흐름에 따라 세포나 조직, 기관 등의 유기체 전반에 걸쳐서 일어나는 점진적인 변화이다.

둘째, 노화는 시간적 과정에 관련되거나, 혹은 제약되는 것으로 환경 변화에 적절히 반응하도록 하는 조직과 기능의 결함을 갖게 된다.

셋째, 노화는 외상이나 전염병 혹은 외적·환경적 인자로 발생되는 것이 아니라, 본질적으로 생체에 내재하는 필연적 과정으로서 생긴다.

넷째, 노화는 나이에 수반되는 생리적 기능의 저하, 스트레스에 따른 변화에 대해 자기 회복력의 저하, 예비력의 저하 또는 병에 걸리기 쉽고, 죽음의 확률이 나이와 더불어 대수적으로 증가하는 현상이다.

3 노년기의 신체적 · 심리적 · 사회적 변화

1) 신체적 변화

(1) 근육 감소와 관련된 변화

노년에는 근육량이 감소하고 근력이 약화된다. 이는 운동 부족, 호르몬 변화, 영양 섭취 부족 등 다양한 요인으로 발생할 수 있다. 나이가 들어감에 따라 근육이 약해져 계단을 오르거나 식료품을 운반하는 것과 같은 일상적인 활동을 수행하기가 더 어려워진다. 또한 균형 및 협응(協應)[3] 장애가 더욱 흔해져 낙상 및 부상 위험이 증가한다. 감소된 유연성과 동작 범위는 또한 이러한 이동성 감소에 이바지하여 신발 끈을 묶기 위해 몸을 구부리는 것과 같은 간단한 작업조차 수행하기 어렵게 만든다.

(2) 뼈 감소와 관련된 변화

노년에는 뼈 조직의 손실이 발생한다. 골밀도의 감소는 골절 발생 확률을 높이며, 손상된 뼈 조직의 재생 능력을 감소시킨다. 이는 골다공증의 주요 원인으로 작용하며, 골절과 같은 심각한 문제를 초래할 수 있다. 골절이 가장 흔하게 발생하는 부위는 요추, 골반, 손목과 같은 조직이다. 따라서 노년에는 뼈 건강을 유지하기 위한 조치가 필요하다.

3) 협응이란 신체의 신경 기관, 운동 기관, 근육 따위가 서로 호응하며 조화롭게 움직이는 것을 뜻한다. 단어의 사용 예를 들면, 하체 근육 강화를 위해선 등산이 좋다. 엉덩이 관절과 무릎 관절 주변 근육의 근지구력이 향상되고, 불규칙한 지형을 걷는 동안 관절과 근육의 협응 능력을 높여 균형 감각이 좋아진다.

(3) 심혈관 질환과 관련된 변화

노년에는 심혈관 질환의 위험이 증가한다. 이는 동맥 경화, 고혈압, 심부전 등 다양한 질환으로 나타날 수 있다. 당뇨병, 관절염, 치매와 같은 만성 질환도 나이가 들면서 더 흔해진다. 이러한 심혈관 질환은 심각한 건강 문제를 초래할 수 있다. 또한 이러한 변화는 개인의 삶의 질에 상당한 영향을 미칠 수 있으며, 일상 활동에 참여하는 능력을 제한하고 의학적 합병증의 위험을 증가시킨다.

(4) 인지능력 저하와 관련된 변화

노년에는 인지능력이 저하된다. 이는 기억력, 집중력, 사고력 등 다양한 인지 기능에 영향을 미칠 수 있으며, 일상생활에 제약을 일으킬 수 있다. 접촉 및 온도에 대한 민감도가 감소하면 부상이나 감염을 감지하기가 더 어려워질 수 있으며, 통증과 불편함을 인지하는 능력이 감소하면 의학적 상태에 대한 치료가 지연될 수 있다. 따라서 노년에는 인지능력을 유지하기 위한 노력이 필요하다.

2) 심리적 변화

노년기의 심리적 변화는 그 원인이 대단히 복잡하다. 직접적 원인으로는 뇌세포 감소나 혈액순환의 균형 상실, 개인의 신체나 정신 상태, 교육 정도나 취미생활 등과 같은 개인의 체질, 그리고 주변 생활환경을 들 수 있다. 이처럼 나이가 들수록 인체의 생리 기능은 점점 퇴화하면서 감정과 심리, 성격에도 변화가 생긴다.

대표적인 심리 변화로는 상실감을 들 수 있다. 퇴직으로 말미암아 수십 년간 몸담아 온 직장을 떠나게 된 데 따른 것이다. 여성보다 남성에서 상실감이 더 많이 나타나는 것은 사회활동 기간이 여성보다 상대적으로 남성이 더 길기 때문이다. 자신이 종사했던 일과 환경, 대인 관계 등에 대해 미련을 떨쳐버리지 못하기 때문이다. 특히 사회에서 지도자적인 위치에 있었다면 퇴직 후 일정 기간 변화된 환경과 배역에 더 적응하기 힘들다.

3) 사회적 변화

사회적 변화의 의미는 시간의 흐름, 곧 나이의 변화에 따른 역할의 변화 과정을 말한다. 따라서 노년기에 접어드는 노인의 사회적 변화는 은퇴 이후의 삶의 변화에 적절한 역할 수행의 변화를 뜻한다(강용규 · 류동수, 2023: 46).

인간 대부분은 자신이 사회적으로 수행하는 역할 속에서 자신의 존재가치와 존재의식을 찾게 된다. 그러나 기대되는 역할을 제대로 수행하지 못할 경우 자아정체감의 위기를 겪게 된다. 그러므로 노인 또한 기능적인 사회에서 일정한 역할을 수행하다가 은퇴하면서 사회적 역할 상실을 경험하게 된다. 이로 말미암아 자아존중감의 상실을 겪는다. 또한 아무런 도움도 받지 못한 채 홀로 외로이 서 있는, 고립무원(孤立無援)의 상황에 처하게 된다.

노인의 역할 상실은 산업사회에서 두드러지게 나타나게 된다. 농경사회와는 달리 산업사회에서는 노동력의 사회적 이동을 중시하고, 값싸고 젊은 노동력을 통하여 사회적 생산성을 증가시켜 사회적 욕구를 충족시키려 한다. 따라서 사회는 활동력이 떨어지는 노인을 당연히 일선 노동시장에서 물러나기를 원한다. 그리하여 노인의 존재가치는 젊은 층과 비교할 때 상대적으로 하락할 수밖에 없었다. 노인은 젊은 층보다 교육 수준, 지식, 정보, 기술 등에서 뒤지기 때문이다.

기대수명은 점점 길어지고 있다. 이러한 기대수명의 연장은 노년기를 연장시키게 되었는데, 사회적 역할을 상실한 노인은 고독감과 좌절감 속에서 말년을 보내게 되면서 노인문제를 낳게 되었다. 이러한 노인문제는 다양한 문제를 수반하면서 현대 산업사회의 중요한 사회문제로 두드러지게 되었다.

사회적 노화는 노인성 정신장애인 노인성 우울증을 야기하고 있다.[4] 우울증은 뇌의 병이라고도 말한다. 노인성 우울증은 심리사회적인 변화와 신체적 변화가 맞물려 나타나고 있다. 노인의 신체는 아무래도 예전보다 취약하기 때문에 신체적 질병을 앓는

4) 노인성 우울증에 대해서는 이 책 제10장에서 상세하게 다루고 있으니 참조하기 바란다.

것을 계기로 우울증이 오기도 한다. 노인성 우울증은 피로, 수면 장애, 변비, 성 기능 감퇴, 삶의 가치나 미래에 대한 희망 저하 등을 동반한다(강용규 · 류동수, 2023: 46).

사회적 노화 이론

사회적 노화 이론이란 개인이 노화하는 과정에서 사회 시스템 내에서의 역할 변화, 사회적 위치의 변화, 인구통계학적 특성 등의 요인이 상호작용하여 영향을 미친다는 이론이다. 개인의 노화와 함께 사회 시스템의 노화도 분석하며, 노인이 사회에서의 지위와 역할, 사회적 관계, 가치, 문화적 배경 등이 노화에 영향을 미친다는 것을 제시한다. 노인은 사회 시스템 안에서 존재하며, 사회 시스템은 노인의 삶에 많은 영향을 미치기 때문에 이 둘 간의 상호작용이 노화를 결정한다는 것이 사회적 노화 이론의 핵심 개념이다.

4 우리나라 노인 인구와 특성

1) 생산연령인구 감소와 고령화

우리나라 인구 감소 추세가 지금처럼 그대로 유지된다면 어떻게 될까? 향후 20년 뒤에는 어떻게 될까? 일하는 인구가 지금의 절반 수준으로 줄어들 것이라는 조사 결과가 나왔다. 고령화 영향으로 65세 이상 노인 인구는 같은 기간 2배 이상 늘고, 유소년 인구는 전체 인구의 10% 미만으로 감소할 것으로 보인다. 그만큼 20년 뒤 일하는 인구의 노인 부양 부담도 커질 전망이다(통계청 보도자료, 2022. 4. 14.).

통계청이 발표한 '2021년 장래인구추계를 반영한 내 · 외국인 인구전망(2020~2040년)'에 따르면, 우리나라 총인구는 2020년 5,184만 명에서 2040년 5,019만 명으로 감소한다. 외국인을 제외한 한국 국적의 내국인 인구는 2020년 5,013만 명, 2030년 4,929만 명, 2040년 4,803만 명으로 같은 기간 210만 명 줄어든다.

이 중 15~64세에 해당하는 생산연령인구는 2020년 3,583만 명에서 2030년 3,221만 명, 2040년 2,676만 명으로 대폭 감소한다. 생산활동으로 경제를 지탱하는

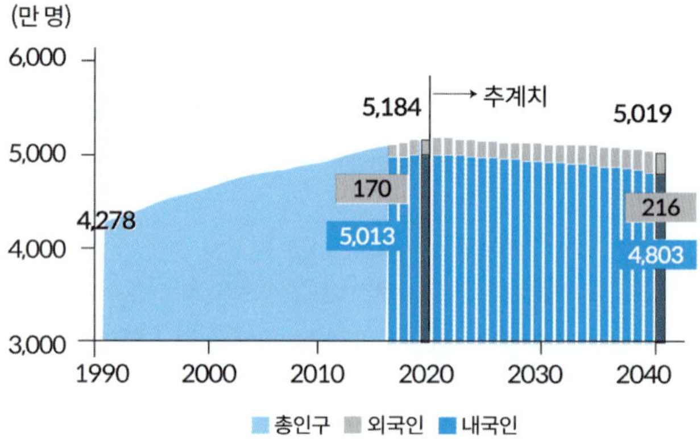

그림 1-1 총인구 및 내 · 외국인 구성비

출처: 통계청 보도자료(2022. 4. 14.).

'허리'인 생산연령인구가 20년 만에 서울시 인구(950만 명, 2022년 3월 기준)에 맞먹는 숫자만큼 사라지는 셈이다. 이에 따라 내국인 인구 중 생산연령인구가 차지하는 비중은 2020년 71.5%였지만, 2040년에는 55.7%까지 줄어든다. 2040년에는 일할 수 있는 인구가 전체의 절반 수준으로 줄어든다는 얘기다.

이런 인구 변화는 우리나라 경제에도 큰 영향을 미친다. 생산연령인구 감소는 전체 소비에 악영향을 미치고, 인력 부족을 초래해 국내총생산(GDP) 증가율이 둔화할 수밖에 없다. 이렇게 되면 우리 경제의 일자리 창출능력이 떨어져 전반적인 고용 침체가 발생할 수 있다. 이는 소득 감소를 불러오고 결국 소비를 위축시켜 또다시 경제성장률을 낮추게 된다. 인구 감소에 따른 악순환 고리가 만들어지는 것이다.

고용노동부는 생산가능인구가 줄면서 산업 · 직업별 고용 양극화도 심화할 것으로 내다봤다. 고용노동부가 발표한 '2020~2030 중장기 인력수급 전망'에 따르면, 통신기술 관련 산업을 중심으로 취업자 수가 늘어나는 반면 도소매업, 숙박 · 음식점업, 자동차, 운수업 등은 감소할 것으로 예상된다.

예컨대 서비스업 취업자는 10년간 113만 1,000명 증가할 것으로 예측됐다. 또 고령화로 돌봄 수요가 증가하면서 보건복지업 취업자가 78만 1,000명 확대되고, 디지털 뉴딜 등 기술혁신 및 정부 정책의 영향을 받는 정보통신업과 전문과학기술 분야 취업자가 각각 13만 5,000명, 11만 5,000명 많아질 것으로 예상했다. 그러나 우리나라 중추산업인 제조업 취업자는 산업 자동화의 여파로 10년간 2,000명 줄어들 전망이다.

노인 부양 부담이 증가하면서 근로자들이 점점 늦은 나이까지 일해야 하는 상황도 올 수 있다. 대통령 직속 일자리위원회가 내놓은 '고령자 노동시장 특성과 정책 과제' 보고서를 보면, 이미 한국의 은퇴연령은 72.3세로 경제협력개발기구(OECD) 평균보다 7년 정도 높고 상대적으로 장기간 경제활동에 종사하고 있는 것으로 나타났다. 또 55~64세 사이 고용률은 경제협력개발기구 평균보다 높았으며, 65~69세 고용률(50.4%)은 경제협력개발기구 평균(20.8%)의 2배에 이르는 것으로 나타났다. 그러나 평균 근속 기간은 15년 2개월에 불과했다. 55세 이상 취업자의 상당수가 정년 전에 주된 일자리에서 퇴직해 다른 일자리로 옮긴다는 얘기다. 문제는 재취업을 원하는 고령자들은 많아지는데 산업구조가 바뀌면서 고령자를 필요로 하는 일자리는 적어지고 있다는 점이다.

보통 장년층의 임금이 높은 점도 취업의 걸림돌이 된다. 우리나라의 경우 임금의 연공성(근속연수가 증가함에 따라 자동적으로 임금이 상승하는 경향)이 높다. 2018년 기준으로 근속연수별 임금격차를 분석한 결과, 근속연수 1년 미만 근로자들의 임금과 비교할 때 근속연수 20~29년 사이의 근로자들의 임금은 독일(1.69배)이나 영국(1.44배), 일본(2.26배)보다 한국이 현저히 높은 수준(2.86배)으로 나타났다. 이 때문에 기업들이 고령자 고용 유지를 부담으로 느끼고 있다.

이는 결국 고령자 고용의 질 하락으로 이어진다. 실제로 50세 이상 근로자는 상용직 비중이 작고 임시일용직이나 자영업자 비중이 높았다. 전 연령에서 상용근로자가 차지하는 비중이 54.6%였지만, 50세 이상만 놓고 보면 39.7%에 그쳤다. 또 50세 이상 근로자들은 주로 단순노무(22.1%), 서비스(12.8%), 장치기계조작(12.3%) 등에 종사하는 것으로 나타났다. 자동화가 진행될 경우 가장 먼저 일자리를 잃게 될 가능성이 높은 직종이다.

2) 노인 인구 천만 명 시대

노인 인구 1,000만 시대는 2024년, 노인 인구 비율이 20%를 넘어서는 초고령사회는 2025년부터 시작된다. 고령화 속도가 빠른 것은 출산율이 고속으로 떨어지고 기대수명이 급속하게 높아지기 때문이다. 1970년의 기대수명은 62.3세였으나 1990년 71.7세, 2000년 76세, 2010년 80.2세로 늘어나 2021년에는 1970년과 비교해서 21.3년이 연장된 83.6세가 되었다.

통계청의 장래인구추계가 보여 주듯이 기대수명 91.2세, 노인 인구 비율 46.4%, 노년부양비(생산연령인구 100명 대비 노인 인구) 101명이 되는 2070년이 되면 명실공히 노인이 주류가 되는 세상이 열린다. 그러나 숫자적 측면에서 노인 인구 비중이 높아

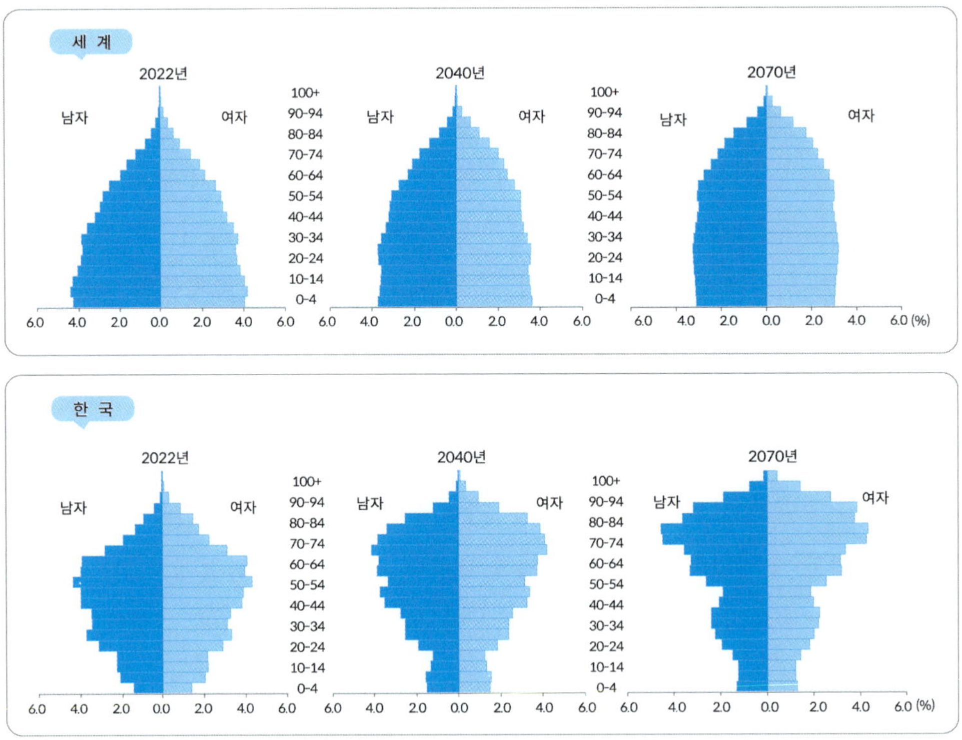

그림 1-2 세계와 우리나라의 인구 피라미드

출처: 통계청 보도자료(2022. 4. 14.).

진다고 해서 노인이 주류가 되는 것은 분명히 아닐 것이다. 소비 측면뿐 아니라 생산 측면에서도 중심이 되어야 노인이 진짜 주류가 될 수 있다.

향후 기대수명 91.2세가 되고 정년이 60세이면 라이프 사이클은 20~25년의 교육 훈련기, 35~40년의 근로기, 30년의 노년기로 나뉘는데 언뜻 봐도 근로 기간에 벌어서 자녀 교육을 포함해 가족 생계를 유지하고 30년의 근로소득이 없어지는 기간을 대비해 충분한 노후를 준비하기 쉽지 않다. 노인이 주류인 세상에서 노인이 피부양자로 머물러서는 개인적으로나 사회적으로 해답이 없는 세상이 될 것이다.

2023년 9월의 고용 동향을 보면 65세 인구 955만 명 중 372만 명이 취업하고 있어 고용률은 39%로 국제적으로 보면 높은 편이지만 고용 상태가 안정적이지 못하고 임금 수준이 낮다. 법정 정년 연장을 요구하는 노동계의 목소리가 높지만, 사용자가 정년 연장에 부정적 입장을 견지하고 있는 것은 근속기간에 따라 임금 수준이 높아지는 연공서열형 임금체계가 잔존하기 때문이다. 선진국가에서는 법정 정년의 개념이 없는 경우가 많다. 능력과 성과에 따른 연봉계약이 이뤄지면 고령자라고 해서 재계약을 마다할 이유가 없다. 자유로운 고용계약을 위해서는 근로자의 고용 안정성을 높일 수 있는 고용보험 등 고용안정 제도의 실질적 강화가 필요하다.

우리나라는 노인 자살률이 경제협력개발기구 국가 중 단연 1위이다. 노인 빈곤율 1위 지표와 함께 우리나라의 부끄러운 단면이다. 고독사·무연사회 등으로 부족한 소득과 부실한 건강 그리고 외로움 속에서 노년의 삶을 이어가고 있다. 이는 사회보장 강화 속도가 가족의 붕괴 속도보다 더뎌서 나타나는 전형적 현상이다. 공적 소득 보장 제도인 국민연금과 기초연금의 기능 정립과 함께 건강과 돌봄 체계 완성을 위한 정부 차원의 노력이 요구되나, 노인 인구 증가에 따른 사회보장비용의 급속한 확장도 억제해야 한다. 보장성 강화와 지속 가능성 제고는 상반된 정책 목표로 보이지만, 국가와 개인의 책임분담 원칙을 명확히 세우는 개혁을 통하여 상충성과 상보성의 조화도 가능할 것이다.

국민연금만으로는 노후 준비가 부족하므로 법정 퇴직연금과 함께 주택과 농지에 묶여 있는 자산의 유동화, 개인연금 등 금융자산의 효과적 확보로 여유로운 소득 계획을 수립해야 한다. 이제는 대박을 노리는 투기 방식보다는 안정성을 목적으로 한 포트폴리오를 설계해야 한다. 건강에 대한 투자도 젊었을 때부터 해야 한다(파이낸셜뉴스, 2023. 10. 19.).

제 02 장

노인의 특성 이해

1 신체적 특성

1) 세포 노화

세포가 노화함에 따라 본연의 기능을 덜 하게 된다. 오래된 세포는 간혹 죽도록 설정이 되어 죽는다. 오래된 세포는 제한된 횟수만큼만 분열될 수 있기 때문에 죽기도 한다. 이러한 제한은 유전자로 말미암아 설정된다. 세포가 더는 분열될 수 없을 때 그것은 더 커지고 얼마간은 존재하다가 결국에는 죽는다. 세포의 분열을 제한하는 장치는 텔로미어(telomere, 말단소체)[1]라고 하는 구조를 포함한다. 텔로미어는 세포의 분열에 대비하여 세포의 유전 물질을 이동시키는 데 사용된다. 세포가 분열할 때마다 텔로미어는 조금씩 짧아진다. 결국 텔로미어는 세포가 더는 분열하지 못할 정도로 매우 짧아진다. 세포 분열이 중단될 때 노쇠라고 한다.

1) 텔로미어란 염색체의 끝부분에 있는 염색 소립으로, 세포의 수명을 결정짓는 역할을 한다. 이것은 즉, 세포시계의 역할을 담당하는 DNA의 조각들이다. 텔로미어는 그리스어의 '끝'(τέλος, telos)과 '부위'(μέρος, meros)의 합성어다. 세포 분열이 일어나는 동안에 염색체와 DNA를 복제하는 효소는 염색체의 끝부분으로 복제를 계속할 수 없다. 텔로미어가 없는 상태로 세포가 분열된다면 세포에 관한 정보가 들어 있는 염색체의 끝부분이 소실될 것이다. 텔로미어는 염색체의 끝부분을 막고 있는 분해되지 않는 완충지역이라 할 수 있다. 하지만 세포가 분열되면서 텔로미어는 소실되며 텔로머레이스라는 역전사효소에 의해 보충된다.

때로는 세포의 손상이 직접적인 세포 죽음의 원인이 된다. 세포는 방사선, 햇볕, 그리고 화학요법 약물 등의 유해 물질로 말미암아 손상될 수 있다. 세포는 또한 그들의 정상적인 활동의 부산물에 의해 손상될 수 있다. 활성 산소(free radical)라고 부르는 이러한 부산물은 세포가 에너지를 생성할 때 방출된다(https://www.msdmanuals.com/ko-kr).

2) 기관의 노화

기관이 얼마나 잘 기능하는지는 그 안의 세포가 얼마나 잘 기능하는가에 따라 달라진다. 더 오래된 세포일수록 더 잘 기능하지 못한다. 또한 몇 개의 기관에서 세포는 죽고 나서 대체되지 않아 세포의 수가 감소한다. 고환, 난소, 간, 신장의 세포 수는 신체 노화와 더불어 크게 감소한다. 이러한 세포의 수치가 너무 낮으면 기관은 정상적으로 기능할 수 없다. 따라서 대부분의 기관은 사람들이 나이가 들어감에 따라 덜 기능한다. 그러나 모든 기관이 많은 수의 세포를 소실하는 것은 아니다. 뇌가 그 예의 하나다. 건강한 고령자들은 많은 뇌세포를 소실하지는 않는다. 상당한 뇌세포 소실은 뇌졸중을 경험한 환자들이나 알츠하이머병 또는 파킨슨병과 같은 점진적인 신경 세포 상실을 일으키는 질환(신경변성 장애)을 앓고 있는 환자들에서 주로 발생한다.

종종 노화의 첫 번째 증상은 근골격계를 포함한다. 귀에 이어서 눈이 중년기 초반에 변화하기 시작한다. 대부분의 내부 기능 또한 노화와 함께 저하된다. 대부분의 신체 기능의 최고점은 30세 직전이며 그 후 점차 지속적으로 저하되기 시작한다. 그러나 이러한 저하에도 대다수의 기관이 신체가 필요한 것보다 상당히 더 많은 기능적 능력(기능적 보유)을 가지고 시작되기 때문에 대부분의 기능은 적절히 유지된다.

하지만 거의 모든 기능이 적절히 유지되어도 기능의 저하는 곧 노인들이 격렬한 신체활동, 환경에서의 극적인 온도 변화, 그리고 질병을 포함한 다양한 스트레스를 잘 다루지 못함을 의미한다. 이러한 저하는 또한 노인들이 약물의 부작용을 더 많이 겪을 수 있음을 의미한다. 몇몇의 기관은 다른 기관보다 스트레스를 받을 시 기능부전이 있을 확률이 더 높다. 이러한 기관에는 심장 및 혈관, (신장과 같은) 비뇨기관 및 뇌가 포함된다.

3) 뼈와 관절

뼈는 밀도가 낮아지는 경향이 있다. 중등도의 골밀도 손실은 골감소증이라 하고, 심각한 골밀도 손실(골밀도 손실로 인한 골절 발생 포함)은 골다공증이라 한다. 골다공증이 있을 때 뼈가 더욱 약해지고 부러지기 쉽다. 여성에서는 폐경 후 더 적은 양의 에스트로겐(estrogen)이 생산되기 때문에 골밀도 손실이 빨라진다. 에스트로겐은 뼈가 형성, 분해 및 재형성되는 신체의 정상적인 과정 중 너무 많은 뼈가 분해되는 것을 방지하는 데 도움을 준다.

뼈는 (뼈에게 힘을 제공하는) 칼슘을 적게 포함하고 있기 때문에 밀도가 낮아진다. 신체가 음식물로부터 칼슘을 적게 흡수하기 때문에 칼슘의 양이 감소한다. 또한 신체가 칼슘을 사용하도록 도움을 주는 비타민 D의 수치가 약간 감소한다. 특정 뼈는 다른 것들보다 더 약해진다. 가장 영향을 받는 뼈에는 고관절에서 허벅지뼈의 끝(대퇴골), 손목에서 팔뼈의 끝(요골 및 척골), 그리고 척추뼈(척추골)가 포함된다.

척추 맨 위의 뼈에 변화가 생기면 두부가 앞으로 기울어 인후를 압박한다. 그로 말미암아 삼키는 것이 더 어려워지고 질식의 확률이 높아진다. 척추뼈의 밀도가 더 낮아지고 척추뼈 사이의 조직 쿠션(디스크)이 체액을 잃고 더 얇아져서 척추를 짧게 만든다. 노인들의 키가 작아지는 원인이 바로 이래서다.

관절들을 잇는 연골은 부분적으로 여러 해 동안의 운동으로 말미암은 마모 때문에 얇아지는 경향이 있다. 관절 표면들은 이전처럼 서로 잘 미끄러지지 않으며, 관절이 좀 더 손상되기 쉬워질 수 있다. 관절을 연결하는 인대와 근육을 뼈에 연결하는 힘줄은 탄력이 떨어져 관절이 뻐근하거나 경직된 느낌이 들게 된다. 이러한 조직들 또한 약해진다. 따라서 대부분의 노인은 유연성이 떨어지게 된다. 인대와 힘줄은 더 쉽게 파손되는 경향을 보이며, 파손되면 치유는 더 느리다. 인대와 힘줄을 유지하는 세포가 덜 활동적이게 되어 이러한 변화가 발생한다.

4) 근육과 체지방

근육 조직의 양(근육량)과 근력은 30세 정도부터 시작하여 일생 계속적으로 감소하는 경향이 있다. 이러한 감소의 일부는 신체활동 부족과 근육 발달을 자극하는 성장 호르몬과 테스토스테론 수치의 감소로 발생한다. 또한 빠른 수축의 (속근) 근섬유의 소실이 느린 수축의 (지근) 근섬유보다 더 많이 손실되기 때문에 근육이 이전과 같이 빠르게 수축하지 못한다. 노인 대부분은 필요한 모든 작업에 충분한 근육량과 근력을 유지한다.

많은 노인이 강한 운동선수로 남아 있기도 한다. 근육을 강화하는 규칙적인 운동(저항 운동)을 통해 근육량과 근력 손실을 부분적으로 극복하거나 상당 부분 지연시킬 수 있다. 근육 강화 운동에서는 (윗몸일으키기나 팔굽혀펴기에서와 같이) 중력, 무게 또는 고무 밴드가 제공하는 저항에 대항하여 근육이 수축한다. 이러한 유형의 운동을 규칙적으로 수행할 경우 운동을 전혀 하지 않았던 사람도 근육량과 근력을 늘릴 수 있다. 반대로 특히 질병이 있는 동안 장기요양과 같은 신체의 무활동은 이러한 손실을 가속화할 수 있다. 무활동 기간 노인들은 젊은 사람들보다 훨씬 더 빠르게 근육량과 근력을 잃게 된다.

75세가 되면 체지방의 비율은 일반적으로 젊은 성인기와 비교할 때 대략 두 배가 된다. 너무 많은 체지방은 당뇨병과 같은 건강 문제의 위험을 증가시킬 수 있다. 지방의 분포도 변하며, 이는 체형을 변화시킨다. 건강한 식사와 규칙적인 운동이 노인의 체지방 증가를 최소화할 수 있다.

5) 눈

수정체가 경화되어 가까이 있는 물건에 초점을 두는 것이 어려워진다. 수정체의 밀도가 높아져 희미한 불빛 아래에서 보는 것이 어려워진다. 동공은 빛의 변화에 더 느리게 반응한다. 수정체가 혼탁해져서 색상을 인지하는 방식이 변화한다. 신경 세포 수가 감소하여 거리 감각을 손상시킨다. 눈이 체액을 덜 생산하게 되어 눈이 건조하게 느껴지도록 만든다.

눈의 수정체 변화는 다음과 같은 사항을 초래하거나 기여할 수 있다.

- 근거리 시력의 소실 : 40대에 대다수의 사람이 약 60cm 거리 안에 있는 물체를 보는 것이 어려워지는 것을 느낀다. 이러한 시력의 변화를 노안이라고 부르며, 이는 눈의 수정체가 경화되어 발생한다. 보통 수정체는 눈이 초점을 맞추는 것을 도와주기 위해 형태가 변화한다. 더 경화된 수정체는 근거리의 물체에 초점 두는 것을 더 어렵게 한다. 궁극적으로 거의 모든 사람이 노안이 되고, 독서용 돋보기안경을 필요로 한다. 멀리 있는 물체를 보기 위해 안경을 필요로 하는 사람은 이중 초점 또는 다중 초점 렌즈 안경을 착용해야 할 수도 있다.
- 더 밝은 빛의 필요 : 사람이 계속 노화함에 따라 수정체가 덜 투명해지는 경향이 있어 희미한 불빛 하에서 보는 것이 더 어려워진다. 밀도가 높은 수정체는 더 적은 양의 빛이 눈 뒤의 망막으로 통해 가는 것을 의미한다. 빛을 감지하는 세포를 포함하고 있는 망막은 덜 민감해진다. 따라서 읽기 위해 더 밝은 불빛이 요구된다. 평균적으로 60세는 읽기 위해 20세보다 3배나 더 밝은 불빛을 필요로 한다.
- 색 인지의 변화 : 노화와 함께 수정체가 혼탁해지는 경향으로 말미암은 부분적인 이유로 색상은 다르게 인지된다. 색상은 덜 밝아 보이며, 여러 색상의 대비를 보기가 더 어려울 수도 있다. 파란색은 좀 더 회색으로 보일 수 있으며, 청사진이나 배경이 바랜 것처럼 보일 수 있다. 이러한 변화들은 대다수의 사람에게는 사소하다. 그러나 노인들은 파란 바탕에 인쇄된 검은색 글자 또는 파란색 글자를 읽을 때 어려움을 겪을 수 있다.

눈의 동공은 빛의 변화에 더 느리게 반응한다. 주변의 밝기에 따라 동공이 넓거나 좁아져 더 많거나 적은 빛이 들어오도록 한다. 동공이 느리게 반응하는 것은 즉, 노인들이 처음 어두운 방에 들어갈 때 안 보이는 것을 의미한다. 혹은 그들은 밝은 곳으로 들어갈 때 일시적으로 눈이 잘 안 보일 수 있다. 노인들은 또한 눈부심에 더 민감해질 수 있다. 그러나 눈부심에 대한 민감도의 증가는 종종 수정체의 어두워진 부분이나 백내장에 의한 것이다.

색의 농도와 색조의 차이를 포함한 세부적인 사항들은 더 식별하기 어려워진다. 그 이유는 아마도 눈에서 뇌로 시각적 신호를 전송하는 신경 세포 수의 감소 때문일 것이다. 이러한 변화는 깊이를 인식하는 방식에 영향을 미치며, 거리를 판단하는 것이 더 어려워진다.

노인들은 움직이는 작은 흑색 반점을 시야에서 더 많이 볼 수 있다. 이러한 반점들은 부유물이라고 하며, 눈 안에 고형화된 정상적인 체액의 작은 조각들이다. 부유물은 시력에 크게 방해가 되지 않는다. 갑자기 조각 수가 증가하지 않는 한 그들은 문제의 원인이 되지 않는다.

눈이 건조해지는 경향이 있다. 눈을 윤활하게 하는 체액을 생산하는 세포의 수가 감소하여 이러한 변화가 발생한다. 눈물의 분비가 감소할 수 있다.

여러 면에서 다음과 같이 눈의 모양이 변화한다.

- 눈의 흰자위(공막)가 약간 노란색 또는 갈색으로 변화할 수 있다. 이러한 변화는 여러 해 동안의 자외선, 바람 및 먼지의 노출 때문이다.
- 무작위적인 큰 얼룩들이 특히 어두운 피부를 가진 사람의 눈의 흰자위에 나타날 수 있다.
- 회색-흰색의 고리(노인환)가 눈의 표면에 나타날 수 있다. 이 고리는 칼슘과 콜레스테롤염으로 이루어져 있다. 이는 시력에 영향을 주지 않는다.
- 눈 주위 근육이 감소하고 힘줄이 이완하게 되어 아래눈꺼풀이 안구로부터 쳐질

수 있다. (안검 외반이라고 하는) 이 질환은 안구의 윤활을 방해하고, 눈 건조에 기여할 수 있다.

- 눈은 눈 주위 지방의 양이 감소하기 때문에 머리 안으로 푹 들어간 것처럼 보일 수 있다.

6) 귀

대부분의 청력 변화는 아마도 노화만큼 평생의 소음 노출 때문이다. 오랫동안 큰 소음에 노출되는 것은 소리를 듣는 귀의 능력을 손상시킨다. 그럼에도 불구하고 몇몇의 청력 변화는 큰 소음에 대한 노출과 관계없이 사람들이 노화함에 따라 발생한다. 사람이 노화할수록 고음의 소리를 듣는 것이 더 어려워진다.

이러한 변화는 노화 관련 청력 상실(노인성 난청)로 간주된다. 예를 들어 바이올린 음악이 덜 밝게 들릴 수 있다. 언어를 이해하는 데 어려움이 있는 노인들에게는 자음을 또렷이 말하는 것이 더 큰 소리로 말하기보다 더 도움이 될 수 있다.

노인성 난청의 가장 안타까운 점은 단어를 이해하기 어렵게 된다는 것이다. 그 결과 노인은 다른 사람들이 중얼거리는 것으로 생각할 수 있다. 사람들이 더 큰 소리로 말을 해도 노인들은 여전히 단어를 이해하기가 힘들다. 그 이유는 ('ㅋ', 'ㅌ', 'ㅅ', 'ㅍ' 및 'ㅊ'과 같은) 대부분의 자음이 고음이며, 자음은 단어를 식별하는 데 도움이 되는 소리이기 때문이다. 모음은 저음의 소리이기 때문에 모음이 더 쉽게 들릴 수 있다. 그래서 노인들에게는 "당신이 정말 갖고 싶은 게 무엇인지 정확히 말해."라고 말을 하더라도, "앙인이 엉알 앗오 입은 에 우엇인이 엉악이 알애."라고 들릴 수 있다. 이들에게 도움을 주기 위해 다른 사람들은 단순히 말을 크게 하는 것이 아니라 자음을 더 명확하게 발음해야 한다. 여성 및 소아 대부분은 고음의 목소리를 가지고 있기 때문에 여성과 소아들의 말을 이해하는 것은 남성이 하는 말을 이해하는 것보다 더 어려울 수 있다. 점차적으로 저음을 듣는 것 또한 어려워진다.

7) 구강과 코

일반적으로 50대가 되면 맛을 보고 냄새를 맡는 능력이 점차 저하된다. 두 개의 감각 모두 음식의 전체적인 맛을 즐기는 데 필요하다. 혀는 단맛, 신맛, 쓴맛, 짠맛, (흔히 고기의 맛이나 우마미라고 묘사되는) 감칠맛의 다섯 가지 기본 맛만을 식별할 수 있다. 후각은 더 미묘하고 복잡한 (라즈베리와 같은) 맛을 식별하는 데 필요하다.

노화함에 따라 혀에 있는 미뢰(味蕾, taste bud)의 민감성이 떨어지게 된다. 이러한 변화는 쓰고 신맛보다 달고 짠맛을 느끼는 데 더 영향을 준다. 코의 내벽이 얇고 건조해지며, 코의 신경 말단이 퇴화하여 냄새를 맡는 능력이 저하된다. 그러나 이러한 변화는 아주 작아서 보통 미묘한 냄새에만 영향을 준다. 이러한 변화로 말미암아 많은 음식이 쓰게 느껴지는 경향이 있으며, 미묘한 냄새가 나는 음식들은 아무런 맛이 없는 것으로 느껴질 수 있다.

구강은 더 적은 침이 생산되는 부분적인 이유 때문에 좀 더 자주 건조하게 느껴지는 경향이 있다. 구강 건조는 음식을 맛보는 능력을 더욱 감소시킨다.

노화함에 따라 잇몸이 약간 무르게 된다. 결과적으로, 치아의 아랫부분이 음식물 입자와 박테리아에 노출된다. 또한 치아 사기질이 마모되는 경향이 있다. 구강 건조와 이러한 변화들은 치아가 썩고 충치(우식)가 더 잘 생기도록 하며, 결국에는 치아가 없어지기도 한다.

노화와 함께 코는 길고 커지며, 끝이 처지는 경향이 있다. 굵은 털이 코 안에서, 그리고 윗입술과 턱에 나기도 한다.

8) 피부

피부는 더 얇아지고 탄력이 떨어지며, 건조하고 잔주름이 생기는 경향이 있다. 그러나 오랜 세월 햇볕에 노출되는 것이 주름이 생기고 피부를 거칠고 얼룩지게 만드는 데 이바지한다.[2] 그래서 햇볕에 노출되는 것을 피해 온 사람들은 종종 그들의 연령보다 훨씬 더 젊어 보인다.

피부 변화가 나타나는 부분적인 이유는 콜라겐(피부를 강하게 만드는 질긴 섬유 조직)과 엘라스틴(피부를 유연하게 함)이 화학적으로 변화하여 덜 유연해지기 때문이며, 신체의 노화로 콜라겐과 엘라스틴이 더 적게 생성되기 때문이기도 하다. 그 결과 피부가 더 쉽게 찢어진다.

피부 아래의 지방층이 얇아진다. 이러한 지방층은 피부의 쿠션 역할을 하며, 피부를 보호하고 지탱하도록 도와준다. 이러한 지방층은 체온을 유지하는 데 도움을 준다. 이런 층이 얇아지면 주름이 더 생기기 쉬우며, 추위에 견디는 힘이 약해진다.

피부에서의 신경 말단 수가 감소한다. 그로 말미암아 노인들은 통증, 온도, 압력에 덜 민감해지며, 부상의 가능성이 더 높을 수 있다.

땀샘과 혈관의 수가 감소하며, 피부의 깊은 층의 혈류가 감소한다. 그리하여 신체는 혈관을 통해 열을 몸 안에서 몸의 표면으로 잘 이동시키지 못하게 된다. 더 적은 열이 몸 밖으로 나갈수록 신체는 자기 자신을 식힐 수 없다. 따라서 열사병과 같은 열과 관련된 질병의 위험이 증가한다. 또한 혈류가 감소하면 피부가 손상했을 때 치유가 늦어지는 경향이 있다.

색소 생산 세포(멜라닌 세포)들의 수가 감소한다. 따라서 피부는 햇볕에서 나오는 것과 같은 자외선(UV)으로부터 덜 보호받는다. 햇볕에 노출되었던 피부에 거무스름한 얼룩(검버섯[3])이 생기며, 이는 아마도 피부가 노폐물을 잘 제거하지 못하기 때문으로 추정된다.

2) 피부는 햇볕에 노출될 때 비타민 D를 잘 형성하지 못하게 된다. 따라서 비타민 D 결핍의 위험이 증가한다.

3) 저승꽃이라고도 하는데, 얼굴을 비롯하여 손 등 다양한 부위에 발생한다. 늦으면 60대, 빠르면 40대부터 발생하기 시작한다. 검버섯이라는 용어 자체는 전문 의학적 용어라기보다는 검게 보이는 여러 피부병변을 같이 이르는 말이다. 기미, 주근깨, 지루각화증 등 다양한 피부병변으로 나타날 수 있다.

9) 뇌와 신경계

뇌에서의 신경 세포 수는 일반적으로 감소한다. 노화함에 따라 신경은 신호를 좀 더 느리게 전달할 수 있다. 보통 이러한 변화는 노인들이 감지하지 못하는 최소한의 것이다. 또한 신경은 좀 더 느리고 불완전하게 그 자체를 복구할 수 있다. 그러므로 손상된 신경을 가진 노인의 감각과 힘이 감소할 수 있다. 그런데 뇌는 이러한 손실을 다음의 여러 가지 방법으로 보완한다.

- 세포가 없어지면 남아 있는 신경 세포들 사이에 새로운 연결이 만들어진다.
- 노년에도 새로운 신경 세포가 뇌의 몇 군데에서 형성될 수 있다.
- 뇌는 대부분의 활동을 하는 데 필요한 것보다 더 많은 세포를 갖고 있다.

뇌에서 메시지를 전송하는 데 관여하는 화학 물질의 수치가 감소하는 경향을 보이며, 일부 물질은 증가한다. 신경 세포에서 이러한 화학적 메시지에 대한 수용체 일부가 손실될 수 있다. 뇌로 가는 혈류가 감소한다. 이러한 노화 관련 변화로 말미암아 뇌는 본래의 기능을 잘 하지 못할 수도 있다.[4] 단어, 단기 기억, 새로운 것을 학습하는 능력, 그리고 단어를 상기하는 능력과 같은 정신 기능의 일부는 70세 이후 미미하게 감소할 수 있다.

60세 이후 척수의 세포 수가 줄어들기 시작한다. 보통 이러한 변화는 근력이나 감각에 영향을 주지는 않는다.

10) 심장과 혈관

심장과 혈관은 경화된다. 심장은 더 느리게 혈액으로 채워진다. 동맥이 더 경화할수록 혈액이 분출되었을 시 혈관 확장은 더 잘 되지 않는다. 이에 따라 혈압이 상승

4) 노인들은 반응을 하거나 작업을 하는 것이 다소 느릴 수 있지만, 시간을 주면 이러한 것들을 정확히 수행한다.

하는 경향이 있다.

이러한 변화에도 불구하고 정상의 노화된 심장은 기능을 잘 한다. 젊은이의 심장과 노인의 심장 차이는 심장이 힘들게 일해야 하고 더 많은 혈액을 분출해야 할 때(예: 운동 중이거나 질병이 있을 때)만 명백해진다. 노인의 심장은 젊은이의 심장만큼 빠르게 속도를 내거나 빨리 펌프하지 않는다. 따라서 나이가 든 운동선수들은 젊은 운동선수들만큼 좋은 실력을 보여 주지 못한다. 그러나 규칙적인 유산소 운동은 노인들의 운동 능력을 향상시킬 수 있다.

11) 폐와 호흡 근육

호흡에 사용되는 근육인 횡격막과 늑골 사이의 근육이 약해지는 경향이 있다. 기낭(폐포)과 폐 안의 모세혈관 수가 감소한다. 따라서 흡입하는 공기에서 다소 더 적은 양의 산소가 흡수된다. 폐의 탄성이 더 떨어지게 된다. 흡연을 하지 않거나 폐의 질환이 없는 노인들에게서 이러한 변화는 보통의 일상 활동에 영향을 미치지 않는다. 하지만 이러한 변화는 운동을 더 어렵게 만든다. (산소가 더 적은) 고지에서 호흡하는 것 또한 더 어려울 수 있다.

폐는 감염과 잘 싸우지 못하게 된다. 미생물을 포함하는 이물질들을 기도로부터 밖으로 나가게 하는 세포들이 역할을 잘하지 못하게 되는 부분적인 이유 때문이다.

폐를 청소하는 데 도움이 되기도 하는 기침이 약해지는 경향이 있다.

12) 소화기관

전반적으로 소화계는 다른 대부분의 신체보다 노화의 영향을 덜 받는다. 식도의 근육은 더 약하게 수축하지만, 식도를 통한 음식물의 이동은 영향을 받지 않는다. 음식물은 위장에서 약간 더 느리게 비워지며, 위장의 탄성이 약해지기 때문에 음식물을 이전처럼 많이 담고 있지 못한다. 그러나 대부분의 사람에게 이러한 변화는 알아차리지 못할 정도로 매우 작다.

특정 변화는 몇몇의 사람에게 문제를 일으킨다. 소화관은 신체가 우유를 소화하는 데 필요한 효소인 젖당분해효소를 덜 생산할 수 있다. 그 결과로 노인들에게 유제품에 불내성이 생길 가능성이 높다(젖당 불내성). 젖당 불내성(lactose intolerance)이 있는 노인들은 유제품을 섭취한 후 속이 거북하거나 가스가 차거나 설사를 할 수 있다.

대장에서 물질은 다소 더 느리게 이동한다. 이로 말미암아 어떤 노인에게 이러한 지연은 변비의 원인이 된다.

간은 세포 수가 감소하여 더 작아지는 경향이 있다. 더 적은 혈액이 간으로 흐르며, 신체가 약물이나 다른 물질을 처리하도록 도움을 주는 간 효소들이 덜 효율적으로 작동한다. 이로 말미암아 간은 약물이나 다른 물질들을 체내로부터 제거하도록 하는 도움이 미비할 수 있다.

13) 신장과 요로

신장은 세포의 수가 감소하기 때문에 더 작아지는 경향이 있다. 더 적은 양의 혈액이 신장으로 흐른다. 세월이 지날수록 신장은 혈액으로부터 노폐물을 잘 제거하지 못할 수 있다. 신장은 너무 많은 물과 너무 적은 염분을 배설하여 탈수 가능성을 높인다. 그럼에도 불구하고 신장은 거의 늘 신체의 필요를 충족시킬 만큼 기능을 잘 한다.

요로의 특정한 변화로 배뇨를 조절하는 것이 더 어려워질 수 있다. 방광이 저장할 수 있는 최대 소변의 용량이 감소할 수 있다. 따라서 노인들은 좀 더 자주 배뇨해야 할 수도 있다.

노인들이 배뇨를 해야 하는지 여부를 떠나 방광 근육이 예상치 못하게 수축할 수 있다. 방광 근육이 약해진다. 이로 말미암아 노인들은 방광을 잘 비우지 못하며, 배뇨 이후 방광에 소변이 더 남아 있다.

신체 밖으로 소변의 통과를 제어하는 근육(요도 조임근)은 단단하게 잘 닫히지 않으며, 누출 방지가 원활하게 되지 않는다. 따라서 노인들은 배뇨를 참는 것에 더 많은 어려움을 겪는다. 이러한 변화는 노화하면서 요실금(조절되지 않는 소변 손실)이 더 흔해지는 하나의 원인이다.

여성에게서는 요도(소변이 신체에서 배출되는 관)가 짧아지며, 내벽이 얇아진다. 폐경과 함께 발생하는 에스트로겐 수치의 감소는 이와 함께 그 외 요로의 변화에 이바지한다.

남성에게서는 전립선이 커지는 경향이 있다. 많은 남성에서 전립선은 소변의 통과를 방해하고 방광을 완전히 비우지 못할 정도로 커진다. 이로 말미암아 남성 노인은 배뇨 시 힘을 주어야 하고, 소변의 흐름을 시작하기까지 더 오랜 시간이 걸리며, 마지막에 소변의 흐름이 끊기고, 더 자주 배뇨해야 하는 경향이 있다. 남성 노인은 또한 방광이 꽉 차더라도 배뇨하지 못할 가능성이 높다.

14) 생식기관

(1) 여성

성 호르몬 수치에 대한 노화의 영향은 남성보다 여성에게서 더 명백하게 나타난다. 여성의 경우 이러한 영향의 대부분이 여성 호르몬(특히 에스트로겐)의 수치가 극적으로 감소하고, 월경 주기가 영구적으로 종료되며, 임신이 더는 가능하지 않게 되는 폐경과 관련된다.

여성 호르몬 수치의 감소는 난소와 자궁을 수축시킨다. 질 조직은 더 얇아지고, 건조해지며, 탄력을 잃게 된다. 심한 경우 이러한 변화는 가려움증, 출혈, 성교통, 즉시 배뇨해야 할 욕구(절박뇨)를 초래한다. 유방은 덜 단단하고, 더 섬유성이 되며, 처지는 경향이 있다. 이러한 변화 때문에 유방에서 암일 수도 있는 몽우리를 찾기가 더 어려울 수도 있다.

이러한 변화의 일부(낮은 호르몬 수치 및 질 건조증 등)는 폐경 때 시작하며, 성 활동에 방해가 될 수 있다. 그러나 여성 대부분에게 노화는 성 활동의 즐거움을 크게 빼앗아

가지 않는다. 임신을 걱정하지 않아도 되는 것은 오히려 성 활동과 즐거움을 증진시킬 수도 있기 때문이다.

(2) 남성

남성들에게 성 호르몬 수치의 변화는 갑작스럽게 나타나지 않는다. 남성 호르몬 테스토스테론(testosterone)의 수치가 감소하며 더 적은 정자 수와 성욕(리비도) 감퇴를 초래하지만 이러한 감소는 점진적이다. 음경으로의 혈류가 감소하는 경향이 있으나 남성 대다수가 평생 발기를 하고 오르가슴(orgasm)을 느낄 수 있다. 그러나 발기는 이전처럼 오래가지 않으며, 덜 단단하거나 유지시키기 위해 더 많은 자극을 필요로 할 수 있다. 두 번째 발기는 더 많은 시간을 필요로 할 수 있다. 발기 장애(발기부전)는 남성이 노화함에 따라 더 흔하며, 보통 혈관에 영향을 주는 질병(혈관성 질환 등)이나 당뇨병으로 말미암은 것일 수도 있다.

15) 내분비계

내분비선에서 생성된 일부 호르몬의 수치와 활동이 감소된다. 성장 호르몬 수치는 감소하며, 이는 근육량 감소로 이어진다. 알도스테론 수치가 감소하며, 이는 탈수의 가능성을 더 높게 한다. 이 호르몬은 염분을 유지하도록 신체에 신호를 보내어 수분을 유지하도록 한다.

혈중 당(포도당) 수치를 통제하는 데 도움이 되는 인슐린은 덜 효율적이며, 더 적은 인슐린이 생산될 수 있다. 인슐린은 당을 혈액에서 에너지로 변환될 수 있는 세포로 이동시킬 수 있다. 인슐린의 변화는 즉, 식사를 많이 한 후 혈당 수치가 더 많이 증가하며, 정상으로 돌아가려면 더 오랜 시간이 걸리는 것을 의미한다.

대부분의 사람에게 내분비계의 변화는 전반적인 건강에 눈에 띄는 영향을 주지 않는다. 그러나 일부 변화는 건강 문제의 위험을 증가시킬 수 있다. 예를 들어 인슐린의 변화는 제2형 당뇨병의 위험을 증가시킨다. 따라서 인슐린의 작용을 향상시키는 운동과 다이어트는 사람들이 노화함에 따라 더 중요해진다.

16) 혈액 생성

혈액 세포가 만들어지는 활성 골수의 양은 감소한다. 따라서 더 적은 수의 혈액 세포가 생성된다. 그럼에도 불구하고 일반적으로 골수는 평생 충분한 혈액 세포를 만들어 낸다. 혈구의 필요성이 상당히 증가하게 되면(예: 빈혈이나 감염이 생기거나 출혈 발생 시) 문제가 발생할 수 있다. 이러한 경우 골수는 신체의 요구에 대한 반응으로 혈액 세포의 생산을 잘 증가시키지 못한다.

17) 면역 체계

면역 체계의 세포들은 더 느리게 기능한다(https://www.msdmanuals.com/ko-kr). 이러한 세포는 박테리아, 그 외의 감염 미생물, 그리고 아마도 암세포와 같은 이물질들을 식별하고 파괴한다. 면역성의 둔화는 노화와 관련된 다음과 같은 여러 가지 소견을 부분적으로 설명할 수 있다.

- 암은 노인에게 더 흔하게 나타난다.
- 백신은 노인에서 보호 기능이 감소하는 경향이 있으나, 독감, 폐렴, 대상포진 백신은 중요하고 일부 보호를 제공한다.
- 폐렴 및 인플루엔자와 같은 일부 감염은 노인에게 더 흔하며, 더 빈번히 사망을 초래한다.
- 알레르기 증상이 덜 심각해질 수 있다.
- 면역 체계가 둔화됨에 따라 자가 면역 질환이 덜 흔하다.

2 심리적 특성

심리적 특성이란 지각, 인지, 감정, 성격 등의 내적 특성을 말한다. 19세기 말 이전에는 노인의 심리적 변화를 퇴화의 개념으로 보았다. 그러나 최근에는 삶의 경험을 바탕으로 하는 긍정적 사고와 인지 능력에 초점을 둔다.

1) 우울증 경향의 증가

우울증은 남성보다는 여성에서 더 빈번하게 나타난다. 불면증, 식욕 부진, 체중 감소 등과 같은 신체적인 증상을 호소한다. 특히 노인 우울증 환자의 수면 장애 발병 비율은 매우 높다. 우울증 환자의 3분의 2 이상에서 수면 장애를 동반한다. 기억력이 저하되고 흥미와 의욕을 상실한다. 주변 사람에게 적대적으로 대하거나 다른 사람을 비난하는 등의 행동을 보인다.

2) 내향성의 증가

내향성이 나타난다. 나이가 들수록 성격이 원심성에서 구심성으로 변해 간다. 남녀 모두 에너지가 외부 세계에서 내부 세계로 이동하면서 내향적인 성격으로 바뀌며, 내면 자아에 몰두하는 경향을 띤다. 자신의 사고나 감정으로 사물을 판단하게 되는 경향이 많아지게 됨에 따라 고집쟁이가 되기도 한다. 다른 사람과 만나는 것을 기피하고, 사회적 활동이 감소한다.

3) 조심성의 증가

질문이나 문제에 대해 대답을 할지 망설이거나 하지 못한다. 결단이나 행동이 느려지고 매사에 신중해진다. 이는 노인 스스로의 의지로서 정확성을 중요하게 생각하기 때문이다. 시각과 청각 등의 감각 능력 쇠퇴 때문이기도 하다.

4) 경직성의 증가

자신에게 익숙한 습관적인 태도나 방법을 고수한다. 매사에 융통성이 없어지고 새로운 변화를 싫어하기 때문에 학습 능력과 문제 해결 능력이 떨어진다. 새로운 방식으로 일을 처리하는 데에 저항한다.

5) 생에 대한 회고의 경향

자신의 지나온 일생의 여러 요인을 떠올려 보게 된다. 실패와 좌절에 담담해짐으로써 자아 통합이 가능해진다. 다가오는 죽음을 평온한 마음으로 맞을 수 있게 된다.

6) 친근한 사물에 대한 애착심

오랫동안 자신이 사용해 오던 친근한 사물에 애착이 강하다. 이는 지나온 과거를 회상하거나 마음의 안락을 찾는 데 도움이 되기 때문이다.

7) 유산을 남기려는 경향

언젠가는 죽을 것이라는 죽음의 필연성을 인식하면서 무의식적으로 잠재되어 있던 영원불멸의 소망은 유산을 남기려는 갈망으로 표현된다. 자신이 이 세상에 다녀갔다는 흔적을 후세에 남기고자 한다. 자신이 가치 있는 삶을 살았다는 것을 인정받고 싶어 한다.

8) 의존성의 증가

신체적 기능 저하로 문제 해결을 위한 능동적인 노력보다는 우연이나 체념 등의 의존적인 수동성이 증가한다. 은퇴로 말미암아 경제적으로 의존하게 된다. 중요한 사람을 상실하여 사회적, 심리적, 정서적으로 다른 사람에게 의존하게 된다.

9) 성 역할의 양성화 경향

남녀 모두 상대방의 성향과 특질을 취하기 시작함으로써 남녀 동화 현상이 일어난다. 남성 노인은 여성화되어 수동적, 의존적으로 변한다. 반대로 여성 노인은 능동적, 독립성, 자기 주장이 뚜렷해진다.

3 사회적 특성

노인의 사회적 특성은 역할 상실과 지위 저하를 들 수 있고, 지위가 저하된 가장 중요한 원인은 개인의 부 또는 경제적 힘의 약화이다. 심리적 상실과 고통, 실제적인 삶의 손실을 수반하며, 이러한 손실은 현대 산업사회에서 일반적인 현상이다.

모든 사람은 사회 내에서 한 개인에게 사회적 지위에 따라 기대되는 내용 즉, 사회적 역할(社會的役割)[5]을 감당하여야 한다. 이는 노인도 마찬가지이다. 따라서 노인은 새로운 기술과 정보에 적응하여야 한다. 은퇴 후에도 활발하게 경제활동을 이어가야 한다. 다양한 사회 참여와 봉사활동을 하여야 한다. 이러한 활동은 노인들이 사회에 이바지하고, 그들의 존재감과 만족감을 느끼는 데 중요한 역할을 한다.

5) 자아(自我)와 타자(他者)와의 상호작용에 있어서 각 행위자의 행위가 지리멸렬하지 않고 조직화 · 구조화되어 있을 경우, 그 시종일관된 행위의 계열을 역할이라고 한다. 사회심리학자의 역할 이론이 주력을 자아 – 타자 관계의 문맥에 둔 데 대하여 사회학에서는 시각을 역할 행동과 사회구조의 수준으로 확장시켰다. 추상화가 서로 비슷하다는 점에서 보면, 사회학에서 역할의 대응물은 지위라고 할 수 있다. 자아의 역할이 타자에 의하여 지각 · 인지되고, 그것을 자아가 내면화하여 역할을 취득할 때 자아에 관한 권리 – 의무의 계열이 구성되는데, 이것이 지위이다. 하나의 역할에 대하여서는 하나의 지위가 대응하므로 자아 – 타자 관계의 문맥이 다르면 동일한 자아 안에는 당연히 복수의 역할이 생기게 된다.

그러나 사회보장제도가 미흡하고, 특히 자식을 위해 한평생 헌신적으로 살아왔다고 생각하는 노인들은 자녀 의존성을 강하게 보인다. 노인들의 자녀 의존적인 경향은 단지 경제적 측면에 한정되는 것이 아니라, 모든 삶 속에서 가부장적 성향과 뿌리 깊은 남아선호사상이 아직도 내면에 깔려 있다.

노인들은 가족을 위해서는 개인을 희생하는 가족주의적 경향이 강하다. 보수주의적 성향과 가족주의적 애정, 자녀에의 의존적 성향은 오늘날 과도기적 현실 속에서 무시되고 상처받기 쉽다. 노인들은 스스로 젊은이들에게 권위와 위엄을 지켜야 한다고 생각하는 경향이 강하다. 이러한 권위의식에 젖어 있던 노인들이 오늘날의 평등적 시대정신에 잘 적응하지 못하고, 결국에는 황혼 이혼을 맞는 경우가 늘어나고 있다.

제 03 장
노인복지의 이해

1 노인복지의 개념

노인복지(老人福祉)는 노인의 생활 안정과 복지를 증진시키기 위한 사회적 노력으로 사회복지의 한 분야이다. 노인복지는 노인과 복지의 합성어로서 노인을 대상으로 한 공적, 사회적 복지 서비스에 대한 총칭이다. 노인복지는 모든 노인이 최저 수준 이상의 생활을 영위하고 사회적 욕구 충족과 생활상의 문제를 예방하고 해결하며, 노후생활에 대한 적응과 사회통합을 이루는 데 필요한 급여와 서비스를 제공하는 공공과 민간 부분의 조직적이고 전문적인 제반 활동을 의미한다.

우리나라는 예로부터 경로의식이 사회규범화되어 전래되어 왔는데, 노인을 문화 전승자 및 인생의 완성자로 보는 자연발생적 태도와 민간신앙의 조상숭배 관념, 그리고 유교 윤리의 효(孝)의 규범은 경로(敬老)의 태도를 더욱 강화시켜 왔던 것이다. 경로사상이 투철한 사회에서는 노인을 위한 시설보호 같은 사회적 부양이라는 것은 바람직하지 못한 것으로 여겨졌고, 그와 같은 사업의 필요성도 없었다. 특히 유학을 정치이념으로 한 조선시대에는 효와 경로사상의 전통을 이루며 노인 우대를 미덕으로 생활화해 왔다. 그러나 오늘날에 이르러서는 급격한 사회변동과 인구 변화로 말미암아 노인 세대는 가족 안에서 권위를 상실하게 되었고, 심지어는 노인문제[1]로까지 사회

1) 노인문제란 이른바 노인의 4고(四苦)를 두고 말한다. 즉, 경제적으로 어려움을 겪는 빈고(貧苦), 건강 상실로 고통을 겪는 병고(病苦), 가족이나 주위 사람들로부터 소외됨으로써 오는 고독고(孤獨苦), 사회적 역할 상실에 따른 무위고(無爲苦)가 그것이다. 이러한 노인문제를 사회보장적 차원에서 해결하려는 것이 곧 노인복지인 것이다.

문제로 등장하였다.

노인복지란 노인이 인간다운 생활을 유지하면서 자기가 속한 가족과 사회에 적응하고 통합될 수 있도록 필요한 자원과 서비스를 제공하는 데 관련된 공적·사적 차원의 조직적 제반 활동이다. 여기서 인간다운 생활이란 노인이 속한 사회의 발전 수준에 비추어 의식주의 기본적인 욕구를 충족하고, 건강하고 문화적인 삶을 사는 것을 뜻한다. 가족과 사회에 적응하고 통합되는 것은 노인이 속한 사회적 조직망에서 사회적·심리적으로 소외감을 느끼지 않게 되는 것이다. 자원과 서비스를 제공하는 것은 이용 가능한 인적·물적 자원을 찾아 연결시켜 주거나 보충해 주며, 사회적 적응의 문제를 해결해 주는 것을 의미한다. 또한 노인복지에 관련되는 활동은 공공과 민간 차원의 모든 활동을 포함하며, 계획에 의하여 조직적으로 이루어지는 활동이어야 한다.

따라서 노인복지의 주체는 적어도 계획에 의해 조직적 또는 체계적으로 이루어지면 공적 차원이든 사적 차원이든 모두 노인복지의 활동에 포함될 수 있다. 노인복지의 대상은 과거에는 사회적 보호가 필요한 의존성 노인을 대상으로 하였지만, 지금은 노인 누구나 노인복지의 대상이며, 일정 연령 이상의 모든 노인을 대상으로 규정하는 것이 일반적이다. 노인복지에서 다루는 욕구나 문제는 경제적 측면의 문제는 물론 건강, 케어, 여가, 문화, 심리적·사회적·정치적 욕구 등 다양한 욕구를 포함하고 있다. 노인복지의 수단은 현금 또는 현물 급여와 비물질적 서비스 등이 있다. 노인복지의 실천 방법은 거시적 측면의 정책, 제도 및 계획과 미시적 측면의 임상적 실천 방법으로 나누어지며, 조직적이며 전문적이라고 할 수 있다.

최근 우리나라는 노인 인구 비율이 늘어남에 따라 곧 초고령사회에 도달할 전망이다. 평균수명의 연장과 급속한 고령화 속도는 국가 차원에서는 생산연령인구의 감소 및 이에 따른 성장잠재력의 저하, 사회보장 시스템의 재정 악화 등 사회적 우려를 초래하고 있다. 또한 고령사회의 개인은 퇴직 이후의 여명(餘命)이 증가함으로써 노후생활에 필요한 비용이 늘어나는 대신 소득 수준의 상대적 저하를 맞이하고, 질병에 취약하게 되며, 긴 여가시간으로 무료한 나날을 장기간 보내야 하는 등의 노후생활에 대한 불안 요소가 갈수록 심각해지고 있다.

2 노인복지의 원칙

국제연합(United Nations: UN)은 인권 문제를 다루면서 일찍부터 사회적 약자로서 노인의 인권 문제에 관심을 가졌다. 국제연합은 노인의 인권 보장을 위해 1991년 총회에서 '노인을 위한 유엔 원칙'을 채택, 정부 정책에 노인 관련 원칙을 반영할 것을 촉구했다. 2002년 '제2차 세계 고령화 회의'에서는 '고령화에 관한 마드리드 국제행동계획'을 발표했다.

2006년에는 유엔과 '세계노인학대방지 네트워크(International Network for the Prevent of Elder Abuse: INPEA)'가 노인 학대 예방 및 관심을 촉구하기 위해 매년 6월 15일을 '세계노인학대 인식의 날'로 정했다. 과연 우리나라 국민 가운데 이날을 아는 사람이 몇 명이나 될까? 우리나라 정부에서는 노인 학대의 심각성을 알고 노인 학대 예방 및 조기 발견에 대한 국민적 관심을 높이고 노인 인권에 대한 인식을 높이기 위해 2016년 12월 30일 매년 6월 15일을 법정기념일, 비(非) 공휴일로 시행키로 선포했다. 이후 2017년 보건복지부와 관련 부처 주관으로 '제1회 노인 학대 예방의 날' 기념행사를 펼쳤다.

노인 수가 늘어남에 따라 노인 학대 수도 늘어난다.[2] 노인 학대는 노인의 가족이나 주변 사람들이 노인에게 신체적이나 언어적으로 괴롭히거나 정서적 · 성적 · 경제적 고통이나 어려움을 준다. 노인에게 필요한 최소한의 서비스조차 주지 않는 방임이나 유기 행위가 생기게 된다. 노인이 오래 사는 것만으로 행복을 누린다고 생각하기에는 현실이 너무나 괴롭고 비참하다. 지금의 노인들은 가난하기 그지없던 우리나라

2) 노인 학대에 대해서는 이 책 제12장에서 상세하게 다루고 있으니 참조하기 바란다.

를 먹을 것, 입을 것, 누릴 것을 자제하면서 알뜰하게 달려온 덕택으로 오늘날의 번영을 가져온 주역들이다. 그것도 다른 나라보다 짧은 기간 안에 번영의 반석 위에 올리자니 쉬기나 제대로 했으며, 잠인들 제대로 잤겠는가! 생활을 조이고 조여서 밤낮없이 꾸준히 뛰었기에 경제 대국 10위란 엄청난 성과를 가져온 것이다. 지구촌에서 찬사를 받는 대한민국! 그 주역은 과연 누구일까? 무진장 애쓴 나라 발전의 주역들을 나이가 많이 들었다고 외면해서는 절대로 안 된다. 아직 나이 어린 우리 후손들이 초롱초롱한 눈을 가지고 모든 걸 지켜보고 있을 것이다.

다음에서 제시한 국제 문서들은 국제기구와 각 국가의 고령화 대응책 가이드라인 역할을 하고 있다.

1) 세계인권선언

세계인권선언(Universal Declaration of Human Rights: UDHR)은 자유와 평등에 관한 세계적인 지침 역할을 하는 문서로, 모든 지역에 있는 모든 사람의 권리를 보호한다. 모든 사람이 자유롭고, 평등하고, 존엄하게 살아가기 위해서는 자유와 권리를 보편적으로 보호해야 할 장치가 필요하다는 점에 전(全) 세계가 처음으로 합의한 것이 세계인권선언이다(https://www.amnesty.or.kr).

세계인권선언은 1948년 12월 10일, 새롭게 출범한 유엔에서 채택됐다. 이는 2차례 세계대전 중 "인류의 양심에 공분을 일으키는… 야만적인 행위"가 자행된 것에 대응하기 위해서였다. 세계인권선언의 채택은 자유와 정의, 평화의 근간에는 인권이 있음을 인정한 것이었다. 세계인권선언은 1946년부터 준비하기 시작했으며, 미국, 레바논, 중국 등 다양한 국가의 대표들이 모여 기초 위원회가 구성됐다. 기초 위원회는 이후 호주, 칠레, 프랑스, 소련, 영국 등의 대표들까지 포함되면서 그 범위가 더욱 확장되었다. 이 덕분에 모든 지역의 국가가 세계인권선언의 준비 과정에 참여할 수 있었으며, 이들의 다양한 종교적, 정치적, 문화적 맥락이 모두 반영될 수 있었다. 세계인권선언은 당시 유엔인권위원회 소속위원 전원의 논의를 거쳐, 1948년 유엔 총회에서 최종 채택됐다.

이 선언문에는 모든 사람이 지니고 있으며, 누구도 빼앗을 수 없는 권리와 자유 30가지가 명시되어 있다. 당시 세계인권선언에 포함된 권리는 지금까지도 국제 인권법의 기반이 된다. 세계인권선언은 오늘날까지도 유지되는 현행 문서로, 세계에서 가장 많이 번역된 문서이기도 하다. 세계인권선언은 기념비적인 문서다. 모든 사람이 성별과 피부색, 신념, 종교 등의 특징에 관계없이 자유롭고 평등하다는 것을 문서로 명시하는 데 전 세계가 처음으로 합의한 것이다.

세계인권선언에서 명시하는 30가지 권리와 자유에는 고문을 받지 않을 권리, 표현의 자유, 교육을 받을 권리, 비호(庇護)를 신청할 권리 등과 생명권, 자유권, 사생활권과 같은 시민적, 정치적 권리도 포함되어 있다. 또한, 사회보장을 받을 권리, 건강권, 적절한 주거지에서 살 권리 등의 경제적, 사회적, 문화적 권리도 마찬가지로 포함되어 있다.

세계인권선언은 그 이름에서 알 수 있듯이 '보편적(universal)'이다. '보편적'이라는 것은 전 세계 모든 국가, 어디서나, 모든 사람에게 적용된다는 뜻이다(강희성 외, 2021: 120). 물론 법적 구속력은 없지만, 세계인권선언에서 명시한 권리와 자유에 대한 보호는 여러 국가의 헌법과 국내 법·제도에 반영되어 있다. 또한, 이외에도 법적 구속력이 있는 다수의 인권 조약에 기반을 제공하고 있으며, 모든 국가에서 증진하고 보호해야 할 보편적인 인권의 명확한 기준이 되었다.

세계인권선언은 지금도 국제인권기준과 국내법의 기반이 되고 있다. 국제앰네스티(amnesty international)[3]와 같이 인권을 보호하고 이를 위해 투쟁하는 것을 목적으로

3) 국제앰네스티 또는 앰네스티 인터내셔널(amnesty international)은 1961년 영국의 피터 베넨슨(P. Benenson) 변호사가 시작한 인권운동단체이다. 독재정권의 지배를 받던 포르투갈의 청년이 술자리에서 한 말 때문에 투옥되었다는 이야기를 듣고 인권운동실천을 위해 결성했다. 한국을 포함한 150여 개 나라에 80여 지부와 110여 이상의 지역 사무실을 두고 있다. 단체 로고인 철조망에 감긴 촛불은 '억압 속에서도 꺼지지 않는 희망'을 뜻한다고 한다. 이름이나 하는 일 때문에 유엔 산하 기구로 아는 사람들도 있지만, 순수한 민간운동단체이다. 양심수의 사면을 위해 출발한 단체지만, 공식 명칭은 단순 직역한 '국제사면위원회'가 아니다. 가급적이면 '앰네스티'라는 이름을 권장한다.

하는 단체에게는 사명과 비전에 영감을 주는 역할도 한다. 모든 인권은 동등한 중요성을 지니며, 모든 정부는 인권을 공정하고 동등한 방식으로, 동일한 입장에서 동일한 중점을 두고 다뤄야 한다. 모든 국가는 정치적, 경제적, 문화적 체제를 막론하고 누구나 차별 없이 모든 인권을 누릴 수 있도록 보호하고 증진해야 할 의무가 있다.

그러므로 사람들이 어떤 차이점을 지녔든, 세계인권선언에서 명시한 모든 권리는 단 한 가지 원칙만을 바탕으로 한다. 사람은 누구나 양도할 수 없는 권리를 모두 동등하게 지닌다는 것이다. 즉, 인권은 어떤 상황에서든 전 세계 모든 남성과 여성, 어린이에게 동등하다. 인종, 피부색, 성별, 성적지향 또는 젠더 정체성, 언어, 종교, 정치적 및 그 외의 사상, 국가 및 사회적 출신, 재산, 출생 또는 그 외의 상황 등을 이유로 어떠한 차이도 존재할 수 없다(https://www.amnesty.or.kr).

2) 노인권리선언

1948년 제3차 유엔총회는 '노인권리선언(declaration of the old age right)'을 하였다. 그 후 1990년 오스트리아 빈(비엔나)에서 열린 제45차 유엔총회에서 10월 1일을 국제노인의 날(international day for the elderly)로 정하기로 결의하였으며, 1991년 10월 1일 전 세계 유엔사무소에서 제1회 국제노인의 날 행사를 열었다. 1999년 유엔에서는 이 해를 세계 노인의 해(international year of older persons)로 선포하였다.

노인권리선언에는 노인의 ① 공공부조를 받을 권리, ② 주거에 대한 권리, ③ 식품에 대한 권리, ④ 의복에 대한 권리, ⑤ 건강보호에 대한 권리, ⑥ 정신건강에 대한 권리, ⑦ 오락에 대한 권리, ⑧ 노동에 대한 권리, ⑨ 안정에 대한 권리, 그리고 ⑩ 존중받을 권리를 기술하고 있다.

3) 고령화에 관한 비엔나 국제행동계획

서구 선진국에서부터 고령화가 급격하게 진전되면서, 고령화 현상에 대응하는 각국 정부의 정책과 프로그램 형성에 대한 기준의 필요성이 제기되었다. 이에 따라 1982년 오스트리아 비엔나에서 열린 '세계 고령화 회의(world assembly on ageing)'에서 '고령화에 관한 비엔나 국제행동계획(Vienna International Plan of Action on Ageing: BIPAA)'을 채택하였다(박석돈 외, 2022: 106).

흔히 '비엔나 계획(vienna plan)'이라고도 부르는 고령화에 관한 비엔나 국제행동계획은 고령화 정책에 관한 세계 최초의 국제 기준이다. 이 문서는 노인들의 상황, 생애를 통한 개인적 발전, 세대 간의 유대, 연령집단 간의 상호 관계 및 발전이라는 4가지를 기초로, ① 건강과 영양, ② 노인 소비자의 보호, ③ 주거와 환경, ④ 가족, ⑤ 사회복지, ⑥ 소득 보장과 고용, 그리고 ⑦ 교육의 7개 영역과 그 하위 분야에 따라 취해야 할 정책 방향 62가지를 권고하고 있다.

〓 부동산에 속아 헐값에 입주권 파는 노인들

노인들에게 오래 산 집과 동네의 의미는 각별하다. 그 지역에서 오래 살아 공동체가 있다는 것은, 가족보다 가까운 사람들이 주변에 있다는 의미다. 당장 급할 때 도움을 주는 사람, 자녀들에게도 말하지 못하는 소소한 속사정들을 해결해 주는 사람도 이런 이웃들이다. 또 거주지가 바뀌면 주기적으로 방문해 독거노인의 안전을 확인하고 돌봄 서비스를 제공하는 생활지원사, 건강이 좋지 않은 노인들에게 돌봄과 가사 서비스를 제공하는 요양보호사도 바뀐다. 철거는 이 모든 사회적 관계망의 단절을 의미하기 때문에 극심한 스트레스를 동반할 수밖에 없다.
이에 유엔 사회권 규약위원회는 노인의 사회적 권리에서 주거 문제를 매우 중요하게 다룬다. 1995년 채택된 일반 논평 6호 '노인의 경제적, 사회적 및 문화적 권리' 중 제11조 '적절한 생활 수준을 누릴 권리'에 나오는 내용의 일부다.

> "'고령화에 관한 비엔나 국제행동계획'의 권고 19~24는 노인의 주거는 단순한 주거지 이상의 의미를 지닌 것으로, 주거의 물리적인 면뿐만 아니라 심리적, 사회적인 중요성도 고려되어야 함을 강조한다. 따라서 국가 정책은 주택의 복구, 개발, 개선 그리고 노인들이 주택에 접근하고 사용하는 능력을 고려한 개조를 통해서 가능한 한 오래 자신의 주거지에서 지속적으로 생활할 수 있도록 도와야 한다(권고 19). 권고 20은 고령화 문제에 특별한 관심을 두고 노인들의 사회 통합을 지원하는 도시 재건축 및 개발 계획과 법률이 필요하다고 강조한다."

출처: 한국일보(2021. 6. 9.), 남보라 기자(rarara@hankookilbo.com).

4) 고령화 관련 국제행동계획과 노인을 위한 유엔 원칙

1991년 12월 유엔총회는 '고령화 관련 국제행동계획과 노인을 위한 유엔 원칙(international plan of action on ageing and united nations principles for older persons)'을 채택하였다. 각국 정부는 가능한 한 언제든지 그들의 노인복지 관련 사업에 이 원칙을 반영하여야 한다.

지난 수십 년 동안 노인 학대 예방을 위한 범세계적 노력이 진행되어 왔으며, 그 중심에는 고령화 관련 국제행동계획과 노인을 위한 유엔 원칙에서 명시된 노인 존엄을 지키기 위한 노력이 있었다. 고령화 관련 국제행동계획과 노인을 위한 유엔 원칙은 노인의 지위와 관련하여 독립의 원칙, 참여의 원칙, 보호의 원칙, 자아실현의 원칙, 그리고 존엄의 원칙이라는 5개 분야 18가지 세부사항으로 구성되어 있다.

(1) 독립의 원칙

① 노인은 소득, 가족과 지역사회의 지원 및 자조를 통하여 적절한 식량, 물, 주거, 의복 및 건강 보호에 접근할 수 있어야 한다.

② 노인은 일을 할 수 있는 기회를 제공받거나, 다른 소득을 얻을 수 있는 기회에 접근할 수 있어야 한다.

③ 노인은 직장에서 언제 어떻게 그만둘 것인지에 대한 결정에 참여할 수 있어야 한다.

④ 노인은 적절한 교육과 훈련 프로그램에 접근할 수 있어야 한다.

⑤ 노인은 개인의 선호와 변화하는 능력에 맞추어 안전하고 적응할 수 있는 환경에서 살 수 있어야 한다.

⑥ 노인은 가능한 오랫동안 가정에서 살 수 있어야 한다.

(2) 참여의 원칙

① 노인은 사회에 통합되어야 하며, 그들의 복지에 직접 영향을 미치는 정책의 형

성과 이행에 적극적으로 참여하고, 그들의 지식과 기술을 젊은 세대와 함께 공유할 수 있어야 한다.

② 노인은 지역사회 봉사를 위한 기회를 찾고 개발하여야 하며, 그들의 흥미와 능력에 알맞은 자원봉사자로서 봉사할 수 있어야 한다.

③ 노인은 자신들을 위한 사회운동과 단체를 형성할 수 있어야 한다.

(3) 보호의 원칙

① 노인은 각 사회의 문화적 가치체계에 따라 가족과 지역사회의 보살핌과 보호를 받을 수 있어야 한다.

② 노인은 신체적 · 정신적 · 정서적 안녕의 최적 수준을 유지하거나 되찾도록 도와주고, 질병을 예방하거나 그 시작을 지연시키는 건강보호에 접근할 수 있어야 한다.

③ 노인은 그들의 자율과 보호를 고양시키는 사회적 · 법률적인 서비스에 접근할 수 있어야 한다.

④ 노인은 인간적이고 안전한 환경에서 보호, 재활, 사회적 · 정신적 격려를 제공하는 적정 수준의 보호시설을 이용할 수 있어야 한다.

⑤ 노인은 그들의 보호시설이나 치료시설에서 거주할 때도 그들의 존엄, 신념, 욕구와 사생활을 존중받으며, 자신들의 건강보호와 삶의 질을 결정하는 권리도 존중받는 것을 포함하는 인간의 권리와 기본적인 자유를 향유할 수 있어야 한다.

(4) 자아실현의 원칙

① 노인은 잠재력을 완전히 개발하기 위한 기회를 추구할 수 있어야 한다.

② 노인은 사회의 교육적 · 문화적 · 정신적, 그리고 여가에 관한 자원에 접근할 수 있어야 한다.

(5) 존엄의 원칙

① 노인은 존엄과 안전 속에서 살 수 있어야 하며, 착취와 육체적 · 정신적 학대로부터 자유로울 수 있어야 한다.

② 노인은 나이, 성별, 인종이나 민족적인 배경, 장애나 여타 지위에 상관없이 공정하게 대우받아야 하며, 그들의 경제적인 이바지와 관계없이 평가될 수 있어야 한다.

5) 고령화에 관한 마드리드 국제행동계획

2002년 스페인 마드리드에서 개최된 '제2차 세계 고령화 회의'에서 '고령화에 관한 마드리드 국제행동계획(Madrid International Plan of Action on Ageing: MIPAA)'이 채택되었다. 고령화에 관한 마드리드 국제행동계획은 전 지구적 현상인 고령화에 대한 국가별 정책적 대응을 마련함에 있어 준거틀(frame of reference)을 제공하고 있다. 고령화에 관한 마드리드 국제행동계획이 제시하고 있는 기본 방향과 행동 목표뿐만 아니라, 이에 기초하여 지역별로 마련되고 있는 이행전략은 개별 국가가 국가별 특성을 반영할 때 출발점이 되고 있다.

고령화에 관한 마드리드 국제행동계획에는 ① 모든 사람의 인권과 노인들의 기본적인 자유의 완전한 실현, ② 노년기의 빈곤 해소라는 목표 및 노인을 위한 유엔 원칙에 대한 재확인을 통한 노후 안정성 확보, ③ 노인들이 소득활동과 봉사활동을 포함한 다양한 경제 · 정치 · 사회적 생활에 충분하고도 효과적으로 참여할 수 있도록 노인의 역량 강화, ④ 노인들이 동질적인 집단이 아니라는 사실을 염두에 두면서, 평생교육 및 지역사회 참여 등을 통해 노후뿐만 아니라 평생에 걸친 자기 개발, 자아실현 및 복지의 기회 제공, ⑤ 개인의 경제 · 사회 · 문화적 권리 및 시민 · 정치적 권리의 완전한 향유와 노인에 대한 모든 형태의 폭력과 차별의 철폐, ⑥ 성차별의 철폐를 통한 노년기의 성 평등 달성, ⑦ 사회개발에 있어서의 가족, 세대 간 상호의존성, 연대와 호혜주의의 중요성 인식, ⑧ 예방 및 재활 관련 보건 의료를 포함한 노인을 위한 보건 의료, 지원, 사회적 보호의 제공, ⑨ 고령화에 관한 마드리드 국제행동계획을 실제적인 행동으로 전환함에 있어 정부, 시민사회, 민간 영역, 노인 간의 협력관계 촉진, ⑩ 개발도상국의 과학적 연구와 전문적 지식을 강화하고, 특히 고령화가 개인, 사회, 건강 분야에 갖는 영향력에 초점을 둔 기술적 잠재력 구현, 그리고 ⑪ 노화 과정에 있는 노인 고유 상황과 노인들의 특수한 환경, 노인들에게 직접적인 영향을 미치는 결정에 노인이 자신들의 목소리를 효과적으로 낼 수 있는 방법 모색의 필요성에 대한 인식에 대해 기술하고 있다.

3 노인복지정책

1) 노인복지정책의 개념

노인복지정책이란 노인복지를 달성하기 위한 행동 원칙이나 지침, 일정한 계획 혹은 조직화된 노력 등으로 정의할 수 있다. 따라서 노인복지정책은 정부나 지방자치단체가 노인의 삶의 질을 향상시키고자 하거나 혹은 하지 말아야 할 활동이라 하겠다. 노인복지정책을 학문적인 관점에서 정의하면, 노인의 삶의 질이나 복지에 영향을 미치는 정부나 지방자치단체의 공공정책으로 조세나 국방, 환경, 에너지관리, 주택, 건강, 소득지원, 보건, 노동, 건설 등에 관한 일련의 행동 원칙이나 지침, 일정한 계획 혹은 조직화된 노력을 의미한다.

노인복지정책은 각종 노인문제 발생의 원인이 노인 개인에게 있다고 보지 않고 사회구조적 모순에 있다는 인식하에 국가나 사회가 주체가 되어 대응책을 강구하는 것을 의미한다. 즉, 노인이 가진 개별적인 욕구에 대응하여 사후 대책적인 복지 기능을 수행하거나, 사전 예방적인 복지 기능을 국가 책임으로 수행하는 것을 말한다. 그러므로 노인복지정책 역시 다른 사회복지 영역과 마찬가지로 사회적 여건과 국가 정책의 흐름과 그 맥락을 같이 한다. 따라서 노인복지정책은 전체적인 국가 정책의 범주에서 자유로울 수 없으며, 경제사회적 구성원의 지지 속에서 발전을 도모할 수 있다.

특히 지난 20세기는 세계 인류가 평균수명 연장과 고령화라는 위대한 성취를 하였지만, 동시에 인류 스스로가 풀어야 할 과제로 대두되는 이 시점에서 각국의 중앙정부와 지방정부는 정치 · 경제 · 시민사회의 복지이념이나 인식에 기초하여 정책적으로 접근해야 한다(고수현 · 윤선오, 2021: 111-112).

노인복지정책이라고 할 때 적절한 개념화를 위해서는 크게 두 가지 분석 방법이 유용할 수 있다. 그 첫 번째는 '노인'과 '복지정책'의 합성된 의미가 있다는 것이고, 다른 하나의 방법은 '노인복지'와 '정책'이라는 두 단어가 합쳐진 의미가 있다는 점이다. 여기서는 정책을 다루고 있으므로 이미 앞에서 정의해 온 후자의 경우에서 접근하고자 한다.

첫째, 노인복지는 앞에서 정의한 바와 같이 노인의 생활의 질을 향상시키기 위한 국가의 활동이다. 그리고 '정책'을 랜덤하우스(random house) 사전에서는 일을 융통성 있게 효율적으로 운영하기 위한 방침이나 방책으로 설명하고 있다. 그러나 이러한 정의 또한 학자들의 견해는 다양하게 발표되고 있다.

둘째, 라스웰(H. Lasswell)과 카플란(A. Kaplan)은 '정책'을 사회변동의 계기로 미래를 지향하기 위해서 필요한 가치와 행동의 복합으로 규정하고 있다(Harold & Abraham, 1970). 그리고 얀츠(Jantsch, 1970)는 정책을 규범적인 사고와 행위의 일차적 표상이며 지침으로 보고 있는데, 이는 정책을 장래의 행동계획으로 보는 견해이다.

셋째, 정책의 공공성에 치중하여 공공정책, 즉 정부의 정책으로 보는 유형이 있다. 정책연구학회가 정책을 다양한 사회문제에 대응하기 위하여 고안된 실제로 나타나거나 잠재되어 있는 정부의 계획과 행동이라고 정의한 것이 바로 그렇다(Policy Studies Organization, 1972).

그러나 이와 같은 어의적 개념도 노인복지정책의 정의를 규정하는 것으로는 충분하지 않다. 왜냐하면, 정책은 그 해당 정책에 영향을 주는 정책 환경이 있고, 그 환경에서 산출해 내는 이념에 따라 달라지는 가변적인 의미가 있기 때문이다(고수현 외,

2016: 29-30, 재인용).

그렇다면 어떻게 노인복지정책에 접근하여야 할까? 노인복지를 향상시키기 위한 정책적 접근이 국가 중심으로 이루어져야 하는지를 시장실패(marker failure)[4]와 정부의 대응이라는 관점에서 설명하면 다음과 같다(고수현 · 윤선오, 2021: 111-113).

첫째, 복지정책은 기업정책이나 생산정책의 시장 메커니즘과는 달리 보이지 않는 손(invisible hand)에 의해 경쟁이 이루어진다. 복지는 생산보다는 재분배적 기제에 해당하며, 자본주의 국가에서는 불완전고용이라는 시장실패 요인을 가지고 있다. 노인은 불완전고용의 주요 대상이기도 하므로 정부가 정책적으로 접근하여야 한다.

둘째, 복지는 다른 사람이 사용하는 것을 제한하지 못하는 특성인 비배제성(non-excludability)과 다른 사람이 추가로 사용하여도 다른 사람의 소비와 경합되지 않는 특성인 비경쟁성(non-rivalness)의 성질을 가진 공공재라는 점에서 일정한 비용을 지불하지 않고 무임승차하려는 상황이 발생하게 된다. 이러한 경우에 재화나 용역은 시장 내부에서는 공급이 되지 않고 정부에 의해서만 공급이 가능하다. 특히 사회보험이 아닌 공공부조나 일부 사회복지 서비스 부문은 시장 내부적 결함으로 공급 문제가 발생한다.

셋째, 시장이 완전하게 작동하여 수요와 공급에 문제가 없더라도 경쟁 체제에서는 노인은 생계의 위협을 느낄 정도의 저소득층으로 남기 쉽다. 이때 정부는 고령자 고용 촉진이나 최저임금제 등을 통하여 외부적 결함에 대응할 수 있다.

2) 노인복지정책의 이념

고령화사회에서 근로자의 고용 장해 요인을 없애기 위해 경제협력개발기구는

4) 시장은 자원 배분을 위한 기구로서 여러 가지 재화나 서비스가 각 경제 주체의 자발적 교환 행위(voluntary exchange behavior)에 의해서 이루어지는 것을 말하는데, 소득분배나 사회복지 서비스 등은 시장의 역할에서는 그 기능을 제대로 작동하지 않는 공공재적 성격을 가지고 있으므로 이른바 시장실패 국면이 일어난다.

1998년 각료 회의를 통해 기존의 연금 및 사회보장제도의 개혁, 고령 근로자에 고용능력 향상 등을 포함하는 고령화사회에 대비한 노인복지정책의 7개 원칙을 제시하고, 이를 회원국의 사회정책[5]에 반영하여 이행토록 권고하였다. 이 원칙을 시행하는데 있어서는 개별 회원국 간 차이는 있으나, 경제협력개발기구 가입국 내에서 이미 많은 나라가 이를 이행 혹은 달성해 나가고 있다.

경제협력개발기구에서 회원국에 권고한 고령화사회에 대비한 노인복지정책의 7개 원칙은 다음과 같다(고수현 · 윤선오, 2021: 113).

- 공적연금, 조세, 사회 이전지출 등 각종 정책이 조기 퇴직자에 대해 인센티브가 되는 부분이 있으면 이를 제거토록 권고한다.
- 고령 근로자의 취업 기회 보장 및 적합한 기술을 습득하도록 지원하는 다양한 방안을 마련토록 권고한다.
- 연금 기여금 인상, 지급액 하향 등을 통해 재정 건실화를 기하고 정부의 재정 부담을 낮추도록 권고한다.
- 퇴직 소득원의 다양화를 권고한다. 이는 리스크(risk)[6]를 줄이고, 세대 간 공평한 부담을 촉진하며, 퇴직 결정에 대한 개인의 유연성을 증진하는 효과를 가져올 수 있기 때문이다.
- 고령인구에 관련한 의료 서비스의 비용 효과성을 끌어올릴 것을 권고한다.

5) 사회정책은 국민생활의 질을 향상시키기 위해 빈곤 · 산업재해 · 질병 · 노령 · 실업 등의 사회적 위험에 대비하고 각종 사회적 문제를 해결하려는 공공정책으로 사회복지정책과 혼용되는 개념이다. 그러나 엄밀하게 구별하면, 사회정책은 사회복지 분야의 정책인 사회복지정책의 상위 개념이다.

6) 우리는 실생활에서 리스크(risk)라는 말을 자주 접하지만, 정확한 의미를 이해하지 못하고 사용하는 경우가 많다. 그 이유는 아마도 영어 'risk'에 대한 우리말 번역을 '위험'으로 표현하기 때문인 것 같다. 사실 우리말 '위험'은 부정적인 의미를 내포하며 영어로는 'danger'에 더 가깝다. 즉, 영어로는 'risk'와 'danger'가 서로 다른 의미인데 우리말에서는 둘 다 '위험'으로 번역하기 때문에 리스크의 정확한 의미가 왜곡되고 있는 것 같다. 리스크란 불확실성에 노출(exposure to uncertainty)된 정도를 의미하며, 부정적 상황 외에 긍정적 가능성도 내포하게 된다. 특히 금융에서 많이 사용되는 리스크란 용어는 불확실한 미래 상황에 노출된 상태로서 미래 결과에 따라 좋을 수도 있고 나쁠 수도 있게 된다. 따라서 부정적인 결과만 있는 위험(danger)과는 구분하여야 한다.

• 연금 재원에 대한 효율적인 관리 및 규제 방안을 찾아보도록 권고한다.
• 개혁에 대한 국민들의 이해 및 지지를 확보하고, 이와 같은 종합적인 개혁을 수행하기 위해 국가적 차원의 전략적인 틀을 구성토록 권고한다.

3) 노인복지정책의 기능

노인복지정책의 기능을 여기서는 건강한 노후생활의 보장, 생산적인 노후생활의 보장, 그리고 노인의 사회통합의 보장으로 나누어 살펴본다(박석돈 외, 2022: 94-95).

(1) 건강한 노후생활의 보장

성공적인 노후생활을 하기 위해서는 무엇보다 건강 유지가 최우선 조건이다. 서구 선진국에서 초창기에는 노인의 보건정책을 주로 노인성 질병의 치료에 역점을 두고 병약한 노인을 노인병원이나 시설에 입원시켜 의료 서비스를 제공하는 것에 초점을 두었다. 그러나 이러한 방법은 고령 노인의 보건 의료 문제를 근본적으로 해결하지 못하고 오히려 의료비 지출만 상승시키는 결과를 가져왔다.

따라서 이들 국가는 노인의 건강 문제를 과거의 치료 중심이 아닌 질병 예방, 보건 관리, 건강보호 등을 강조하는 건강증진 프로그램으로 적극 추진하고 있다. 병약한 노인들도 병원이나 시설에 장기간 수용하여 치료하는 것보다는 가정과 지역사회에서 지역사회의 모든 자원을 활용하여 보호하는 것이 더 경제적이고 인간적인 접근이라고 생각하여 다양한 재가노인 프로그램을 개발하고 있다. 예컨대 고도 기술을 이용한 필요 의료장비와 의료 서비스를 환자 가정에 전달하여 도와주는 재가노인보호, 가정 임종간호, 가정요양보호 등의 다양하고 개별적인 재가노인 서비스를 제공하고 있다.

(2) 생산적인 노후생활의 보장

어떻게 장기적인 차원에서 고령 노인의 빈곤 문제를 해결할 수 있을까? 이 문제는 어느 나라 정부를 막론하고 고심하는 문제일 것이다. 정부의 사회보장비를 줄이고,

노인들의 빈곤 문제를 근본적으로 해결하면서 동시에 노인이 심신 건강을 유지할 수 있도록 취업활동이나 지역사회 봉사활동을 통해 생산적인 노후생활을 계속하도록 지원하는 방법은 없을까? 이를 위해 각국에서는 정년연령을 연장하거나, 계속해서 일하기를 원하고 일할 능력이 있는 노인에게는 언제까지나 근무할 수 있는 자유정년 퇴직제를 시행하며, 일단 은퇴한 노인에게도 재취업 기회를 제공하여 생산적인 활동을 계속할 수 있도록 지원하고 있다. 또한 취업활동이 어렵거나 취업을 원하지 않는 노인은 자원봉사활동, 학습활동, 사회활동 등 의미 있는 여가활동을 통하여 보람 있고 생산적인 노후생활을 계속하도록 정책적인 지원을 하고 있다.

일부 국가에서는 사회보장제도의 고정된 연금만으로는 물가 상승이나 의료비를 감당할 수 없어 이에 대한 보완책으로 보충연금제나 의료부조 등을 통하여 노후생활을 지원하기도 한다. 최근 우리나라에서도 국민연금을 노후소득 보장의 중심축으로 설정하되 미흡한 부분의 보충을 위해 저소득 노인을 대상으로 하는 보충연금제를 도입해야 한다는 주장이 제기되고 있다. 그러나 이러한 방법은 정부의 재정 부담을 더욱 증가시키고, 오히려 노인들을 사회로부터 격리시키는 결과를 가져올 수도 있기 때문에 신중하게 접근하여야 한다.

(3) 노인의 사회통합의 보장

현대 산업사회에서 은퇴한 노인들은 가정이나 사회에서 소외되고 고독한 나날을 보내는 경우가 많다. 핵가족화로 말미암은 자녀와의 별거, 배우자 및 친구들의 사망, 은퇴하고 나서 역할 상실과 수입 감소에서 오는 무력감, 고독감 등은 수많은 노인에게 사회적·심리적 고립과 소외라는 문제를 안기고 있다. 노인 대부분은 청·장년층과 같이 일하기를 원하며, 무엇인가 국가와 사회에 유익한 생산적인 일을 계속하고 싶어 한다. 동시에 여러 사람과 사이좋게 지내기를 원하며, 가족은 물론 이웃, 친구, 친지들과 다정한 인간 관계를 유지하고 싶어 한다.

노인들의 이러한 사회적·심리적 욕구를 충족시키고, 노후생활의 고독과 소외감을 방지하기 위해서는 노인들을 사회적으로 통합시킬 수 있는 프로그램이 있어야 한다. 예컨대 ① 노인 취업을 장려하여 직장활동을 통한 사회적 통합, ② 공동주택, 노인 주거동(ECHO), 편의시설 설비 주택, 3세대 주택 등 주거환경을 통한 환경적 통합, ③ 여가활동, 종교활동, 사회활동 등을 통하여 이루어지는 세대 간의 통합, ④ 가정봉사원 파견, 주간보호사업, 시설 노인 방문 등 노인복지 서비스를 통하여 이루어지는 노인세대와 지역주민 간의 통합 등을 들 수 있다.

4) 노인복지정책의 체계

현대의 복지 자본주의 국가는 20세기 전반의 두 차례에 걸친 세계대전을 치유하고 국민들에게 비전을 제시하기 위하여 사회복지정책을 구체화하였다. 그 가운데 공공부조, 사회보험, 사회 서비스는 주요 프로그램이다. 즉, 사회보장정책을 통하여 복지국가를 체계화하였다(고수현 · 윤선오, 2021: 117).

1935년 미국의 「사회보장법」이나 1942년 영국의 베버리지 보고서(reported by William Beveridge)는 선진 자본주의 국가를 중심으로 한 사회복지정책 전개를 촉진하는 매개체가 되었다. 베버리지 보고서는 1941년 6월에 창설된 '사회보험 및 관련 사업에 관한 각 부처의 연락위원회' 위원장 베버리지가 1942년에 제출한 보고서로, 정식 명칭은 '사회보험과 관련 서비스(social insurance and allied services)'이다. 이 위원회의 임무는 당시 사회보장제도로서 합리성이 결여되어 있던 그 무렵 영국의 여러 제도의 구조나 그 효율성을 재점검하고 필요한 개선책을 권고하는 데 있었다.

이 보고서에서 베버리지는, 현대사회에서 진보를 가로막고 있는 사회문제의 5대악으로서 결핍, 질병, 나태, 무지, 불결을 들고, 이 가운데 사회보장의 궁극적인 목표는 궁핍을 없애는 것이라고 하였다. 그는 궁핍의 원인으로서 실업 · 질병 · 노령 · 사망 등에 의한 소득의 중단을 들었다. 이에 대처하기 위해서 기본적 수요 충족을 위한 사회보장 보험이 마련되어야 하고, 특별히 긴급한 수요 충족을 위해서 국민 부조(扶助)를 제안하고, 그 외 개별적인 수요는 자발적 저축에 기대해야 한다고 하였다. 또 사회보장에 의한 궁핍 해소의 기능을 높이기 위한 전제조건으로서 완전고용 유지, 포괄적인 보건의료보장제도의 확립, 균일급부로는 대처할 수 없는 특정한 세대(世帶)의 수요에 따른 아동수당의 확립을 들고 있다.

베버리지 보고서에서는 문제 해결을 위한 기본 원칙을 다음과 같이 제안했다. 첫째, 모든 개혁안은 과거의 경험을 충분히 살리고 국부적 이해 관계에 매달리지 않아야 한다. 둘째, 사회보장 보험의 구성은 사회개혁에 대한 종합 정책의 일환으로 취급되어야 한다. 충분하게 발전된 사회보험은 소득 보장에 도움이 되며 빈곤을 줄일 수 있다. 셋째, 사회보장 보험은 국가와 개인 간의 협력에 의해서 달성되어야 한다. 즉, 국가는 관리와 비용 부담의 책임을 져야 한다는 것이다.

이 보고서가 발표된 뒤 많은 사회보장법이 제도화되었다. 1944년에 「장애자고용법」이 제정되고 사회보장청이 설치되어 오랜 역사를 가진 영국의 구빈법(救貧法)이 폐지되고 '요람에서 무덤까지'라는 경제적인 소득보장책인 사회보장체계가 확립되었으며, 「심신장애인고용법」이 제정되었다. 1945년에 「가족수당법」이 제정되었다. 1946년에 「국민보험법」, 「국가보건서비스법」, 「국민부조법」이 제정되었다. 1948년에 「아동법」, 「고용·직업훈련법」이 제정되었다.

이 보고서는 최저생활수준 보장을 권리로 규정하고 생존권을 처음으로 사회보장에 받아들여, 구빈법사상을 근본적으로 전환시켰다. 또 임금노동자에 한정하였던 적용범위를 전 국민에게까지 확대한 것도 획기적이었다. 이로써 베버리지 보고서는 제2차 세계대전 후의 영국 사회보장제도 확립의 기초가 되었고, 세계 자본주의 국가들의 사회보장제도 확립에 지대한 영향을 주었다.

따라서 노인복지정책의 체계를 분류할 때에는 이러한 사회보장정책의 범주 내에서 설명하여야 한다. 물론 정책을 추진하는 주체와 접근 방법에 따라서도 다양하게 분류할 수 있다. 정책 주체에 따라서는 중앙정부, 지방정부, 민간, 혼합, 혹은 국제적인 주체에 의한 체계 등으로 분류할 수 있다. 그리고 접근 방법에 따라서도 제도적 접근과 잔여적(혹은 보충적) 접근 방법으로 분류할 수 있다.

5) 노인복지정책의 평가

일반적으로 정책의 분석이나 평가는 어의적 구분이 모호하게 같이 사용할 때가 많다. 정책분석의 개념은 매우 다양한 의미로 사용하고 있으며, 정책 과정이라는 맥락과 연관하여 정의하고 있다. 정책분석이란 정책이 가져올 사실상 혹은 잠재적 영향력을 체계적으로 식별, 검토, 평가함으로써 정책의 형성, 결정, 집행, 평가 과정에서 일어나는 여러 가지 어려움을 극복하는 데 필요한 객관적이고 합리적인 지식을 제공하는 것이다.

따라서 정책분석은 최선의 정책대안을 창출하기 위해 수행되는 체계적인 활동을 의미한다. 정책분석 접근 방법은 해당 분야의 목적과 필요에 따라 전 과정을 가치, 사실, 행위 등의 정보를 근거로 경험적 접근, 평가적 접근, 규범적 접근 중 하나 또는 그 이상의 접근 방법을 선택한다. 노인복지정책을 분석하기 위해 사용하는 주된 접근 방법으로는 길버트와 테렐(N. Gilbett & P. Terrell)의 과정분석(studies of process), 산물분석(또는 산출분석, studies of product), 성과분석(studies of performance)이 있다. 이 세 가지 분석을 각각의 영문 첫 글자를 따서 3P라고 표현한다.

과정분석은 정책의 형성 과정 분석으로 정책과 관련된 다양한 변수의 영향력과 관계를 알아보는 분석이며, 정책 형성의 역동성을 정치적, 기술적, 방법적 변수들을 중심으로 분석하는 접근 방법이다. 산물분석은 노인복지정책 내용분석(핵심분석)으로 기획 과정에서 얻은 산물인 프로그램, 법률, 또는 확정된 계획의 쟁점을 분석하는 것이며, 특정 방향으로 설계된 정책에 있어 그 안에 포함되어 있는 정책 선택의 형태 및 내용을 분석한다. 또한 특정 선택으로 배제된 내용을 분석하며 선택의 근거가 된 가치와 이론, 가정에 대한 문제를 분석한다. 성과분석은 특정한 정책 선택의 실험된 프로그램 결과를 기술하고 평가한다. 과정분석과 산출분석보다 객관적이고 체계적인 관찰이 쉬우며, 프로그램이 잘 실행되었는가, 프로그램 실행을 통해 얻은 영향은 무엇인가, 분석하는 정책 선택 결과에 대한 설명 및 평가에 관심을 가진다.

길버트와 테렐은 마지막 분석 방법, 즉 산물분석 방법을 이용하여 복지정책의 분석을 위한 분석틀을 제안하였다. 이들은 정책분석은 두 단계를 거쳐야 한다고 하였다. 첫 번째는 선택의 차원을 구체화하는 것이다. 이들은 4차원 분석이라고도 부르는 정책분석을 위한 네 가지 선택의 차원을 제시하고 있는데, 이는 ① 사회적 할당(급여의 대상), ② 급여의 내용, ③ 전달체계, 그리고 ④ 재정(재원)이다. 그들은 이 네 가지 선택의 차원에 따라 복지정책의 형태가 달라진다고 보았다. 두 번째는 사회적 선택의 이유를 파악하는 것이다. 즉, 사회적 선택의 이유 혹은 명분이 되는 가치, 이론, 가정에 관련된 질문에 답해야 한다는 것이다.

한편, 정책을 평가하는 기준으로 효율성(efficiency)과 형평성(equity, equality)을 들 수 있다. 우리 사회에서 자원은 한정되어 있기 때문에 그것의 효율적 사용은 언제나 우리의 주요 관심사일 수밖에 없다. 그뿐만 아니라 모든 사람은 인간으로서의 존엄성을 향유할 권리가 있다. 따라서 형평성 또한 주요한 관심사이다. 이와 같이 자원의 효율적 배분과 그것의 공평한 분배는 세상 모든 사람이 소망하고 있다(전상경, 2001: 152-167).

(1) 효율성

효율성이란 효과성과 능률성을 합친 개념이다. 즉, 행정의 투입에 대한 산출의 비율인 능률성과 투입과 산출의 비율을 따지지 않고 목표의 성취도만 따진 효과성을 함께 이룰 수 있는 정도를 효율성이라 한다. 바꾸어 말해서 목표 달성의 양적 개념인 능률성과 질적 개념인 효과성을 모두 포함하는 개념이 효율성이다. 효율성은 공공행정에 있어서 생산성과 같은 개념으로 이해하는 수도 있다. 사행정(私行政)에 있어서 생산성이라 하면 곧 능률성을 의미하는 것이지만, 공공행정에 있어서의 생산성은 최소의 투입으로 최대의 산출을 기하되(능률성), 그 산출이 당초에 설정한 목표에 비추어 얼마나 기대했던 효과를 얻게 되었는가(효과성)를 나타내는 개념이기 때문이다.

자원은 한정되어 있고, 정책은 한정된 자원을 사용하면서 수행된다. 희소성이 있는 자원을 배분하면서 그 사회의 모든 구성원의 복지를 감소시키지 않으면서 어느 특정한 사람의 복지를 증진시킬 수 있다면, 그러한 자원 배분은 낭비되고 있다고 할 수 있다. 즉, 효율적 자원 배분이란 다른 사람의 복지를 더 악화시키지 않고서는 어느 특정한 사람의 복지를 좋게 할 수 없는 상태를 의미한다.[7)]

(2) 형평성

형평성은 정의 · 공평성으로 표현되는 것으로 아리스토텔레스에 따르면, 사회 관계에서 가치의 적절하고 마땅한 분배로 이루어진 공정한 평등을 의미한다. 형평성은 경제체제 내에서 이루어지는 재화와 용역의 공정한 분배를 뜻하지만, 형평성 개념은 가치판단을 필요로 하기 때문에 사람에 따라서, 시대적 조류에 따라서, 그리고 국가에 따라서 각기 다를 수 있다.

형평성이 있다는 것은 양쪽이 상대적으로 균등하다는 것이며, 그것은 기회의 균등과 결과의 균등으로 양분할 수 있다. 기회의 균등은 결과보다는 과정에서의 공정성을 강조한 것이다. 그리고 결과의 균등은 상대적인 몫의 결과물이 같아야 한다는 것이나, 결과의 균등을 추구하게 되면 열심히 일하고자 하는 근로의욕에 저해를 가져오게 되어 경제적 효율성이나 사회적 효율성에도 부합되지 않을 수도 있다. 따라서 자본주의 국가에서는 결과의 균등보다는 기회의 균등에 정책적 관심을 가진다.

이러한 의미에서 사회적 형평성은 사회적으로 동일한 경우에는 동일하게 취급하고(수평적 형평), 서로 다른 경우에는 서로 다르게 취급하는 것(수직적 형평)이다. 이에는 정당한 불평등이나 합리적 차별의 개념이 내포되어 있으며, 특히 수직적 형평에 초점을 두고 있다. 우리나라 헌법상 평등원칙도 이러한 형평의 관점에 뿌리를 두고 있다.

---

7) 이러한 효율성 개념을 최초로 정립한 사람은 이탈리아의 경제학자인 파레토(V. Pareto)이며, 따라서 파레토 효율성이라고도 부른다.

제 04 장
노인상담 모델

1 정신분석적 상담 모델

정신분석적 상담은 프로이트(S. Freud)의 정신분석 이론을 바탕으로 발전했다. 그는 거의 모든 이론을 성적 욕구와 연관지어 설명했으며, 인간의 무의식을 최초로 발견한 사람이다. 20세기 사상사에서 빠지지 않는 중요한 학자이며, 심리학은 물론이고 근대 철학에서도 카를 마르크스, 프리드리히 니체 등과 함께 깊게 다뤄지는 학자이다. 정신분석적 상담의 목표는 무의식을 의식화하고, 이드(원초아)와 초자아, 외부 현실의 요구를 효과적으로 중재하도록 자아의 기능을 강화하는 것이다. 상담자는 내담자가 인지적인 통찰이 아닌 정서적인 통찰을 하도록 도와 깊은 수준에서의 변화가 일어나도록 돕는다. 정신분석적 상담은 우울, 불안, 공황, 신체화 장애, 섭식 장애, 물질 관련 장애, 성격 장애 등에 효과가 있다(http://www.koreanpsychology.or.kr).

1) 정신분석적 상담의 주요 개념과 이론

(1) 정신분석의 기본 가설

프로이트는 인간의 심리적 기능과 과정에 대해 크게 두 가지 기본 가설을 제시했다. 하나는 심리적 결정론이고, 다른 하나는 무의식에 대한 가정이다. 사실 이 두 가설은 밀접한 관계를 맺고 있기에 따로 설명하기는 어렵다.

심리적 결정론은 인간의 신체에서와 같이 인간의 심리에서도 우연히 또는 되는 대로 일어나는 일은 없으며, 모든 인간의 행동에는 심리적인 원인이 있어 그 원인으로 말미암아 행동이 결정된다고 본다. 무의식에 대한 가정은 인간의 심리에는 의식되지 않는 무의식이 존재하여 그 무의식으로 말미암아 인간의 행동이 많은 영향을 받는다고 본다.[1)]

(2) 추동

프로이트는 인간 심리의 무의식을 움직이는 내면의 욕망과 충동으로서 추동(drive)이라는 개념을 사용했는데, 이러한 내면의 힘은 인간이 어떠한 방향으로 행동하는 데 영향을 주는 본능적인 힘을 말한다. 프로이트는 인간 대부분의 행동 근원이 삶의 추동이라는 성적인 추동(리비도, libido)에 의한 것이며, 이러한 추동이 사회적으로 수용될 수 있도록 변형되어 나타난다고 보았다. 또한 자기 소멸과 파괴를 향하는 공격적 추동(타나토스, thanatos)도 제시했는데, 성적인 추동과 공격적 추동은 인간의 행동에 함께 영향을 준다고 보았다.

(3) 심리성적 발달 단계

프로이트는 영유아기 성욕설을 주장하면서 어린아이의 성장에 따라 성적 추동을 만족시키려는 신체 부위가 변화한다고 보았다. 그리고 성장 과정에서 성적 추동의 충족과 결핍의 경험이 어린아이의 성격 형성에 중요한 역할을 한다고 보았다. 이 단계들은 실제로는 단계마다 명확하게 구분되지는 않으며, 한 단계가 다음 단계와 겹치거나 중복되어 다음 단계로의 변화가 점진적으로 나타난다. 그리고 각 단계의 기간은 대략적이고 평균적인 기간으로 개인마다 차이가 있을 수 있다.

① 구강기

구강기(Oral stage)는 대략 생후 최초 1년 반까지의 시기를 말하는데, 이 시기의 영

1) 겉으로는 인과 관계가 없는 것처럼 보이는 현상이 무의식에 의해 영향을 받으며, 무의식적 원인이 발견되면 인과 관계가 분명하게 보일 것이다. 무의식을 직접 관찰할 방법은 없지만 여러 간접적인 방법으로 무의식의 존재와 활동에 관해 추론할 수 있다.

아는 입, 입술, 혀 등으로 빨기, 핥기, 깨물기 등을 하여 성적 추동을 만족시키려고 한다. 영아는 이 시기에 구강 기관을 통해 외부 대상과 세계에 대한 기본적인 인식을 갖게 되며, 이러한 구강기 경험이 이후 성격 형성에 영향을 준다. 유아의 욕구에 대한 충족이나 결핍이 심할 경우에는 고착되어 구강 성격을 보일 수 있는데, 이런 경우 수동적이고 의존적이며 자기 중심적이고 요구가 많거나 빈정거리거나 냉소적이며 논쟁적인 모습을 보인다. 또한 섭식이나 흡연, 음주와 관련한 문제를 보일 수 있다.

② 항문기

항문기(Anal stage)는 대략 생후 1년 반에서 3세까지의 시기를 말하는데, 이 시기의 영유아는 항문을 통해 배설을 하거나 참는 것으로부터 성적 추동을 만족시키려고 한다. 이 시기에 영유아는 부모의 배변 훈련 형태와 태도에 따라 자기 조절, 독립심, 자율성, 자존심, 수치심, 혐오감 등을 경험하게 되고, 이러한 항문기 경험이 이후의 성격 발달에 영향을 준다. 항문기에 고착되어 항문 성격을 보이는 사람은 청결, 정돈, 절약, 질서, 규칙 등에 강박적이거나, 아니면 불결하거나 사치스러우며 도전적이고 반항적인 모습을 보일 수 있다.

③ 남근기

남근기(Phallic stage)는 대략 3세에서 6세까지의 시기를 말하는데, 이 시기의 아동은 성기(남아는 남근, 여아는 음핵)를 통해 성적 추동을 만족시키려고 한다. 이 시기에는 이성 부모에게 애정을 느끼고 동성 부모에게 질투와 경쟁심을 느끼며 형성되는 삼각관계[2)]를 경험하는데, 이러한 아동의 행동에 대한 부모의 반응 형태와 태도에 따라 이후 성격 발달이 영향을 받는다. 오이디푸스 콤플렉스에 따라 아동은 동성 부모가 자신의 성기를 손상시킬 것에 대한 불안인 거세 불안을 느끼는데 이는 동성 부모에 대한 동일시를 통해 극복되며, 이러한 동일시 과정을 통해 아동은 초자아가 형성되고

---

2) 남아에게는 오이디푸스 콤플렉스(Oedipus complex), 여아에게는 엘렉트라 콤플렉스(Electra complex)가 나타난다고 한다.

자신의 성 역할 정체성을 갖게 된다. 이 시기에 고착되는 사람은 자신의 성 역할에서 과잉으로 행동하거나 또는 그 반대의 모습을 보일 수 있다.

④ 잠복기

잠복기(Latency stage)는 6세에서 사춘기 이전의 시기를 말하는데, 이 시기의 아동은 학업과 친구, 놀이나 활동에 대한 관심이 증가하면서 성적 추동을 만족시키려는 욕구가 나타나지 않는다. 가족 외의 사람들과 관계를 형성하고 인간 관계가 다양해지면서 사회화가 이뤄지기 때문에 이 시기를 '사회화 시기'라고도 부른다.

⑤ 성기기

성기기(Genital stage)는 사춘기 이후의 시기를 말하는데, 이 시기에는 신체적인 성장이 완성되어 성인으로서 성적인 욕구를 충족하고자 하며, 관련된 대인 관계나 다양한 사회활동에 관심을 갖게 된다.

(4) 지형학적 모델

프로이트는 인간이 얼마나 의식할 수 있느냐에 따라 의식 수준, 전의식 수준, 무의식 수준이라는 세 가지 수준으로 구분했다.

의식 수준은 인간의 현재 지각과 사고, 정서 경험 등을 말한다. 빙산으로 비유하자면 수면 위에 드러난 부분이라 할 수 있으며, '빙산의 일각'이라는 말처럼 인간의 전체 정신세계 중 극히 일부분에 해당한다. 전의식 수준은 의식 수준에 속하지 않았지만, 조금의 노력으로도 자각할 수 있는 기억과 경험 등을 말한다. 전의식은 수면 바로 아래에 있는 빙산의 부분이라 할 수 있으며, 파도가 출렁이면 수면 위 빙산의 부분이 수면 아래로 가라앉거나 수면 아래 빙산의 부분이 수면 위로 드러나는 것과 같이 현재 순간의 의식은 다음 순간에 전의식에 속하게 되고 또 이전의 전의식은 순간 의식에 속하게 되는, 서로 밀접한 관련성을 가지고 있다. 무의식 수준은 의식하려고 노력하더라도 쉽게 자각하기 어려운 욕구, 충동, 소망, 동기 등을 말한다. 무의식은 수면 아래에 자리하여 빙산의 대부분을 차지하는 것이라 할 수 있는데, 의식이라는 수면 위에 잘 떠오르지는 않지만 인간의 생각과 감정, 행동에 거대한 영향을 미친다.

(5) 삼원 구조 이론

프로이트는 마음의 내용과 과정의 새로운 기준을 적용하기 위해 지형학적 모델에 더해 삼원 구조 이론을 제시했다. 이러한 세 가지 구조는 원초아(이드, id), 자아(ego), 초자아(superego)이다.

원초아는 여러 추동의 집합으로서 즉각적으로 욕구를 충족하고자 하는 쾌락 원리에 의해 작동한다. 그리고 자기 중심적이고 비현실적이며 비논리적인 아이에게서 보이는 특징적인 사고 과정인 일차 과정에 따라 기능한다. 원초아는 출생 때부터 완전한 구조로 이루어지며, 이후 원초아로부터 자아와 초자아가 분리되어 기능적인 역할을 담당한다. 자아는 원초아의 욕구를 충족시키기 위한 목적으로 환경과 관계를 맺는 역할을 하며, 현실을 고려하고 판단하여 때로는 원초아의 욕구 충족을 지연시키기도 하는 현실 원리에 따라 작동한다. 자아는 현실적이고 논리적이고 합리적이며 이성적인 성인에게서 보이는 특징적인 사고 과정인 이차 과정에 따라 기능하며, 원초아로부터 분화되어 2세에서 3세경에 확립되는 구조이다. 초자아는 부모와 사회의 도덕과 윤리 규범 등이 내재화되면서 행동의 옳고 그름을 판단하여 상이나 벌을 주는 도덕 원리에 따라 작동한다. 초자아는 5~6세에 형성되기 시작하여 10~12세가 되면 충분한 기능을 한다.

(6) 꿈

프로이트는 꿈이 인간의 무의식을 이해하는 데 중요한 수단임을 강조하면서 "꿈은 무의식에 이르는 왕도"라고 표현했다.[3] 왜냐하면 잠자는 동안에는 인간의 수의적인

3) 꿈은 우리가 흔히 '꿈을 꾸었다'고 할 때의 그 꿈을 지칭하는 의식적인 내용과 경험인 현재몽(manifest dream), 의식하기 어려운 이드의 무의식적 충동으로 이뤄져 꿈 작업을 통해 현재몽으로 바뀌는 잠재몽(latent dream), 자아와 초자아에게 위협적인 이드의 무의식적 충동을 덜 위협적인 내용으로 전환하는 꿈 작업(dream work) 등으로 구성된 현상이다. 그런데 꿈은 자아의 방어와 꿈 작업에 의해 그 내용과 형태가 변형되기 때문에 그 의미를 이해하기는 어려우며, 이를 이해하기 위해서는 자유 연상 등의 정신분석적 기법을 사용해 꿈을 꾼 사람 스스로가 꿈의 자료를 탐색해야 한다.

운동 능력이 거의 멈추어 원초아의 충동이 행동화되지 못할 것이라는 점에서 원초아에 대한 자아의 방어가 낮아지므로 꿈을 통해 무의식에 있는 충동들이 더 쉽게 드러날 수 있기 때문이다. 잠을 자는 동안에 자아의 기능과 능력도 감소하기 때문에 꿈의 내용은 이차 과정보다 일차 과정을 따르게 되고, 유아의 언어가 형성되기 전의 세상을 이해하는 방식인 시각적인 인상이 꿈 내용의 주를 이룬다.

꿈의 내용에는 세 가지가 영향을 줄 수 있다. 첫째로 꿈의 내용은 우리가 잠을 자면서 일어나는 감각적인 자극에 의해 영향을 받을 수 있다. 예를 들어 야외에서 잠을 자다가 비를 맞으면 바다에서 헤엄치는 꿈을 꿀 수 있다. 둘째로 꿈의 내용은 꿈을 꾸기 전 최근 일상 생활에서의 경험이나 활동에 의해 영향을 받을 수 있다. 예컨대 전날 밤 괴물이 나오는 공포 영화를 보고 잔 사람은 그날 밤 괴물에게 쫓기는 꿈을 꿀 수 있다. 마지막으로 꿈의 내용은 자아의 방어로 억압된 원초아의 충동에 의해 영향을 받을 수 있다. 예를 들어 어떤 여자를 좋아하는 마음을 스스로 숨기고 있는 남자는 꿈에서 그 여자와 연인으로 시간을 함께 보낼 수 있다.

본질적으로 꿈의 내용과 기능은 원초아의 무의식적 충동을 충족시키는 것이다. 하지만 우리의 대부분의 꿈들은 소원 성취적으로 보기에는 불쾌한 내용이 많은데 이를 어떻게 설명할 수 있을까? 프로이트는 이에 대해 자아의 방어로 말미암아 꿈의 형태가 위장되고 왜곡되었기 때문이라고 설명한다. 여기서 기억해야 할 것은 자아는 원초아가 가지는 추동의 실행자이자 환경과 초자아의 중재자 역할을 한다는 점이다. 꿈을 통해 원초아의 충동들이 의식 수준으로 떠오르고자 하고, 자아는 이를 다 막을 수는 없기 때문에 꿈 작업을 통해 꿈의 내용과 형태를 변형시켜 타협하는 것이다. 이렇게 함으로써 자아는 원초아의 충동들을 충족시키면서 위협적인 원초아의 충동들이 의식되는 것은 막을 수 있다.

(7) 실수와 재치

프로이트는 사람의 말하기 실수, 글쓰기 실수, 기억의 실수 등이 우연이나 사고가 아닌 무의식적인 의도적, 목적적 행동으로서 무의식적인 욕구나 소망을 자아가 완전히 억압하지 못한 결과로 나타나는 현상이라고 보았다. 여기서 중요한 것은 실수라는 행동은 그 행동의 의도나 동기가 의식되지 않는 무의식적인 행동이라는 점이다. 그래서 누군가의 실수가 제삼자가 보기에는 그 의미가 명확해 보일지라도 실수한 사람이 그 의미에 대해 연상하기는 어려울 수 있다.

실수 대부분은 부주의, 서두름, 피로감 등으로 말미암아 유발되는데, 프로이트는 이것들이 실수를 하는 데 보조적인 역할을 할 뿐이며, 실수의 주된 원인은 무의식에 의한 것이라 보았다. 쉽게 설명하기 위해 다음 비유를 들 수 있다. 어떤 사람이 어두운 길을 가다가 강도를 만나 가지고 있던 물건들을 모두 빼앗겼다고 하자. 그 사람이 강탈당한 원인은 강도 때문이지 어두움 때문은 아니다. 어두운 길거리가 물건들을 강탈할 수는 없다. 여기서 어두움은 부주의, 서두름, 피로감 등으로 볼 수 있으며, 강도는 무의식이라 할 수 있다.

프로이트는 재치라 할 수 있는 농담에서도 원초아의 일차 과정 사고가 중요한 역할을 한다고 보았다. 이러한 농담에는 일차 과정에서 나타나는 특성이 발견되며, 만약 일차 과정의 방식으로 표현된 농담이 이차 과정의 언어로 다시 표현된다면 처음 그 농담이 가진 웃음의 효과는 더 이상 나타나지 않을 것이다.

(8) 방어 기제

자아는 원초아와 초자아, 그리고 외부 환경 사이에서 각각의 요구를 중재하는 역할을 하는데, 자아의 힘이 약해지거나 다른 세력의 힘이 상대적으로 강해지면 자아는 위험 신호로서 불안을 느끼며, 이러한 불안을 줄이고자 방어 기제를 사용한다.

자아의 불안은 세 가지 유형으로 분류될 수 있다. 외부 환경의 실재적 위협에 따른 현실 불안, 원초아의 욕구가 지나치게 억압되어 마치 끓는 주전자의 뚜껑을 닫음으로써 물이 넘치는 것과 같이 원초아의 욕구가 의식으로 침범하려고 할 때 느끼는 신경증적 불안, 초자아로부터 도덕적, 윤리적 규범을 위배하는 것에 대한 두려움으로 느끼는 도덕적 불안이 그것이다.

자아는 내부에서 발생하는 신경증적 불안과 도덕적 불안을 줄이기 위하여 여러 방어 기제를 사용하는데, 프로이트의 딸 안나 프로이트(A. Freud)는 『자아와 방어 기제(The Ego and Mechanisms of Defense)』(1936)[4]에서 다양한 방어 기제를 제시했다. 방어 기제로는 억압(repression), 반동 형성(reaction formation), 분리(격리, isolation), 원상복귀(취소, undoing), 부정(denial), 투사(projection), 대치(전치, displacement), 합리화(rationalization), 퇴행(regression), 동일시(identification), 지성화(주지화, intellectualization), 대치(승화, sublimation), 보상(compensation), 해리(dissociation) 등을 들 수 있다. 그런데 위에서 열거한 방어 기제는 한두 가지만 사용되는 경우는 드물며, 대개 여러 방어 기제가 함께 사용된다. 그리고 그중 한 가지 또는 두 가지 방어 기제가 중요하고 일차적인 역할을 한다. 방어 기제가 정상적인지 혹은 병리적인지는 ① 한 가지 방어 기제를 사용하는지 혹은 여러 가지 방어 기제를 사용하는지와 관련된 균형, ② 방어의 강도, ③ 사용한 방어 기제의 연령 적합성, 그리고 ④ 위험이 사라졌을 때 사용한 방어 기제를 철회할 수 있는 가능성이라는 네 가지 요소를 근거로 판단해야 한다(최덕경 외, 2013: 50-52).

2) 정신분석적 상담의 과정

(1) 정신분석적 상담의 목표

정신분석적 상담의 목표는 무의식을 의식화하고, 원초아와 초자아, 외부 현실의 요구를 효과적으로 중재하도록 자아의 기능을 강화하는 것이다. 이는 달리 말해 '원초

4) 처음 책이 출간되었던 1936년은 정신분석학에서 인간 정신의 세 측면 중 하나인 자아에 대한 연구가 미진하던 시기였다. 분석가들이 정신적 지층의 깊이에 비례해서 분석의 가치가 결정된다고 생각했기 때문이다. 하지만 안나 프로이트는 이전까지 무의식에만 몰두했던 정신분석 이론의 일방성을 비판하며 자아의 복잡성과 방어 기제에 집중하며 치료 과정에서의 분석가의 역할과 분석의 입장을 새롭게 정의했다. 이전까지 거추장스러운 장애물에 불과했던 자아를 그 자체로서 연구할 가치가 있는 정신분석학적 탐구의 대상으로 확립시켰고, 모호하고 막연하고 신비했던 정신분석을 좀 더 명료하고 일상적인 존재로 만들었다.

아가 있는 곳에 자아가 있게 하는 것(Where Id was, Ego is)'으로 이러한 목표를 달성함으로써 개인의 성격 구조가 '열심히 일하고 사랑할 수 있는 성격'으로 바뀌도록 하는 것이다.

(2) 상담자의 역할

상담자는 빈 스크린(blank screen) 접근이라고 부르는 중립성과 익명성의 태도를 갖고 상담에 임한다. 이렇게 함으로써 내담자가 본래 과거의 중요한 대상(예: 부모)에게 느꼈던 감정과 정서를 현재 상담자에게 투사하여 전이 관계가 촉진되도록 한다. 이러한 과거의 해결되지 못하고 억압된 사건에 근간을 두고 있는 내담자의 투사는 상담에서 중요한 자료가 된다.

상담자와 내담자의 관계에서 과거의 전통적 분석 방법과 현대적 분석 방법에는 약간의 변화 또는 차이가 있는데 전통적 분석 방법과는 달리 현대적 분석 방법에서는 상담자의 객관적 입장보다 내담자와 직접적으로 상호작용을 하며 영향을 주고받는 치료적 관계를 더 강조한다. 또한 과거에는 내담자에 대한 상담자의 과거 중요한 대상에 대한 투사, 즉 역전이를 상담자가 객관성을 잃어버리는 비합리적이며 부적절한 것으로 본 반면에, 현대에는 상담자가 이를 적절히 탐색하고 활용한다면 내담자에 대한 이해를 높이는 데 중요한 자료가 될 수 있다고 본다.

3) 정신분석적 상담 기법

(1) 분석적 틀의 유지

정신분석적 틀을 유지한다는 것은 상담자가 상담 장면에서 상대적 익명성, 만남의 규칙성, 시간의 일관성 등 상담의 형식적 틀을 준수하는 것을 의미하며, 정신분석 치료에서는 이러한 틀을 유지하는 것 자체가 내담자에게 치료적이라고 본다.

(2) 자유 연상

자유 연상은 내담자가 마음속에서 떠오르는 생각이나 감정 등을 검열하지 않고 즉각적으로 표현하도록 하는 것을 말한다. 분석이 진행되면서 때로 내담자는 자유 연상의 이러한 규칙을 이탈하는 모습을 보이는데, 상담자는 이것을 저항으로서 적절하게 해석한다. 내담자의 자유 연상을 통해 상담자는 내담자가 회피하고 억압해 왔던 무의식의 자료를 확인할 수 있다.

(3) 꿈 분석

수면 동안에는 자아의 방어가 낮아지고 억압된 무의식적 자료가 의식화되기 쉽기 때문에 꿈은 내담자의 무의식 내용을 확인할 수 있는 중요한 수단이 된다. 앞에서 설명했듯이 꿈은 현재몽과 잠재몽으로 나뉘고, 꿈 작업을 통해 꿈의 잠재 내용이 자아에 덜 위협적인 현재 내용으로 변형된다. 꿈 분석은 이러한 꿈의 현재 내용을 분석함으로써 잠재 내용을 확인하는 작업을 말한다. 상담자는 내담자로 하여금 꿈의 다양한 측면에 대해 자유 연상을 하도록 함으로써 내담자의 무의식적 자료를 탐색하게 한다.

(4) 저항 분석

저항이란 내담자가 상담 과정에 협조하지 않고 진행을 방해하는 행동을 말한다. 프로이트는 저항을 '억압한 충동이나 감정이 인식되려고 할 때 야기되는 견디기 어려운 불안을 방어하려는 무의식적 역동'이라고 보았다. 예를 들어 내담자가 상담 시간을 잊어버리거나 지각하는 것, 꿈을 기억하지 못하거나 잊어버리는 모습, 자유 연상의 규칙을 이탈하는 모습, 상담을 중단하고자 하는 모습 등에서 저항을 확인할 수 있다. 상담자는 내담자 스스로 자신이 저항하는 이유를 인식하도록 돕는다.

(5) 전이 분석

전이란 내담자가 상담 과정에서 과거에 중요했던 대상에 대한 무의식적 감정과 관계 방식을 상담자에게 나타내는 것을 말하는데, 이를 상담 장면에서 분석함으로써 내담자는 현재에 미치는 과거의 영향을 통찰할 수 있다. 전이를 분석하는 것은 정신분석 치료에서 핵심적인 요소 중 하나로서, 효과적인 치료로 진행되기 위해서는 전이 관계가 형성되고 또 이에 대해 분석이 이뤄져야 한다.

(6) 해석

내담자는 자유 연상이나 꿈, 저항, 전이 등을 통해 상담자가 확인할 수 있는 무의식적 자료들을 의식하지 못하기 쉬운데, 상담자는 내담자가 통찰에 이를 수 있도록 이를 해석해 준다. 그러나 시기적절하지 못한 해석은 내담자가 통찰을 하는 데 도움이 되지 않을 수 있으므로 상담자는 해석할 내용이 내담자의 의식에 가까워졌을 때 내담자가 갈 수 있는 깊이까지 해석을 하고, 내담자에게 해석을 하기 전에 먼저 내담자의 저항이나 방어를 지적한다.

4) 정신분석적 상담의 효과

경험적으로 지지된 상담이란 특정 치료 방법이 특정 환경에서 특정 장애 또는 문제를 상담하는 데 효과적인지를 과학적인 방법(예를 들어 무작위 대조군 연구)으로 검토한 상담을 말한다. 정신분석적 상담은 인지행동 상담(CBT) 등과 달리 상담 효과를 경험적으로 지지하는 연구들이 많지 않아, 임상적인 지지 또는 과학적인 증거가 부족한 상담 방법이라는 인식이 많은 것이 현실이다(http://www.koreanpsychology.or.kr). 그러나 정신분석적 상담을 기반으로 상담을 하는 연구자들이 과학적인 방법을 통해 상담 효과를 검증하는 사례가 늘어나고 있다. 여기에서는 정신분석 상담의 효과를 이해하는 데 도움이 되도록 셰들러(J. Shedler)의 『정신역동 치료의 효과성(The Efficacy of Psychodynamic Psychotherapy)』(2010)이라는 연구를 소개하겠다. 셰들러는 블래기스와 힐센로스(Blagys & Hilsenroth, 2000)의 연구를 인용하며, 정신분석 치료의 핵심 치료 요인을 다음과 같은 일곱 가지로 제시했다.

첫째, 정신분석 치료는 감정에 초점을 맞추어 정서를 표현하도록 한다. 상담자는 내담자가 자신이 인식하지 못했던 또는 모순된 감정들을 설명하고 언어로 표현하도록 도우며, 내담자가 인지적인 통찰이 아닌 정서적인 통찰을 하도록 도와 깊은 수준에서의 변화가 일어나도록 돕는다.

둘째, 정신분석 치료는 내담자가 회피하고자 하는 고통스러운 생각이나 감정을 탐색한다. 사람들은 의식적으로 또는 무의식적으로 문제가 되는 경험을 회피하려 하는데 이러한 모습은 일상생활에서 상당히 미묘한 형태로 드러난다. 예를 들어 어떤 생각이 나도록 하는 특정 주제가 나오면 대화의 화제를 바꾼다든지, 심리적으로 의미 있는 측면이 아닌 경험의 사소한 측면에 관심을 둔다든지, 감정을 제외한 사실과 사건에 주의를 둔다든지, 사건에 대한 자신의 역할보다는 외부 환경에 초점을 둔다든지 하는 행동 등이다.

셋째, 정신분석 치료는 반복되는 주제와 양식을 확인한다. 상담자는 내담자의 반복되는 사고와 감정, 자기 개념, 대인 관계, 삶의 경험 등에 대해 확인하고 탐색한다.

넷째, 정신분석 치료는 내담자의 과거 경험에 대해 논의한다. 내담자의 반복되는 주제와 양식들은 과거 경험, 특히 애착 대상과의 초기 경험과 관련된 것으로서 상담자는 내담자가 이를 인식하도록 돕는다. 여기서 중요한 것은 과거의 사건 그 자체가 아니라 과거가 어떻게 현재의 심리적 문제에 영향을 주는지에 초점을 맞추는 것이다. 그렇게 함으로써 내담자가 현재에 충실하게 살아갈 수 있도록, 과거 경험으로부터 자유롭도록 돕는 것이 치료의 목표이다.

다섯째, 정신분석 치료는 내담자의 대인 관계에 초점을 맞춘다. 상담자는 내담자의 대인 관계 방식과 경험에 초점을 맞추며, 내담자가 자신의 정서적 욕구를 충족하는데 방해되는 문제적 대인 관계 방식을 확인하도록 돕는다.

여섯째, 정신분석 치료는 치료 관계에 초점을 맞춘다. 치료자와 내담자의 관계는 그것 자체로 중요한 대인 관계로서 내담자의 반복되는 대인 관계 방식에 대해 현장에서 다룰 수 있는 기회를 제공한다. 그렇게 함으로써 내담자가 더 유연한 대인 관계 방식을 갖고 자신의 대인 관계의 욕구를 충족할 수 있는 능력을 향상시키는 데 목표를 둔다.

일곱째, 정신분석 치료는 내담자의 공상 세계를 탐색한다. 상담자는 내담자로 하여금 자신의 욕구, 두려움, 공상, 꿈, 백일몽 등에 대해 자유 연상을 하도록 함으로써 자신을 더 깊이 이해하도록 돕는다.

2 행동주의 상담 모델

행동주의(Behaviorism) 상담은 학습에 관한 행동주의자의 원칙에 기초한 이론적 합리성을 갖는 상담 기법을 일컫는다. 행동주의 상담은 변화하고자 하는 내담자의 구체적인 행동에 초점을 둔다. 즉, 외현적 행동의 변화를 중시할 뿐만 아니라, 현재의 문제 행동에 초점을 둔다. 인간의 행동은 학습된 것이라는 기본 가정하에 부적응 행동도 학습 이론에 따른 재학습을 통해 효율적인 행동으로 바꿀 수 있다고 여긴다.

행동주의 상담의 기본이 되는 대표적인 이론으로는 파블로프(Pavlov)의 고전적 조건형성, 손다이크(Thorndike)와 스키너(Skinner)의 도구적 또는 조작적 조건형성, 헐(Hull)의 체계적 행동 이론, 반두라(Bandura)의 사회학습 이론 등이 있다. 행동주의 상담에서는 인간을 수동적·기계론적인 존재로 전제한다. 즉, 인간의 주체성을 고려하지 않으며, 모든 행동을 환경과의 상호작용 속에서 학습된 것으로 본다(천성문 외, 2023: 177-178).

과연 행동을 바꾸면 감정이 달라질까?

인지 치료가 '생각'을 변화시켜 감정을 조절하는 방법이라면, 행동 치료는 '행동'을 변화시켜 감정을 조절하는 방법이다. 기분이 나아질 수 있는 행동을 하면 불편한 감정을 치료할 수 있다.[5] 다양한 효과 검증으로 입증된 방법을 통하여 내담자의 증상과 원인, 진단과 치료 방법을 적용하는 행동주의 상담은 체계적이고 과학적인 접근을 거

5) 예를 들어 기분이 울적할 때 만사가 귀찮아지면서 아무 데도 나가고 싶지 않지만, 막상 억지로라도 밖으로 나가 걸어 다니거나 친구를 만나면 의외로 기분이 좀 나아지는 경험을 한두 번쯤 해봤을 것이다. 이처럼 행동은 감정에 직접적으로 영향을 준다.

치며 많은 발전을 이루었다. 이러한 행동주의 상담의 영역 속에 행동 수정 또는 행동 치료, 인지 치료, 중다양식 치료, 인지행동 치료, 합리적·정서적 치료, 현실 치료 등이 포함된다.

행동주의 상담은 크게 세 가지 대표적인 상담 방법과 이에 대한 능력을 강조하고 있다. 첫째는 상담을 이끌고 관계를 형성하고 동기를 부여하는 기초능력, 둘째는 직면, 홍수법, 습관화 훈련, 체계적 둔감법, 이완훈련, 자기교습훈련, 대화훈련, 사회기술훈련, 자기조절훈련과 같은 행동주의 기법을 효율적으로 활용하는 능력, 셋째는 각각의 부적응 행동을 위해 개발된 특별한 치료 프로그램을 수행하는 능력이다 (Spiegler & Guevremont, 2010; http://www.koreanpsychology.or.kr).

1) 주요 개념

(1) 강화와 처벌

강화(Reinforcement)라는 용어는 특정한 행동에 뒤따르는 결과(consequence)로서 그 행동의 빈도, 강도 혹은 지속시간이 증가하는 경우에만 사용된다. 따라서 강화의 원리는 학습자의 입장에서 보면 행동의 결과가 자신에게 유쾌하거나 유익한 것이면 그 행동을 다시 하거나, 더 열심히 하거나, 더 오래 할 가능성이 커진다는 아주 단순한 논리에 바탕을 두고 있다. 강화는 자극 제시 방법과 기능에 따라 크게 정적 강화와 부적 강화로 나눈다. 정적 강화는 바람직한 행동을 함으로써 원하는 것(예: 휴식, 칭찬, 음식, 돈 등)을 얻게 되는 것이고, 부적 강화는 바람직한 행동을 함으로써 원하지 않는 것(예: 꾸지람, 화장실 청소 등)을 피할 수 있다는 점이다. 강화와 반대되는 개념인 처벌(punishment)은 학습자의 특정한 행동에 대해 불쾌하거나 해가 되는 결과를 제공함으로써 그 행동의 빈도, 강도 혹은 지속시간을 감소시키는 데 목표를 둔다. 따라서 강화는 학습자의 바람직한 행동을 촉진하기 위해 사용하지만, 처벌은 바람직하지 않은 행동을 줄이거나 없애기 위해 사용하는 방법이다.

(2) 소거, 변별, 일반화

소거(Extinction)란 바람직하지 않은 행동, 특히 이전에는 보상을 받아 강화된 행동이지만 그 정도가 지나쳐 이제 바람직하지 않게 된 행동에 대해 바람직한 결과를 소거시킴으로써 그 행동의 발생을 억제시키는 것을 말한다. 변별(discrimination)이란 조작적으로는 변별 반응, 즉 제시된 둘 이상의 자극에 대하여, 피험체가 서로 다른 반응을 보이는 것을 말하며, 변별할 수 있는 최소의 자극 차이를 변별역이라고 한다. 일반화(generalization)란 특정 사례의 공통되는 속성을 일반적인 개념이나 주장으로 공식화하는 추상화의 한 형태를 말한다.

2) 행동주의 상담의 역사를 통해 본 주요 인물과 기법

행동주의 상담의 역사는 어쩌면 인간의 역사와 함께할지 모른다. 예를 들면 기분이 우울해서 집에만 있으려고 하는 자녀에게 집안 청소나 다른 재미있는 일을 계속해서 하도록 도와준 부모의 행동, 학생의 흥미를 북돋우기 위해 다양한 종류의 강화물(예컨대 사탕, 시험 점수, 칭찬, 성취감 등)을 제공하는 교사, 특정 행동을 보이면 화장실 청소 등을 면제해 주는 학교 규칙 등이 모두 행동주의 상담과 맥을 같이한다. 이처럼 인간이 사용해 온 다양한 전략 중에서 비효과적인 전략과 효과적인 전략을 구분하고, 효과적인 전략의 원리를 이끌어 내고, 다시 그 원리를 적용한 전략을 세우는 데 공헌한 현대 행동주의 상담의 선구자들은 다음과 같다.

(1) 존 왓슨(John B. Watson)

왓슨은 행동주의의 창시자로 불린다. 왓슨은 실험심리학자로서 존스홉킨스 대학에서 파블로프의 학습 원리를 이용하여 다양한 행동 문제를 해결하는 연구를 시행했다. 왓슨은 객관적으로 관찰이 가능한 행동과 반응의 중요성을 강조했고, 의식이나 사고와 같은 직접적으로 관찰하기 힘든 인지적 개념은 부정했다. 1924년에 왓슨의 제자인 메리 존스(M. Jones)가 왓슨의 행동 원리에 기반을 둔 치료 사례(토끼 공포증이 있는 세 살짜리 아이를 성공적으로 치료)가 기록되어 있다.

존스는 아이에게 토끼와 다른 아이들이 즐겁게 노는 장면을 보여 주고, 아이가 토끼를 점차 안전하고 즐거운 상황에서 관찰할 기회를 늘렸다. 나중에는 토끼가 있는 장소에 그 아이를 데려가 아이가 좋아하는 음식을 먹도록 했다. 이렇게 한 이유는 좋아하는 음식을 먹음으로써 아이의 기분이 좋아지고, 이를 통해 토끼와 같은 공간에 있는 것이 불쾌하지 않게 느껴지도록 유도하려는 것이었다. 아이와 토끼의 거리를 점차 줄여 나가 나중에는 아이가 토끼를 손으로 만지고 함께 놀기도 했다. 이러한 존스의 행동 치료 방식을 현대에는 모델링(modeling therapy)과 실제 둔감화(in vivo desensitization)의 통합된 형태라고 한다.

(2) 호바트 모러(Hobart Mowrer)와 윌리 모러(Willie Mowrer)

이들 역시 파블로프의 고전적 조건형성에서 영향을 받았다. 모러는 아이들이 밤에 소변을 못 가리는 야뇨증을 매우 창의적이고 행동적으로 치료한 것으로 유명하다. 이들은 특수 패드를 고안했는데, 소량의 소변이 닿으면 바로 벨이 울리는 패드였다. 이 패드 위에서 잠을 자면, 아이가 방광에 압박이 올 때 소량의 소변이 배출된 후, 벨소리 때문에 바로 잠이 깨게 된다. 방광의 압력과 깨는 행동이 반복적으로 연합되면 나중에는 벨소리 없이도 스스로 일어나 소변을 볼 수 있게 된다. 이 행동 기법은 매우 성공적으로 도움이 되었고, 현재에도 사용되고 있다.

(3) 에드워드 손다이크(Edward Thorndike)

손다이크는 파블로프가 고전적 조건형성을 연구할 무렵, 컬럼비아 대학에서 조금 다른 형태의 조건형성에 대해 연구했다. 즉, 행동이 야기하는 결과들(강화, 처벌 등)을 변화시켜, 그 행동이 일어나는 횟수 및 강도를 변화시키는 것이었다. 이러한 원리를 효과의 법칙이라고 하는데, 어떤 행동의 즐거운 결과는 나중에 같은 행동을 할 가능성을 증가시킨다는 내용이다. 효과의 법칙은 이후 조작적 조건형성 또는 도구적 조건형성이라는 학습 원리와 연결된다.

(4) 에드먼드 제이콥슨(Edmund Jacobson)

제이콥슨은 시카고 대학에서 일했던 생리학자이다. 제이콥슨은 골격근을 이완하는 실험을 했는데, 이러한 원리를 이용하여 불안, 공포, 우울, 과각성 등의 다양한 심리 문제와 관련된 긴장을 완화하는 데 도움을 주었다. 제이콥슨이 개발한 점진적 이완은 현대 행동주의 상담의 근육 이완법의 기초가 된다.

(5) 버허스 프레드릭 스키너(Burrhus Frederic Skinner)

스키너는 1930년대에 비둘기와 쥐에게 조작적 조건형성 원리를 이용하여 다양한 연구를 시행했다. 스키너의 학생인 오덴 린슬리(Ogden Lindsley)가 조작적 조건형성의 원리를 정신과 질환이 있는 성인들에게 적용했고, 최초로 행동 치료(behavior therapy)라는 용어를 공식적으로 사용했다.

(6) 테오도로 아이욘(Teodoro Ayllon)

아이욘은 캐나다 출신의 심리학자로, 스키너의 제자인 나탄 아즈린(Nathan Azrin)과 함께 미국 일리노이 주에 위치한 안나 스테이트 병원(Anna State Hospital)에 최초로 토큰 경제(token economy)를 도입했다. 환자가 바람직한 행동을 할 때 토큰(예컨대 포커 칩, 점수, 스티커 등)을 제공하여 동기를 유발하는 작업이었다. 토큰 강화, 토큰 경제 체제, 토큰 강화 체제, 토큰 강화 프로그램이라고도 부르는 이 치료법을 전통 치료법과 비교한 연구 논문에서, 토큰 경제 체제가 전통적인 치료법보다 우수하다는 것이 드러났고, 이후 행동 치료 원리들이 정신과 병동에서 다양하게 적용되면서 그 기법이 정교해졌다.

토큰 경제의 장점은 다음과 같다.

- 기대하는 바람직한 행동과 강화 제공 사이의 시간적 지체를 줄일 수 있기 때문에 기대행동의 강도를 계속 유지할 수 있다.
- 기초 강화는 사용을 하는 데 시간과 장소의 제약을 받지만 토큰은 시간과 장소의

제약을 극복할 수 있어서 편리하게 기대행동을 강화할 수 있다.

- 연속적으로 일어나는 반응계열이 강화 제공 및 사용 때문에 중단되는 문제 없이 연속적으로 강화하여 유지시킬 수 있다.

(7) 조셉 볼피(Joseph Wolpe)

볼피는 남아프리카 출신으로 상호 억제(혹은 상호 제지, reciprocal inhibition)[6]라는 개념을 도입하여 체계적 둔감화(systematic desensitization) 기법을 개발했다. 체계적 둔감화는 불안과 상치되는 행동(예컨대 이완)을 하도록 하면서, 불안을 유발하는 이미지나 상황에 내담자를 노출시키는 일련의 과정이다. 볼피의 체계적 둔감화는 그 당시 정신분석적 치료 패러다임에서 벗어나 행동 치료 패러다임으로 옮기는 결정적인 계기를 제공했고, 현재에도 체계적 둔감화는 공포와 불안을 치료하는 데 성공적으로 사용되고 있다. 이 때문에 볼피를 행동주의 치료의 창시자로 부르기도 한다.

3) 인지의 통합

아놀드 래저러스(Arnold Lazarus), 스탠리 래크먼(Stanley Rachman), 앨버트 반두라와 같은 매우 중요한 심리학자들이 행동주의 원리를 확장하고, 인지적인 요소를 결합하여 행동주의 상담 이론을 계속해서 확장해 나갔으며, 성공적으로 상담에 적용했다. 1970년대에는 정신과뿐 아니라 운동 수행, 노인 환자, 범죄 예방에도 적용되었고, 1980년대에는 인지 행동 치료로 영역을 확대했으며, 의료 문제(예: 수면, 암, 당뇨병 등)를 치료하고 예방하는 행동 의학 영역에 이바지하였다. 1990년대에는 행동치료학회 회원이 4,000명을 넘어섰고, 미국뿐 아니라 유럽, 아시아 등 세계 각국에 행동치료학

6) 상호 억제란 사람의 생각이나 감정, 신체 반응이 두 가지 상태로 공존하게 되면, 일관성을 유지하기 위해 두 가지 상태 중 하나가 나머지 한 쪽 상태에 맞춰 변하는 현상을 의미한다. 예를 들어 마음이 불안하면 근육이 긴장되고 호흡이 빨라진다. 불안한 마음과 긴장된 근육, 빠른 호흡수는 동시에 공존할 수 있는데, 의도적으로 근육을 이완시키거나 호흡수를 느리게 만들면, 상호 억제 현상에 의해서 마음이 불안한 쪽에서 편안한 쪽으로 변화하게 된다.

회가 설립되었다. 현재에도 행동주의 상담은 계속 발전하고 있으며, 명상과 같은 새로운 기법과 원리를 포용하면서 제3세대 행동주의 상담에 대한 꾸준한 연구와 논의가 계속되고 있다.

4) 행동주의 상담의 ABC 모델

행동주의 상담의 평가 및 실제에서 ABC 모델을 이해하는 것이 매우 중요하다. ABC 모델은 선행 사건(antecedent), 행동(behavior), 결과(consequences)의 앞 글자를 따서 ABC라고 지칭한다. ABC 모델에서는 선행 사건과 결과가 특정 행동을 이끈다고 보았으며, 행동을 유지시키는 선행 사건과 결과를 밝히고 바꾸는 것이 상담의 핵심이라고 보았다. 예를 들어 냉장고에서 패스트푸드를 없애면 공연히 패스트푸드를 먹는 행동을 줄이게 된다. 또 세 살짜리 아이가 소변기에 소변을 볼 때마다 주변에서 박수를 치거나 좋아하는 음식을 준다면 아이가 소변을 소변기에 보는 행동이 증가하게 된다.

5) 행동주의 상담의 효과

첫째, 두려움을 이기게 한다. 행동주의 상담의 효과가 가장 잘 발휘되는 영역이 두려움이다. 발표 불안, 대인 공포 등의 사회불안증이나 고소공포증, 폐쇄공포증, 동물공포증 등의 특정 공포증, 공황장애, 강박증 등 두려움과 관련된 증상을 극복하는 데 행동주의 상담이 많이 활용된다.

두려움은 어떤 특정한 상황과 두려움이라는 감정 사이에 연결 고리가 생겨서 나타나는 증상으로 이 연결 고리를 끊으면 두려움이나 불안이 줄어든다. 행동주의 상담 기법 중 노출 기법이 바로 이를 활용한 것이다. 노출 기법은 말 그대로 자신이 두려워하거나 불안해하는 상황에 의도적으로 직면하는 것을 반복하면서, 상황에 익숙해지게 하고 상황을 피하지 않아도 두려움이 줄어드는 것을 유도하는 방법이다. 대표적인 노출 기법에는 '단계적 탈감작 기법'이 있다. 이것은 두려움이나 불안이 유발되는 상황을 난이도에 따라 순위를 매긴 뒤 가장 만만한 상황부터 직면해 보는 방법이다. 너무 버거운 상황에 갑자기 직면할 경우에는 그 상황에 익숙해지는 것이 아니라, 오히려 엄청난 두려움이 유발되어 역효과가 날 수 있기 때문에 감당할 수 있는 것부터 도전하는 것이다. 이렇게 체계적으로 낮은 단계부터 직면하게 되면 상황에 점점 무뎌져서 더는 같은 상황에 처해 있어도 별다른 두려움이 일어나지 않게 된다.

둘째, 습관을 바꾼다. 행동주의 상담은 습관을 바꾸기 위해 사용되기도 한다. 어떤 행동을 한 후에 긍정적인 반응이나 보상을 받으면 그 행동을 더 하게 되고, 부정적인 반응을 받으면 덜 하게 된다. 어린아이가 어른에게 인사를 잘 할 때마다 칭찬을 해주면 인사를 잘 하게 되는 것이 이런 이유다.

습관을 바꾸기 위한 방편으로 위와 같은 행동 치료 원리를 사용하면 효과적이다. 과격하고 부적절한 행동을 자주 하는 아이가 폭력적인 행동을 하면 미리 정해진 장소에서 일정 시간 동안 혼자 생각할 시간을 주는 '타임-아웃'이 행동 치료의 대표적인 예다. 타임-아웃이 끝난 후에는 적절한 행동을 할 수 있는 기회를 주어, 적절한 행동에 대해서 보상을 주는 방법을 통해 행동을 교정하는 것이다.

셋째, 무의식적인 신체 반응도 치료한다. 틱[7] 증상도 행동주의 상담으로 고칠 수 있다. 틱 증상을 없애는 데는 '습관반전 기법'이라고 하는 특수한 형태의 행동주의 상담을 하면 도움이 된다. 틱을 잘 일으키는 상황을 분석하고 알아차려서 틱이 유발되는 순간, 틱과 양립할 수 없는 대항 반응을 하는 것이 치료의 원리이다. 예를 들면 팔을 안으로 굽히면서 하는 운동 틱이 나타나는 상황에서 부드럽게 팔을 펴는 근육에 힘을 주는 식이다. 이런 방법으로 틱에 대한 저항력을 기르게 되면 틱 증상이 점차 줄어들거나 사라진다.

7) 틱은 특별한 이유 없이 자신도 모르게 얼굴이나 목, 어깨, 몸통 등의 신체 일부분을 아주 빠르게 반복적으로 움직이거나(운동 틱), 이상한 소리를 내는 것(음성 틱)을 말한다.

3 인간 중심 상담 모델

인간 중심 상담은 인본주의 상담 또는 사람 중심 상담이라고도 부른다. 인간 중심 상담은 인본주의 심리학에서 나온 개념에 따라 긍정적인 인간관에 기초하고 있다. 상담자는 내담자에게 무조건적인 긍정적 존중, 공감적 이해, 진솔한 자세로 내담자와 치료 관계를 맺는다. 이 상담 기법은 1940년대 초 미국의 칼 로저스(C. Rogers)로부터 시작되었다. 로저스는 내담자를 진단하여 지시적이었던 전통적 정신분석적 접근 방법에 반대하는 뜻에서 자신의 접근을 비지시적 상담 접근이라고 불렀지만, 그 후 '비지시적'이라는 방법적 측면보다는 내담자가 가진 성장 요인을 강조하면서 '내담자 중심 상담'으로 이름을 변경하였다. 그는 인생의 후반부에 이론을 확장하여 인간에 대한 확고한 신념을 강조하면서 자신의 상담 접근을 '인간 중심 상담이론'으로 다시 수정하였다.

인간 중심 상담의 목표는 내담자가 직면한 문제를 해결하는 것뿐만 아니라 내담자의 심리적 성장을 도와 온전히 기능하는 사람이 되도록 격려하는 것이다. 즉, 한 개인의 '자아실현 경향성의 발현'과 '완전히 기능하는 인간'이 되도록 조건을 조성하는 것이다. 상담자는 상호 신뢰적 분위기를 조성하여 내담자가 거리낌 없이 자신을 공개하도록 함으로써 자신의 내면 세계를 이해하고 문제를 파악할 수 있도록 돕는다. 이런 관계 속에서 내담자는 자신의 환경에 대한 왜곡된 지각을 수정하고, 현실적 경험과 자아개념 간의 조화를 이루게 된다.

1) 칼 로저스와 인간 중심 상담

로저스에 따르면, 인간은 자신의 모든 잠재력을 발현하고 성장하려는 성향인 실현 경향성을 지니고 있다. 그런데 만약 이 실현 경향성이 차단되면 어떻게 될까? 인간은 부적응적 문제를 나타내며, 자기 개념과 유기체적 경험이 서로 어그러져 동떨어질수록 점차 더 높은 불안을 경험하고 상황에 잘 적응하지 못한다.

이처럼 인간 중심 상담은 현상학적 견해에 근거하여 인간에 대한 신뢰에 기반을 두며, 무의식보다는 의식적 자기 인식을 중요하게 생각한다. 상담자의 역할은 내담자의 삶의 방향을 지시하기보다는 내담자의 실현 경향성이 촉진될 수 있는 조건을 제공한다. 조건만 주어지면 내담자는 스스로 문제를 해결하고 자신의 삶을 긍정적으로 변화시켜 성장할 수 있는 힘을 가진 존재이기 때문이다.

상담자는 내담자에게 조건적이고 가치 평가적인 관계와 다른 새로운 관계를 제공해야 한다. 이러한 성장 촉진적 관계를 위해 상담자가 꼭 지녀야 할 필수적인 세 가지는 ① 무조건적인 긍정적 존중, ② 공감적 이해, 그리고 ③ 진솔함이다.

로저스는 상담 이론과 기법에서 상담자의 지식보다는 태도와 인간적 특성이 중요하다고 강조했다. 성공적인 심리 상담을 위해 상담자보다 내담자의 역할이 중요하다는 점을 강조했을 뿐 아니라, 내담자의 변화를 이끌어 내기 위한 상담자의 자세를 구체적으로 제시함으로써 심리 상담 분야에 커다란 반향을 불러일으켰다.

2) 인간 중심 상담의 발전

(1) 비지시적 상담

로저스는 미국 뉴욕 주 로체스터(Rochester)의 아동상담센터에서 일하면서 정신분석과 같은 기존의 치료법이 실제 임상 현장에 적절하지 않음을 인식했다. 내담자가 상처 입은 이유, 중요한 문제, 나아가야 할 방향 등이 상담자가 아닌 내담자 자신이라는 것을 깨달으며 상담 방법에 접근하고 모색했다.

이후 로저스는 1940년 오하이오 주립 대학으로 옮겨 비지시적 치료를 발전시킨다. 그는 치료를 하는 과정에서 내담자가 스스로 책임지도록 하는 데 초점을 두었다. 치료자는 내담자로 하여금 자신의 느낌과 내면 세계를 자유롭게 탐색하도록 하면서 자신의 삶에 대한 책임 의식을 발달시키도록 돕는다. 이러한 치료적 관계에서 내담자는 자신을 더 잘 이해하게 되고 새로운 긍정적 방향으로 나아가게 된다. 그는 자신의 이러한 치료 방법을 '비지시적'이라고 지칭함으로써 기존의 전통적인 치료와 같이 치료자가 주도권을 가지고 지시적 역할을 하는 방법과 차별화했다.

(2) 내담자 중심 상담

로저스는 1945년 심리학 교수이자 상담센터 소장으로 재직하게 되었으며, 새로운 치료법에 대한 관심과 혁신적인 자세를 지닌 동료들과 학생들을 모아 자신의 치료 방법을 훈련시키면서 이론을 발전시킴과 동시에 치료 효과를 연구했다.

로저스는 한 내담자와의 사이에서 정신적으로 힘든 경험을 하는데, 이 시기에 스스로 치유를 하면서 자신의 깊은 내면과 직면할 수 있었다. 어린 시절부터 가지고 있던 자신에 대한 부정적 신념으로부터 해방되어 자신을 수용하게 되었고, 친밀한 관계 속에서 사랑을 주고받는 능력을 발달시킨다. 이러한 경험을 통해 각 개인의 내적 준거체계를 이해하고 내담자의 실현 경향성을 강조하는 치료 기법으로 내담자 중심 상담을 개발했다. 1951년에는 『내담자 중심 치료(Client-Centered Therapy)』를 출간하면서 많은 열광적 독자를 확보하였고, 미국 내외에서 명성을 얻었다.

(3) 인간 중심 상담

1957년 로저스는 심리학과 정신의학 분야 모두에서 일할 기회를 가질 것이라는 기대와 함께 위스콘신 대학교로 자리를 옮겼다. 1961년 출간한 저서 『진정한 사람되기(On Becoming a Person: A Therapist's View of Psychotherapy)』는 그의 삶에 새로운 전기를 만들었으며, 인간 중심 상담의 단계로 나아가는 시발점이 되었다. 이후 위스콘신 대학교를 떠나 캘리포니아에 서부행동과학연구소와 인간연구센터 등을 설립하여 연구를 계속하게 된다.

1970년 후반 로저스는 집단 워크숍을 열어 자신의 상담 방법을 집단에 적용하면서 처음으로 '인간 중심'이라는 용어를 사용하였다. 이후 자신의 치료 방법을 인간 중심 치료라고 지칭했다. 또한 인간 중심적 접근이 정치, 교육, 국가 운영에 걸친 광범위한 영역에 적용될 수 있음을 제시했다.

3) 인간 중심 상담의 주요 개념과 이론

(1) 통합된 유기체로서의 인간

인간은 하나의 통합된 유기체로 이해하여야 한다. 인간 유기체는 신체적 기능과 감각, 감정, 동기, 사고 등의 심리적 기능이 통합적으로 조직된 체계로서 환경과 상호작용하며 매 순간 유기체적 경험을 한다.

(2) 주관적 현실로서의 현상적 장

매 순간 개인의 의식에 지각되고 경험되는 모든 것을 의미한다. 현상적 장은 개인이 변화하는 세계를 지각하고 경험하는 심리적 공간으로서 개인의 사적이고 주관적인 경험 세계를 의미한다.

(3) 실현 경향성

로저스는 인간에게 기본적 동기가 있다고 믿었는데, 이를 실현 경향성이라 했다. 인간은 자신을 유지시키면서 잠재력을 건설적인 방향으로 성취하려는 선천적인 성향을 지닌다.

(4) 자기와 자기 개념

자기(Self) 또는 자기 개념(self-conception)은 개인이 자신에 대하여 지니고 있는 지속적인 체계적 인식을 의미하며, 로저스의 성격 이론에서 가장 중요한 구성 개념이다. 다른 사람으로부터 긍정적인 존중을 받고, 현재의 자기 모습을 반영하는 현실적 자기뿐 아니라 이상적 자기도 포함한다.

(5) 가치의 조건

부모를 비롯한 중요한 다른 사람과의 상호작용을 통해 자신이 소중하게 인정받는다는 느낌을 갖는다.

(6) 자기와 경험의 불일치

개인이 유기체로서 경험하는 것과 자기 존중감을 느끼기 위해 추구하는 것 간의 불일치를 의미한다.

(7) 무조건적 긍정적 존중과 온전히 기능하는 사람

개인의 경험이 아무런 조건 없이 긍정적인 존중을 받는 것과 자신의 경험을 충분히 수용하여 자기 구조로 통합할 뿐 아니라 내면적 자원을 발휘하는 사람으로 성장함을 의미한다.

4) 인간 중심 상담의 주요 기법

(1) 진실해지려고 노력하기

자신의 속마음과 일치하는 말과 행동을 나타내게 한다.

(2) 적극적으로 경청하기

내담자에 대한 진정한 관심과 공감 노력은 적극적인 경청으로 나타나야 한다.

(3) 공감적으로 반영하기

상담자는 가능한 한 정확하게 내담자의 내면 세계를 이해하려고 노력해야 한다. 반영하기는 상담자가 내담자의 내면 세계에 대해 이해한 바를 전달하는 것이다.

(4) 즉시성

효과적인 치료가 되기 위해서는 '지금-여기'에서 경험되는 생생한 체험을 다루는 것이 중요하다.

(5) 자기 노출하기

필요한 경우 상담자는 자신의 내면 세계를 노출할 수 있는데, 이는 상담자가 의도적으로 자신의 생각과 경험을 내담자에게 내보이는 것을 말한다.

(6) 상담자의 개성 살리기

인간 중심 상담은 상담자가 해야 하는 고정된 공통적 행동 방식이 없다. 따라서 상담자의 성격과 스타일에 따라 다양한 창조적 방식으로 상담을 하면 된다.

4 가족상담 모델

가족상담의 전제는 개인의 심리적 장애와 문제가 가족 간의 부적응으로 말미암아 생긴다고 본다. 따라서 가족상담은 가족 구성원 간의 관계 구조와 상호작용을 변화시켜 대인 관계 기술과 적응능력을 향상시킴으로써 개인과 가족이 건강하고 기능적인 생활을 하도록 전문적인 도움을 주는 활동이다. 가족 간의 상호작용에서 발달하는 여러 가지 부적응 현상을 상담하는 집단 치료의 일종이다. 많은 상담자에 의해서 발전하기 시작하였으며, 특히 1960년대 이후에는 심리 치료의 혁명적 발전으로 평가되기도 한다. 일반적으로 가족상담은 가족이 서로 지닌 감정을 명백히 하고, 이를 표현하여 서로의 이해를 증진하게 하며, 공동의 문제를 합리적이고 현실적으로 해결할 수 있도록 하는 것을 목표로 한다.

가족상담은 모든 심리적 장애의 문제를 가족 체제의 문제로 보는 점에서는 모든 상담자의 공통적 견해라고 할 수 있으나, 그것을 가족의 어떤 요소의 체제로 보느냐는 이론적 견해에 따라서 크게 달라진다. 따라서 정신분석적 가족 치료, 행동주의적 가족 치료, 현상주의적 가족 치료 등으로 분류되기도 하고, 치료 대상의 유형에 따라서 중다 가족집단 치료, 동시 가족 치료, 중다처치 가족집단 치료, 친족망 치료 등으로 구별짓기도 한다.

1) 가족상담의 초기 모델

(1) 다세대 가족상담

다세대 가족상담자인 보웬(M. Bowen)은 모든 가족을 살아 있는 유기체처럼 보고 가족 구성원 개인의 변화가 가족 전체의 정서적 과정을 변화시킬 수 있으며, 가족의 정서 과정을 역사적·다세대 틀로 분석할 때 가장 잘 이해할 수 있다고 보았다. 이 상담 기법은 보웬을 필두로 커(M. Kerr)와 게린(P. Guerin) 등의 제자들에 의해 계승되어 영향력 있는 이론으로 발전했다. 이 모델은 다세대에 걸친 정서 과정에서 집중적인 투사의 대상이 된 가족 구성원에게 증상이 나타남을 보고, 가족 체계의 변화를 유도하여 문제를 해결하려 노력한다.

상담 목표는 다세대 정서 과정을 이해함으로써 자기 분화를 촉진한다. 이러한 목표를 이루기 위해 상담자는 가계도를 통해 가족 정서 체계를 평가하고, 불안과 정서적 반응성을 낮추도록 하며, 치료적 삼각 관계와 코칭을 통한 가족 구성원의 자기 분화를 촉진하도록 개입한다. 이 상담 기법의 주요 개념은 자기 분화, 삼각 관계, 핵가족 정서 체계, 가족투사 과정, 정서적 단절, 다세대 전수 과정, 형제 위치, 사회정서 과정 등이다.

(2) 경험적 가족상담

경험적 가족상담은 매 순간 일어나는 주관적 상황과 경험을 중요시하며, 이 경험을 통해 변화와 성장이 나타난다고 본다. 이 상담 기법의 대표 인물은 위태커(C. Whitaker)와 사티어(V. Satir)이며, 이들 외에도 켐플러(W. Kempler), 캔터(D. Kantor), 반맨(J. Banmen) 등이 있다. 이 모델은 미해결된 주제가 문제가 되어 현재의 기능을 방해하므로 이것을 '지금-여기'에서 경험하게 작업하여 일치시키도록 도와준다. 이 모델에서는 상담 장면에서 매 순간 일어나는 주관적 상황과 경험을 중요시하며, 이 경험을 통해 변화가 나타나고 성장한다고 설명한다. 주요 개념은 자아존중감, 가족 규칙, 의사소통과 대처 유형, 사회와의 연계성, 자기 선택과 결정, 경험의 공유 등이다.

경험적 가족상담의 주된 목표는 자아존중감을 높이고, 자기 인생에 대한 선택권을 스스로 갖도록 한다. 그와 더불어 가족 규칙을 합리적, 현실적, 인간적으로 만들고 내담자의 의사소통 유형이 일치되도록 돕는 것을 목표로 한다. 이러한 목표를 위해 상담자가 개입하는 방법은 자신을 빙산으로 은유해서 내적 과정의 이해를 돕는 빙산 탐색, 기능적인 삼인군의 특성을 가지게 돕는 원가족 삼인군, 어느 시점을 선택하여 그 시점에서의 인간 관계와 다른 사람에 대한 느낌과 감정을 동작과 공간으로 표현하는 비언어적인 기법을 말하는 가족 조각 등이 있다. 이 밖에도 가족 규칙, 유머, 의사소통, 나의 영향권 이해, 은유, 명상 등의 방법을 사용한다.

(3) 구조적 가족상담

구조적 가족상담에서는 증상이나 문제가 가족의 역기능적 상호작용 구조에서 비롯되었다고 본다. 그리고 가족구조가 변하면 그 가족 구성원의 행동과 심리 과정도 변화할 거라고 전제한다. 이 모델은 다른 이론보다 간단하면서도 실용적인 것이 특징이다. 이 치료는 미누친(S. Minuchin)이 개발하였으며, 몬탈보(B. Montalbo), 아폰테(H. Aponte), 피시먼(C. Fishman)이 이 상담 기법의 발전에 이바지했다.

이 모델의 상담 목표는 경계선 및 하위체계 기능의 변화를 통한 역기능적 가족구조의 재구조화를 이루는 것이다. 이러한 목표를 달성하기 위해 상담자는 합류와 적응, 구조적 지도를 통해 가족 평가를 하고, 가족 재구조화 기법을 활용한다. 이 상담의 주요 개념은 가족구조, 경계선, 하위체계, 위계구조 등이며, 연합, 우회, 동맹, 가족 적응, 재구조화, 합류 같은 개념을 포함한다.

(4) 전략적 가족상담

전략적 가족상담은 증상 제거에 초점을 두고 구체적인 치료 전략을 세워 역설적 방법으로 접근하는 에릭슨(M. Erickson)의 영향을 받은 접근 모델을 통칭한다. 이 상담 방법은 잭슨(B. Jackson)과 바츨라비크(P. Watzlawick)의 MRI 상호작용 모델, 헤일리(J. Haley)와 매더네스(J. Madnes)의 구조전략적 모델, 파라졸리(S. Parazzoli)가 주도한 체계론적 모델로 구분하며, 문제 해결을 위한 상담자의 치료전략 고안과 지도적 위치를 중시한다.

이 모델의 상담 목표는 증상을 지속시키는 역기능적 연쇄 과정에 전략적으로 개입하여 단기간에 제시된 문제를 해결하는 것이다. 이러한 목표를 위해 상담자는 구체적인 문제 정의와 가설의 설정, 가족의 연쇄 과정 파악, 역설적 개입(고된 체험 기법, 위장 기법)을 통해 전략적으로 개입한다. 이 상담 방법의 주요 개념은 의사소통, 가족 규칙, 권력과 통제, 치료적 이중구속, 가설 설정-순환성-중립성 등이다.

2) 가족상담의 후기 모델

(1) 해결 중심 단기 가족상담

해결 중심 단기 가족상담은 과거보다 현재와 미래를 중시하고, 인간의 장점과 자원을 문제 해결에 활용하는 해결 중심 단기 상담 모델을 가족상담에 적용한 것이다. 이는 코칭(coaching)과도 비슷한 개념으로 병리적인 것보다는 잘 해온 것과 성공 경험을 발견하여 문제 해결에 활용하며, 내담자의 자발적인 의지와 언행이 행동 변화를 유발한다고 믿는다. 이 상담 기법은 드 셰이저(S. de Shazer)와 버그(I. Berg), 립칙(E. Lipchik) 등이 시작했으며, 오 한런(O' Hanlon)과 와이너 데이비스(M. Weiner-Davis)도 이 모델의 이론 구성과 개념 확장에 중요한 역할을 했다.

이 모델에서 내담자는 자기 문제의 전문가로 문제 해결 능력을 갖고 있다고 믿으며, 그의 장점, 자원, 성공적 경험을 활용하여 목표를 달성하도록 돕는다. 상담 목표는 강점과 자원을 활용하고 문제가 없는 예외 상황을 찾아 문제를 협동적으로 해결할 수 있도록 한다. 이러한 목표를 위해 상담자는 치료자-내담자 관계 유형을 파악하고, 해결 지향적 질문(상담 전 변화, 예외질문, 기적질문, 척도질문, 대처질문, 관계성질문, 악몽질문, 간접적인 칭찬 등)을 사용하여 목표를 설정하고 달성하도록 개입한다. 이 방법의 주요 개념은 긍정적인 것에 관심, 강점과 자원 활용, 탈이론적, 현재와 미래에 초점을 맞추는 것, 변화의 불가피성, 단순하고 실현 가능한 해결 방법을 먼저 사용한다는 것, 알지 못함의 자세, 마지막으로 굉장히 중요한 내담자에 대한 존중과 수용 등이다.

(2) 이야기 가족상담

이야기 가족상담은 이야기 치료 모델을 가족 문제에 적용하는 것으로 포스트모더니즘과 사회구성주의에 기반을 둔다. 이야기 치료는 이야기가 생각이나 감정을 표현하고 의사소통하는 수단을 넘어 개인 경험의 의미를 결정해 삶을 만들어 가는 것으로 본다. 이야기 치료는 화이트(M. White)와 엡스턴(D. Epston)의 '이야기 방법을 통한 치료적 결과'를 기초로 하여 프리드먼(J. Freedman), 콤(G. Caombs), 짐머만(J. Zimmeman), 몽크(G. Monk) 등의 접근법이다.

이 치료는 내담자 자신이나 주변인이 문제로 가득 찬 이야기를 내담자의 정체성과 동일시할 때 문제가 발생하는 것으로 보고, 당사자의 삶의 지식과 목적이 담긴 대안적 이야기의 구축에 초점을 두고 있다. 이 모델의 상담 목표는 문제 이야기를 해체하며 대안적 이야기와 대안적 정체성을 구축하고 사회적 공유를 일으키는 것이다. 이러한 목표를 위해 상담자는 외현화 대화를 하며, 적절한 인지적 도움과 안내를 제공하여 학습을 촉진시키는 전략인 스캐폴딩(scaffolding), 말하기-다시 말하기 등의 개입을 한다. 또한 회원 재구성 대화와 치료적 문서도 활용할 수 있다. 이 치료의 주요 개념은 지배적 이야기, 독특한 결과, 빈약한-풍부한 서술, 대안적 이야기, 의도 상태, 행동의 전망, 정체성의 전망, 재저술 등이다.

5 임파워먼트 상담 모델

임파워먼트(Empowerment)는 사회적 약자인 내담자에게 적용할 수 있는 개입 방법적 성격을 가지고 있다. 그러나 임파워먼트에 대한 논의가 노인에게 적용되어 사용된 경우는 거의 없다. 따라서 여기서는 임파워먼트의 개념과 철학적 토대, 그리고 임파워먼트를 통한 노인상담의 필요성에 대해 살펴본다(최선화, 2003: 29-47; 서혜경 외, 2013: 301-309).

1) 임파워먼트의 개념

사전적 의미의 임파워먼트는 '주다'라는 의미를 가진 'em'과 '권력'이란 의미의 'power'가 결합된 용어로, 일반적으로 리더가 업무 수행에 필요한 책임과 권한, 자원에 대한 통제력 등을 부하에게 배분 또는 공유하는 과정을 일컫는다. 다시 말하면, 조직 현장의 구성원에게 업무 재량을 위임하고 자주적이고 주체적인 체제 속에서 사람이나 조직의 의욕과 성과를 이끌어 내기 위한 권한부여 혹은 권한이양을 뜻한다. 임파워먼트는 궁극적으로 개인이 자신의 삶을 통제할 수 있도록 돕는 과정이다(Pease, 2002).

상담에서 임파워먼트는 내담자를 (문제 중심으로 보지 않고) 강점 중심으로 봄으로써, 내담자가 삶을 결정할 수 있도록 권한 혹은 힘을 부여하는 접근 방법을 말한다. 그런데 이는 내담자의 잠재 역량과 자원을 인정하고, 내담자에게 회복력이 있음을 전제하여야 가능하다. 노인상담에서 임파워먼트란 노인이 삶의 주체로서 자신의 노년기 삶을 통제할 수 있도록 돕는 과정 혹은 그에 따른 결과이다.

1970년대부터 사회복지 실천 현장에서 내담자의 자기 결정권을 중요하게 여기게 되면서 내담자 중심의 실천적 모델인 임파워먼트 상담 모델이 소개되기 시작하였으며, 지금은 광범위하게 사용되고 있다(Shera & Page, 1995: 1-15; Gutierrez et al., 1998). 바라보는 사람의 시각에 따라 임파워먼트 상담 모델은 과정, 결과, 사회사업 실천과 연구를 위한 개념적 틀 혹은 접근법 등으로 다양하게 이해되어 왔다(Ackerson & Harrison, 2000, 서혜경 외, 2013: 302, 재인용). 사회복지 실천을 위한 접근법으로서 임파워먼트 모델은 개인적 이슈와 정치적 이유를 통합할 것을 요구하며, 내담자가 욕구에 대한 정의를 내리도록 요청한다(Chapin & Cox, 2001: 165-179).

노인복지를 위한 패러다임 변화를 다양하게 찾아가는 외국에서의 연구는 강점 기반 또는 임파워먼트라는 패러다임 적용을 시도하고 있다. 그러나 아직도 노인의 시각에서 임파워먼트 모델에 대한 인식이 어떤 것인지 명확하게 정리되어 있지 않다. 또한 임파워먼트 시각에서 개입이 어떻게 이루어져야 하는지에 대한 임파워먼트 상담 모델 시각의 실천 과정 역시 구체적으로 제시되지 못하고 있다.

이러한 임파워먼트 접근을 노인상담 현장에 적용해 보면, 상담자는 노인의 관점에서 노인이 내는 목소리를 잘 들을 수 있어야 하고, 노인이 상담 서비스를 선택하고 참여할 수 있도록 하며, 노인 스스로 상담 서비스를 통제할 수 있도록 해야 한다. 어떤 임파워먼트가 상담 서비스를 받아야 하는 노인에게 최상의 임파워먼트일까? 노인 스스로가 상담 계획과 관리에 대해 완벽하게 통제할 수 있으며, 자신의 운명을 결정하는 데 모든 리스크를 감내할 수 있게 되는 것까지를 포함하는 임파워먼트라 하겠다.

2) 임파워먼트의 철학적 토대

클라크(P. Clark)는 1989년 그의 논문 "임파워먼트의 철학적 토대(The philosophical foundations of empowerment)"에서 노인과 그들의 건강 서비스를 임파워먼트 측면에서 네 가지 차원으로 설명하고 있다. 이 네 가지 측면은 숙고와 도덕적 반영의 과정으로서의 임파워먼트, 개인적 과정으로서의 임파워먼트, 정치적 행동과 사회적 과정으로서의 임파워먼트, 그리고 균형과 독립으로서의 임파워먼트이다(서혜경 외, 2013: 304-305).

(1) 숙고와 도덕적 반영의 과정으로서의 임파워먼트

숙고와 도덕적 반영의 과정으로서의 임파워먼트는 의사결정 과정에서 개인이 의사결정에 참여하여 자신의 의견이 반영되는 것을 의미한다. 의사결정이 어떻게 이루어지고 무엇을 결정하느냐가 개인의 삶에 영향을 미친다는 의미에서의 반영이며, 의사

결정에서 자율성에는 중요한 의미가 있다. 노인과 자율성의 관계에 대해 논의할 때, 많은 사람은 일반인이 판단할 때 위험한 상황이나 최선의 선택이 아닌 상황에 대해서도 노인이 이를 인지하지 못하고 선택할 수 있다는 점에 대해 걱정한다.

(2) 개인적인 과정으로서의 임파워먼트

개인적인 과정으로서의 임파워먼트는 노인이 직면한 미래의 도전(예컨대 신체적으로 연약해짐)을 해결하기 위한 지지체계를 사정하고 준비하는 사전 계획을 위한 시간을 획득하는 것을 말한다. 이러한 과정을 통해 개인과 가족을 도우며, 그들의 가치와 선호도, 감정, 그리고 앞으로 노인으로서 겪게 될 상황에 대한 두려움까지 명확히 하게 된다. 노인이 자신의 미래를 위해 사전에 계획하는 것은 도덕적 책임과도 관련이 있지만, 노인 대부분은 알지 못하는 미래, 대개는 희망적으로 보이지 않는 미래에 대해서 미리 계획하지 않는다.

개인적 임파워먼트의 정의를 깁슨(C. Gibson, 1991)은 "개인이 자신의 욕구를 충족하기 위한 개인의 능력을 인식하고, 이를 촉진하고 활성화하여 그들 자신의 문제를 해결하고, 그들 자신의 삶의 통제감을 느끼기 위해 필요한 자원을 동원하는 것"이라고 하였다. 임파워먼트를 쉽게 이해하기 위해서는 임파워먼트가 되지 않은 상태, 즉 힘없고, 무기력하고, 희망이 없고, 가부장적이고, 외부로부터 통제받고 의존적인 상태를 생각하면 되겠다.

(3) 정치적 행동과 사회적 과정으로서의 임파워먼트

정치적 행동과 사회적 과정은 개인적 과정보다 환경적 측면에서의 강화를 강조한다. 개인의 삶에서 선택할 수 있는 충분한 사회적 자원이 고려되지 않으면서 개인의 임파워먼트를 이야기하는 것은 빛 좋은 개살구에 불과하다. 선택 사항이 없는 상황에서 개인에게 무엇을 결정하도록 요구하는 것은 허울뿐인 임파워먼트(mockery of empowerment)라고 할 수 있다. 미국에서는 미국은퇴자협회(American Association of Retired Persons: AARP)가 노인의 안정적인 삶을 마련하기 위한 역할을 수행하고 있다. 그런데 우리나라에 대한은퇴자협회(KARP)가 있다고 아는 노인은 얼마나 될까?

(4) 균형과 독립으로서의 임파워먼트

클라크(1989)는 임파워먼트에 대한 해석에서 균형에 대해 이야기하고 있다. 사람들의 삶은 의존과 독립이 혼재되어 있다. 이는 개인의 삶의 경험과 상황으로 균형이 맞추어진 것이다. 그는 임파워먼트에서 강조하는 자율성이 도움을 많이 받아야 하는 신체적으로 허약한 노인에게 상호 의존적인 의미 있는 관계망을 축소시키는 역할을 할까 걱정을 하며, 임파워먼트의 이상적인 상태를 『정의론(A Theory of Justice)』(1971)을 쓴 롤스(J. Rawls)의 반성적 평형(reflective equilibrium)[8)]의 상태로 설명하였다.

3) 임파워먼트를 통한 노인상담의 필요성

임파워먼트 접근법의 특성은 다양한 노인상담 모델에서 임파워먼트 상담 모델의 필요성과 적용 가능성을 시사한다. 앞서 살펴본 임파워먼트에 대한 개념적 정의의 다양성에도 불구하고 임파워먼트의 다차원적 구조에 대한 합의는 전반적으로 공유되고 있다. 여기서는 노인에 대한 임파워먼트 상담 모델의 필요성을 개인적 차원과 사회적 차원으로 나누어 살펴본다(서혜경 외, 2013: 306-309).

8) 반성적 평형은 철학자 넬슨 굿맨(N. Goodman)의 논의로부터 시작되었고, 존 롤스가 그의 저서 『정의론』에서 이를 다루며 본격적으로 알려지기 시작했다. 그는 '인간은 누구나 정의를 분별하는 감각을 지녔다.'라고 주장하며, 이를 전제로 '반성적 평형'의 개념을 소개한다. 쉽게 이야기하면 반성적(상호적)으로 알아가려는 과정, 즉 상호 조정 과정을 일컫는 개념이다. 어떤 사건이나 이론에 대해 의견 불일치가 생길 경우 논의를 통해 심사숙고하고 상호 수정하여 의견 일치를 끌어내는 방법 또는 이미 끌어낸 상태를 말한다. 롤스는 『정의론』에서 정의의 원칙을 만족시키기 위해 효과적으로 사용할 수 있는 방법이 바로 이 '반성적 평형'이라고 주장한다.

(1) 개인적 차원에서 임파워먼트의 필요성

① 노인 부양

신체적 · 인지적 기능 저하로 특징되는 노년기는 노인의 권한 상실의 시기이다. 노년기는 노인의 의존적 특성이 강조되고, 노인은 자신의 삶의 수동적 존재로 간주된다. 노년의 삶은 노인의 통제권을 벗어나, 가족 혹은 다른 사람으로부터 결정되기도 한다. 노인 부양 문제가 이에 관한 대표적 예라 하겠다.

의존적 노인을 위한 가족 부양은 부양을 받는 노인과 부양을 제공하는 부양자의 관계로 구조화된다. 노인은 가족 부양자로부터 제공되는 보살핌의 실질적 소비자임에도 불구하고 자신의 부양 문제에 관한 의사결정 과정에서 배제된다. 보살핌을 제공할 가족 구성원의 선택, 보살핌을 받게 될 장소 결정, 보살핌의 내용 등 노인 부양에 대한 핵심 사안은 노인을 뺀 상태에서 논의된다. 따라서 노인의 의사와 관계없이 계획되고 진행되는 가족 부양을 통해 노인은 자신의 삶에 대한 수동적 주체로 남게 되며, 삶의 통제력 상실을 경험하게 된다.

노인은 자신의 부양 관련 문제가 가족 간의 갈등 원인이라는 이유에서 자신의 부양에 관한 의사결정 과정을 의도적으로 무관심하게 외면하는 경향이 있다. 가장 바람직한 접근은 노인 스스로가 의사결정 과정에 직접 참여하여 자신의 이익을 옹호하고 삶에 대한 결정권을 회복하는 것이다. 파슨스와 콕스(Parsons & Cox, 1989)에 따르면, 노인 부양에 관한 의사결정 과정에서 소외되어 온 노인은 임파워먼트를 통해 의사결정의 주체로 재정립될 수 있고, 자신의 삶에 대한 통제력을 회복할 수 있다.

노인 입장에서 볼 때 일반적인 모델은 노인을 개별화하여 접근하기보다는 노인문제의 총체적인 관점에서 부양 문제와 장기요양 서비스에 대한 욕구 유형을 분류하여 서비스를 제공하려는 경향이 있다. 그러나 임파워먼트 상담에서는 노인에 대한 획일화한 서비스 제공보다는 노인의 개별적 특성을 파악하여 서비스를 제공하는 점을 강조한다. 임파워먼트 상담 모델에서는 어느 한 노인의 문제가 다른 노인과 비슷하다고 하더라도 그 개인이 가진 문제의 심각성이나 심각성에 대한 인식은 매우 다르다는 점을 인지한다.

② 대인 관계

대인 관계란 집단생활 속의 구성원 상호 간의 심리적 관계를 말한다. 대인 관계는 개인이 다른 사람과의 연계를 인지할 수 있는 통합을 말한다. 집단생활이 계속되는 동안 구성원 상호 간에 형성되는 어떤 특징적인 심리적 관계나 상호작용은 구성원의 적응이나 동기부여 등에 영향을 미치는 동시에 집단 전체의 특성에도 영향을 끼친다. 대인 관계는 소속감과 애정, 상호 의존 또는 부조, 그리고 친밀감과 애정 등 인간 관계의 본질적인 구성 요인과 이를 다양한 차원으로 발전시키기 위한 계속적인 상호작용을 요구한다(Miller, 1986).

특히 노인의 대인 관계는 사랑하는 배우자와의 사별, 친한 친구의 상실 등과 같은 생애 사건으로 축소되며, 때로는 의존적인 관계로 전락하기도 한다. 예를 들어 여성 노인에 대해 살펴보자. 남편과 사별한 여성 노인은 보통의 경우에는 자녀와 의존적인 관계를 형성한다. 여성 노인은 남성 노인과 비교할 때 상대적으로 소속에 대한 욕구가 강하고 연계의 관계, 집단과 공동체 이익 등에 집착하는 경향이 있다. 따라서 여성 노인에 대한 임파워먼트는 통제와 독립을 성공적 노년의 상징으로 여겼던 전통적 개념에 근거한 권한의 재해석으로부터 시작하여야 한다(Browne, 1992).

(2) 사회적 차원에서 임파워먼트의 필요성

사회적 차원에서 노인은 더는 생산적인 존재가 아니다. 노인은 사회에 의존하는 존재로 인식되며, 젊은 사람으로부터 부양을 받아야 하는 사람으로 간주한다. 이러한 시각에서는 노인을 더는 권리를 가진 인구로 여기지 않는다. 노인이 젊은 시절 사회에 공헌했기 때문에 은퇴하고 나서는 사회로부터 부양을 받아야 한다는 교환 이론에도 불구하고, 사회는 노인이 마땅히 대접을 받아야 할 존재가 아닌 부양 부담을 안겨주는 존재로 인식한다. 이러한 사회의 편견은 노인 자신에게도 영향을 미쳐 노인 스스로도 권리에 대한 주장을 할 수 없는 존재로 인식하게 된다. 즉, 노인 스스로도 자식들에게 부양 부담을 주는 것에 대해 상당한 심적 부담을 가지게 된다.

노인은 나이가 많기 때문에 고용에서도 차별을 받는다. 사회에서는 노인은 힘이 없고, 쇠약하기 때문에 주어진 일에 책임감을 가지고 감당할 수 없다고 여긴다. 따라서 사회는 노인이 되면 더는 새로운 일을 시작하기 어렵고, 더는 사회에 이바지할 수 없게 된 존재로 생각한다. 더욱이 노인을 장기요양으로 말미암은 사회적 부담을 안겨주는 존재로 여긴다. 이처럼 사회는 노인이 가진 임파워먼트를 발휘하는 데 장애가 되는 여러 가지 장애물을 만들고 있다. 그러므로 임파워먼트를 통해 이러한 장애물을 제거하고, 노인도 젊은 사람과 동등하게 성장하는 존재로서의 이미지로 바꾸어야 한다.

제 02 부 노인상담의 기초

제 05 장
노인상담의 이해

1 노인상담의 개념과 목적

1) 노인상담의 개념

노인상담이란 노인문제에 관한 전문적인 지식을 훈련받은 상담자가 노인을 대상으로 신체적 · 정신적 · 경제적 변화에 대한 이해와 성공적 노화를 도와주기 위하여 노인에게 심리적 · 정서적인 지원을 하는 일체의 활동이다. 노인상담에서 상담자는 노년기의 신체적 · 정신적 · 심리적 변화에 대하여 충분히 이해하고 있어야 한다. 또한 상담자는 노년기의 병리적 노화, 보편적 노화, 성공적 노화의 차이를 충분히 알고 있어야 한다.

우리나라 노인 인구는 차마 말하기 어려울 만큼 빠르게 증가하고 있다. 이러한 노인 인구의 증가와 더불어 그들의 삶에 대한 인식이 점차 변화되어 노화를 단순히 정신적 · 신체적으로 노쇠해 가는 것이 아니라 발달과 성장의 과정으로 보는 견해가 강하다. 따라서 노인 자신의 변화에 대한 이해와 노년기의 긍정적인 삶과 성공적인 노화에 대한 전문적인 상담이나 치료에 대한 요구도 점차 증가하고 있다(김춘경 외, 2016, http://www.hakjisa.co.kr).

노년기에는 직업이나 가족에게서 유리되는 경험, 신체적 기능과 감각의 감퇴, 불편한 거동, 의존적인 생활, 배우자 등 가까운 사람의 죽음, 만성 질환, 신체적 장애, 재정적 문제 등의 이유로 슬픔, 우울, 상실감 등의 부정적 감정을 느낀다. 이러한 부정적인 감정은 생의 사건 외에도 노년기에 주로 발생하는 치매, 알츠하이머, 혈관 계통 질병 등과 동반하여 나타날 수도 있다. 그리고 인지적 감퇴도 상담자가 면밀하게 관찰하여 서비스의 선택 등에 관한 자율적 선택의 가능성 여부를 확인해야 한다.

부정적 감정은 종종 불면증, 두통, 식욕부진, 체중 감소 등의 신체적 증상으로 표출되기도 하므로, 상담자는 이러한 증상들이 심리적 요인에 기인하는 것인지 단순한 신체적 증상인지를 확인할 수 있어야 한다. 부정적 감정, 특히 우울증은 아주 작은 일에 대한 반응적 슬픔에서 자살을 유발하는 아주 심각한 범위까지 다양하게 발전한다. 알코올이나 약물 등을 남용하거나 지나치게 의존할 때에는 위생관리가 제대로 되지 않거나 영양실조와 질병 등이 나타날 수도 있다. 따라서 노인들에게 나타나는 신체적 · 심리적 변화를 노년기에 나타나는 일반적인 현상으로 가볍게 보면 안 된다. 또한 상담자는 성격 장애와 같은 만성적 질환을 확인하고 올바른 판단을 할 수 있어야 한다. 만성적 정신질환을 지닌 노인은 사고가 제한적이며 환경 적응력이 부족하여 스트레스 상황에 적절하게 대처하는 데 어려움을 겪는다.

내담자 대부분은 상담자보다 나이가 많다. 노인상담에서 내담자와 상담자의 나이 차이는 치료 관계에서 전이와 역전이가 발생하며, 이는 상담과 치료에 중요한 영향을 미친다. 내담자에게서 나타나는 전이의 내용은 다양한데, 치료가 진행될수록 내용의 의미와 드러나는 양식이 달라질 수 있다. 내담자는 상담자를 부모상과 관련을 지으며 어린 시절의 문제를 해결하려고 하거나 발달 과정을 거치면서 경험한 여러 관계에서 형성된 자신과 다른 사람에 대한 개념을 품고 상담에 임한다. 그리고 현 발달 단계에서 겪고 있는 관계 경험, 즉 배우자와 사별한 내담자는 상담자를 배우자로 여기거나 자신을 보살펴 주는 자녀로 생각할 수도 있다.

역전이는 상담자의 자기 인식, 인지 수준, 역전이의 이해 정도에 따라 다양하게 나타난다. 일반적 반응으로서 상담자는 내담자의 욕구를 충족시켜야 한다는 무의식적 기대에 따라 상담에서 역전이가 나타난다. 특히 나이가 많고 사회적 지위가 낮은 노인일 때 상담자의 역전이는 더 크게 발생한다. 세대 집단에서 나타나는 특정한 반응으로, 내담자를 부모 또는 할아버지로 바라보고 자식이나 손자, 손녀 역할을 하려는 강한 감정적 반응이 나타난다. 또한 내담자 역동과 상담자 역동, 그리고 내담자와 상담자의 역동으로 역전이가 나타날 수 있다. 즉, 내담자와 상담자 모두 배우자와 사별한 것처럼 내담자와 상담자가 공통적인 문제를 지닐 때 역전이가 나타날 수 있다.

노년기에 경험하는 심리적 고통을 약물로 치료하기에는 부작용 등의 위험성이 따르기 때문에 상담이 더 효과적이라 할 수 있다. 하지만 심각한 위기에 처한 경우에는 약물 치료와 상담을 병행하여야 한다. 상담자는 성공적인 노년의 삶을 영위하도록 돕고 내담자가 이용할 수 있는 지역사회의 자원을 제공하거나 중재자 역할도 해야 한다. 때로는 내담자의 법적 대변자로서, 문제를 해결하고자 할 때 대안 선택에 필요한 정보를 제공하거나 가르치는 교사의 역할도 하게 된다.

노년기라는 단어에는 심리적으로 건강한 것과 상관없이 그들의 삶 자체가 회복력을 지니고 있음을 내포하고 있다. 따라서 상담자는 노인이 전반적인 삶 속에서 겪은 여러 가지 어려운 사건이나 상황을 극복한 강점을 확인하고, 보상받았던 경험을 기억해 내도록 도울 수 있다. 상담자는 노인의 심리적 영역뿐만 아니라 신체적 건강, 의료적 진단 및 치료 계획에 대한 지식, 재정적 · 사회적 · 법률적 정보 제공 등의 영역까지 확대하여 그들의 성공적 삶을 마무리하는 데 도움을 주는 봉사적 활동을 수행해야 한다(김춘경 외, 2016, http://www.hakjisa.co.kr).

2) 노인상담의 목적

노인상담에서 가장 중요한 원리는 무엇일까? 다른 일반 상담에서도 마찬가지겠지만, 노인상담에서 가장 중요한 원리는 왜 상담이 이루어지는가를 명확히 아는 것이다. 목적 없는 상담은 내담자의 시간은 물론 상담자의 시간도 쓸데없이 허비하는 것이다. 대부분의 상담은 정보를 제공하고, 정보를 파악하며, 문제를 해결하는 목적 중의 하나 또는 조합으로 이루어진다. 상담자는 자신의 상담 목적, 내담자가 상담에 참여하려는 목적, 그리고 상담에 대한 기관의 목적과 상담의 기대 효과를 이해하여야 한다.

하버트와 긴즈버거(Harbert & Ginsberg, 1989)는 상담자가 노인을 상담하는 일반적인 목적을 다음과 같이 제시하고 있다(서혜경 외, 2013: 54-55, 재인용).

(1) 정보 제공

노인상담의 목적은 노인에게 정보를 제공하기 위한 것이다. 상담자는 가끔 내담자에게 자신이 소속한 복지관의 조직을 설명한다. 예컨대 노인복지관의 노인집단 프로그램에 참여하는 데 관심 있는 노인은 입회비용, 활동 내용과 방법, 회원들의 이름과 관심 사항 등과 같은 프로그램에 관련된 사실을 알기를 원한다. 이때 상담자는 노인집단 프로그램에 대해서 노인에게 설명해 주고, 아울러 노인복지관에 대해서도 설명을 해 준다.

(2) 정보 파악

노인상담의 목적은 정보를 파악하기 위한 것이다. 노인복지관은 노인에게 효과적으로 서비스하기 위해서 정보를 갖추고 있어야 한다. 예컨대 생활보호 프로그램에서 상담자는 노인이 가진 재정적 자원과 사회적 · 경제적 요구 조건에 대해서 알아야 한다. 정신건강 프로그램에서 상담은 노인이 직면한 정서적인 문제를 찾아내기 위해 이루어진다. 이때 상담자는 노인의 정서적인 문제는 무엇인가, 그들의 문제는 얼마나 계속되었는가, 조직은 어떤 방법으로 노인이 정서적 문제를 극복하도록 도움을 줄 수 있는가? 등과 같은 질문에 해답 찾기를 원한다.

(3) 문제 해결

노인상담의 목적은 노인 스스로 자신들의 문제를 해결하도록 돕기 위한 것이다. 상담자는 노인이 배우자를 잃거나 거주 환경이 바뀐 후에 그들이 새로운 생활환경에 잘 적응하도록 돕기 위해 노력한다. 때로 노인상담은 내담자의 생활을 돕거나 양로원이나 요양원에 입소 또는 노인집단 프로그램에 참여하는 것과 같은 생활대책을 찾도록 돕기 위해 이루어진다.

2 노인상담의 필요성

가족 간의 유대 관계가 약화되고 친족 관계망이 축소되면서 다양한 노인문제가 발생하고 있다. 그런데 이렇게 다양하게 발생하는 노인문제를 가족과 친구, 친척, 이웃과 같은 일차 집단의 비공식적 관계망으로는 그 대응이 불가능하다. 노인상담은 핵가족화, 저출산 · 고령화와 같은 사회 변화 속에서 소외와 가치 갈등, 세대 차이, 욕구 좌절감 등을 느끼면서 불안하게 살아가는 노인과의 적절한 관계를 모색하는 것으로, 이제는 노인문제에 대한 전문적 지식이나 기술, 그리고 공식적인 관계망을 통한 지지와 지원이 있어야 한다(권육상, 2002). 여기서는 노인상담의 역할과 노인복지적 관점에서 노인상담의 필요성을 살펴본다.

1) 노인상담의 역할을 통한 필요성

노인상담의 다음과 같은 역할을 통하여 노인상담의 필요성을 이해할 수 있다(서혜경 외, 2013: 56).

(1) 표출하지 못한 욕구 표현

표출하지 못한 노인의 욕구를 표현하게 하여 문제의 근원을 파악할 수 있고, 이러한 상담 과정은 고립되고 소외된 노인에게 일차적 사회 관계망 역할을 해 준다.

(2) 정확한 욕구 파악

사실에 근거하여 노인의 욕구를 정확하게 파악함으로써 노인을 올바르게 이해할 수 있고, 노인 욕구 충족을 위한 가족적 · 사회적 노력을 기울이게 된다. 이는 상담 과정을 통하여 실현될 수 있다.

(3) 정보의 제공

사회적 변화로 문화적 정체감을 느끼는 노인에게 빠르게 변화하는 사회에 적극적으로 대처할 수 있도록 정보를 제공할 수 있다.

(4) 적절한 대처

다양한 문제를 지닌 노인과 그 가족을 상담함으로써 그들의 욕구를 파악할 수 있고, 적절한 대처를 해 줌으로써 정서적 지지를 해 줄 수 있다.

2) 노인복지적 관점에서 노인상담의 필요성

다음과 같은 사회복지적 관점에서 노인상담의 필요성을 이해할 수 있다(서혜경 외, 2013: 57).

(1) 생물학적 노화

인간은 나이를 먹음에 따라 생물학적 노화를 겪게 된다. 이에 따른 노인의 신체적 기능 변화와 상실은 노인의 활동성을 약화시키고, 이는 결국 노인의 심리와 성격 변화에 영향을 미치게 된다. 즉, 신체적 기능이 저하되고, 외모가 변화하며, 만성 질환 등의 질병에 걸릴 확률이 증가함에 따라 노인은 질병과 죽음에 대한 두려움, 젊음을 잃었다는 구체적인 현실로 말미암은 상실감, 의존성 증가 등의 심리적 · 사회적 변화를 경험하게 된다. 또한 노화에 따른 감각기관의 기능 쇠퇴는 노인이 일상생활에서 자신감을 잃게 되거나, 대인 관계를 어렵게 하는 원인이 되기도 한다. 이때 노인상담을 통하여 노인 스스로가 이러한 사실에 대한 이해를 증진함으로써 가족과 사회에 대한 적응과 통합에 도움을 줄 수 있다.

(2) 역할 상실과 고립

기술의 발달로 말미암아 생산 과정이 기계화 · 자동화됨에 따라 생산 등에 필요한 노동력이 감소하고, 젊은 세대와의 경쟁에서 뒤질 수밖에 없는 노인 세대는 직업적 역할을 상실하게 된다. 이러한 역할 상실로 말미암아 노인의 사회적 고립 문제가 발생하게 된다. 이때 노인의 은퇴 전 · 후의 정신적 준비를 위해서도 노인상담이 필요하다. 또한 은퇴하고 나서 휴식과 여가를 잘 활용할 수 있는 방법과 경제적 문제 등 퇴직에 따른 다양한 변화에 대해서도 노인상담이 필요하다.

(3) 다양한 노인문제

노인상담을 통하여 노년기에 직면할 수 있는 다양한 문제를 사전에 예방할 수 있다. 노인문제에 대한 효과적인 해결을 원조하여 노인의 적응력을 향상시키고, 노인복지의 향상을 도모할 수 있다.

3 노인상담의 특성

노인상담은 아동·청소년상담 및 청장년상담과 몇 가지 측면에서 차이를 보인다. 그리고 이러한 노인상담의 다음과 같은 특성은 상담의 어려움과도 밀접한 관계가 된다(이호선, 2012: 55-59).

1) 상담자보다 내담자의 연령이 많음

노인상담에서 내담자의 연령은 대체로 다른 상담 유형의 내담자 연령보다 높다. 바꾸어 말하면, 대체로 상담자의 연령이 내담자의 연령보다 낮을 때가 많다는 말이다. 내담자가 상담자보다 나이가 현저하게 많을 때 상담을 위한 라포(rapport)[1] 형성에서 문제가 생길 수 있다. 라포는 상담 초기에 형성되어 상담의 종결 이후에까지 내담자와 상담자 간에 계속되는 신뢰 관계이다. 초기의 라포 형성은 지(知)·정(情)·의(意)를 모두 갖춘 사람으로서의 내담자, 내담자가 겪고 있는 고통이나 문제, 배경을 이해하

1) 라포란 의사소통에서 상대방과 형성되는 친밀감 또는 신뢰 관계를 말한다. 라포는 상담이나 교육을 위한 전제로 신뢰와 친근감으로 이루어진 인간 관계이다. 상담, 치료, 교육 등은 특성상 상호 협조가 중요한데 라포는 이를 충족시켜 주는 동인(動因)이 된다. 라포를 형성하기 위해서는 다른 사람의 감정, 사고, 경험을 이해할 수 있는 공감대 형성을 위하여 노력하여야 한다. 따라서 효과적인 상담을 위해서는 라포 형성이 무엇보다 중요하다.

는 과정과 병행하여 이루어지기 때문에 상담자로서 내담자를 대하는 태도와 자세, 경청을 포함하는 기본적인 면접 기술의 적절한 사용 과정 모두가 영향을 미친다.

라포 형성을 위해서는 내담자와 상담자 사이에 깊은 신뢰와 긴밀한 관계가 형성되어야 한다. 그러나 상담자보다 내담자의 연령이 높을 때 연령 차이는 상담자에게 부담으로 작용할 수 있다. 상담자는 내담자가 자신을 압도하거나 가르치려 들지 모른다는 생각을 갖게 되고, 따라서 내담자에게 개방적인 모습을 보이지 않게 된다. 또 내담자 역시 자신보다 나이가 어린 상담자에 대해 라포를 형성하기 어렵다. 인생의 최고점과 최저점을 넘어선 내담자는 상담자가 젊다는 것이 라포 형성부터 상담 과정에 부담으로 작용한다. 이는 결국 깊은 차원의 상담을 가로막는 장애 요인이 된다.

2) 강력한 내담자의 저항

노인상담에서는 내담자의 저항이 강하다. 내담자는 인생을 살아오면서 겪은 다양한 경험을 근거로 상담자의 상담 의도에 강한 저항을 보이기도 한다. 노인들은 경험적으로 축적한 지식과 삶의 변수를 통제하고 조절하는 방법에 대한 자부심과 신념이 매우 강하다. 이는 상담에서 부정적으로 작용할 가능성이 높은데, 자신의 경험에서 얻은 인식의 변화를 요구할 때 강하게 저항하기도 한다. 특히 젊은 상담자일 때 내담자는 상담자를 통제하려고 할 수도 있다. 이는 내담자가 인생을 살아오면서 형성한 고정관념이 변화 가능성에 부정적 영향을 미치기 때문에 나타나는 현상이다.

3) 경험의 폭이 넓은 내담자

내담자는 경험의 폭이 넓다. 앞서 언급한 것처럼 내담자는 오랜 삶의 경험을 통하여 습득한 다양한 지식을 축적하고 있다. 그중 삶의 변화에 대한 과정과 결과에 대한 경험은 내담자가 상담에 임하는 자세와 상담 과정에 큰 영향을 미칠 수 있다. 물론 이 영향은 상담 과정에서 긍정적으로 작용할 수도, 부정적으로 작용할 수도 있다.

특히 부정적인 영향을 미칠 때 내담자가 상담자를 불신하게 된다. 그리하여 상담적 개입이 필요한 시기임에도 상담을 중지하게 될 수도 있다. 이런 상황에서는 내담자의 특성보다는 오히려 상담자의 심리적 위축이 더 큰 영향을 미친다. 내담자로 말미암아 위축감을 느낄 때 상담자는 '꼭 도움을 받아야 하는 사람'은 내담자라는 현실을 잊지 않아야 한다. 또한 상담자가 자신도 모르게 위축감이 들면, 슈퍼바이저의 도움을 받아야 한다.

4) 새로운 삶에 대한 미약한 의지와 변화 욕구

노인은 새로운 삶에 대한 의지와 변화 욕구가 다른 발달 단계에 있는 성인보다 상대적으로 약하다. 노인은 사전적인 의미대로 늙은 사람 혹은 나이든 사람이다. 늙는다는 것은 새로운 것에 대해 도전하기보다는 익숙한 것을 반복하고 재확인하는 것이다. 노년기에 겪게 되는 신체 노화와 경제적 변화는 노인의 새로운 도전을 방해하는 주요 요인으로 작용한다. 노인은 늙었다는 말 자체를 새로운 것과 거리가 먼 것, 도전적인 것의 반대편에 있는 것으로 생각하는 경향이 높다.

노인이 '다 늙어서 무엇 하냐'는 식으로 하는 말은 새로운 삶을 가꾸어 가려는 의지가 부족하다는 것을 반증하는 것이다. 이는 상담에서 지금의 문제를 건강한 변화로 추구하기보다는 있는 자리에 그대로 정체시키려는 경향으로 나타난다. 이럴 때 상담 진행은 늦어지고, 상담자 또한 지치기 쉽다. 그러나 상담자는 내담자가 혹시 학습된 무기력(learned helplessness)[2] 상태에 빠져 있지는 않는지 확인해야 한다. 상담자는

2) 학습된 무기력이란 통제가 불가능한 상황을 반복적으로 경험하여 똑같거나 유사한 상황에서 적절한 어떤 반응도 시도하지 않으려고 하는 심리적 상태를 일컫는다. 이는 1967년 미국의 심리학자 셀리그먼(M. Seligman) 등이 동물을 대상으로 회피학습을 통하여 공포의 조건형성을 연구하던 중 발견한 개념이다. 연구를 통하여 통제할 수 없는 경험이 반복되면 무기력이 학습된다는 것을 검증하였다. 학습된 무기력은 자발적으로 반응하려는 동기를 저하시키고 반응이 실제로 효과가 있다는 학습을 방해하며, 주로 우울증이나 불안과 같은 정서적 동요를 일으키는 동기적 · 인지적 · 정서적 결함을 유발한다. 이처럼 학습된 무기력은 통제가 가능한 환경에서도 주변 상황에 영향을 주려는 어떠한 시도도 하지 못하게 만든다. 그리고 개인의 반응하려는 욕구와 동기를 떨어트리고 성공을 지각하고 반응의 작용에 대한 학습을 왜곡시키며, 불안이나 우울로 말미암은 부정적 정서를 초래한다. 학습된 무기력 상태를 촉진하는 요인은 통제 불가능한 상황의 지속, 통제할 수 없다는 기대 또는 지각된 통제 불가능, 실패의 역사, 학습된 무기력으로 말미암은 손상과 실패의 강화 등이다.

노인의 특성을 상담 이전에 충분히 파악하고, 내담자가 변화를 기대하고 변할 수 있도록 동기를 부여하여야 한다.

5) 여생을 죽음과 연결시키려는 경향

노인은 자신의 남은 삶에 의미를 부여하지 않으려 하며, 여생을 죽음과 연결시키려는 경향이 강하다. 노인 대부분은 삶을 되돌아보며 주변을 정리한다. 노인에게 죽음은 긴박한 문제이며, 따라서 상담에서 죽음의 문제는 중요하다. 죽음에 대한 공포나 죽음 준비를 위한 상담을 차치하더라도, 노인은 상담에서 죽음에 대한 관심을 강하게 보인다. 그런데 다양한 내담자는 죽음에 대해 다양한 태도와 평가를 보인다. 따라서 이를 통해 상담자는 상담 중인 내담자의 특성을 제대로 파악하는 기회를 얻기도 한다. 그러나 죽음에 대한 내담의 의식적·무의식적 태도는 그들이 가진 문제 해결을 위한 상담 진전을 방해하는 요인으로 작용하기도 한다.

6) 가족과 보호자의 미약한 지지

노인상담은 가족과 보호자의 지지가 미약하다. 노인상담은 대개 노인 내담자 가족의 지원과는 관계없이 이루어지는 경우가 허다하다. 내담자는 표면적으로 그 이유를 자신들의 문제에 가족이 개입하는 것을 원치 않기 때문이라고 말한다. 그러나 깊은 차원으로 들어가면 그것은 다른 가족 구성원이 내담자에게 진정한 관심을 갖지 않기 때문이다. 즉, 자녀들은 내담자의 문제에 깊은 관심을 가지지 않으며, 설혹 관심을 가지고 있더라도 가족 차원에서 노인문제를 풀어 보려고 노력하지 않는다. 이는 가정 내에서 노인의 지위와도 밀접한 관계가 있다. 가족 내에서 노인의 소외 정도는 가족의 지지 정도와 반비례한다.

4 노인상담의 의의와 역할

노인 대부분은 자신들이 약하다고 생각하지 않는다. 노인은 자신들이 신체적·정신적으로 약하거나 다른 사람의 보살핌을 받아야 한다는 것에 쉽게 동의하지 않는다. 현세대와 비교할 때 상대적으로 노인은 비교적 교육 수준이 낮고, 성 역할은 여전히 고정되어 있다. 또한 인생에서 겪은 어려움이나 자신의 현재 고민을 드러내기에는 자기 표현 방법이 미숙하다. 그리고 지금까지 살아온 익숙한 삶의 패턴을 선호하기 때문에 새로운 변화에 민감하게 반응하지 않는다. 이러한 요소는 노인이 상담 현장으로 나오는 데 장애 요인으로 작동한다(이호선, 2012: 59).

이처럼 전체 상담에서 노인 내담자 수가 적다는 것은 위에서 언급한 장애 요인이 크게 영향을 미치기 때문이다. 그러나 노인 내담자가 적다고 해서 노인문제가 적거나 의미가 없다는 것은 결코 아니다. 노인문제는 숨어 있으며, 드러나지 않은 상처와 해결하지 못한 인생의 문제, 관심과 사랑에 대한 욕구, 사회적 인정욕구 등 많은 상처와 욕망이 감추어져 있다. 따라서 상담자는 노인의 욕구와 필요에 민감하게 대처하며, 적극 탐색하고 연구해야 한다.

이를 바탕으로 노인상담의 의의와 역할을 정리하면 다음과 같다(이호선, 2012: 59-60).

- 노인상담은 노인들이 인생 발달 단계에서 경험하는 변화와 적응에 적절하게 대처하도록 돕는 역할을 한다. 노년기의 대부분 노인은 상대적인 박탈감을 경험하며, 빠르게 변화하는 세상 물결 속에서 자신들은 소외되었다고 느낀다. 노인상담은 인생이 끝나는 것이 아니라, 노년기가 전체 삶 중의 한 부분이라는 것을 인식하도록 도와야 한다. 그리하여 노인이 만족스러운 삶을 살 수 있도록 적절한 지지를 한다.
- 노인상담은 노인이 가진 지금의 다양한 문제를 이해하고, 이에 대한 정서적 지지

를 제공한다. 또한 문제 해결을 위한 적절한 도움을 주고 향후 발생할 수 있는 문제를 예방하는 등의 광범위한 차원에서 노인을 돕는다.

- 노인상담은 노인의 숨은 욕구와 현실적인 욕구를 그들 스스로 해결하도록 돕는 방안을 모색한다. 그리하여 그들이 인생 후반기를 원만하고 만족스럽게 지낼 수 있도록 지원한다.
- 노인상담은 노인뿐만 아니라 노인을 부양하는 가족 구성원에 대한 지원과 지지를 포함한다. 노인상담은 노인에 대한 가족 구성원의 이해를 도모하고 노인과 호의적인 관계를 계속해서 유지할 수 있도록 가족 구성원을 정서적으로 지지한다. 그리하여 가족 구성원 모두가 노인의 성공적인 노후 생활을 돕도록 적절히 지원한다.

제 06 장

노인상담의 영역

1 경제적 영역

우리나라가 초고령사회의 문턱에 있지만, 노인의 경제적 어려움은 전혀 나아질 기미가 보이지 않는다. 은퇴 연령(66세 이상)의 상대적 빈곤율(중위소득 50% 이하)은 39.3%(2021년 기준)로 경제협력개발기구 국가 중에서 가장 높은 수준이다(조선일보, 2023. 10. 27.). 호주(22.6%) · 미국(21.6%)은 물론 뉴질랜드(16.8%) · 영국(13.1%) · 캐나다(12.1%) · 이탈리아(10.3%)보다 월등히 높다(다른 나라는 2019년 기준).

은퇴해도 지출은 쉽게 줄지 않고 평균수명은 길어져 퇴직 이후 근로 소득이 없는 기간이 길어지고 있다. 고령층의 소비에서 연금이 미치는 영향은 더 커지는 추세인데, 지금의 연금 수준은 충분한 노후 보장이 되지 못한다. 고령층의 평균 연금 수급액은 노인에게 필요한 생활비의 절반에도 못 미치는 수준이다.[1] "연금만 받아서 어찌 먹고 살겠어. 요즘 세상에 자식들한테 손 벌리고 사는 노인네들도 없고. 그래서 나는 최저임금 받아가며 택배도 받고, 분리수거도 하며 경비 일 하는 거야." 충남의 한 아파트에서 경비원 일을 하는 홍모(71) 씨는 한숨을 푹 쉬었다. 그는 연금 소득이 80만원쯤 되지만 그것으로는 집 살 때 진 빚 1억 5,000만 원의 이자를 감당하기도 벅차다고 했다.

1) 국민연금공단 국민연금연구원이 '2021년 중고령자의 경제생활 및 노후 준비 실태'에서 조사한, 고령층 1인 기준 필요 최소 노후생활비는 124만 3,000원이다.

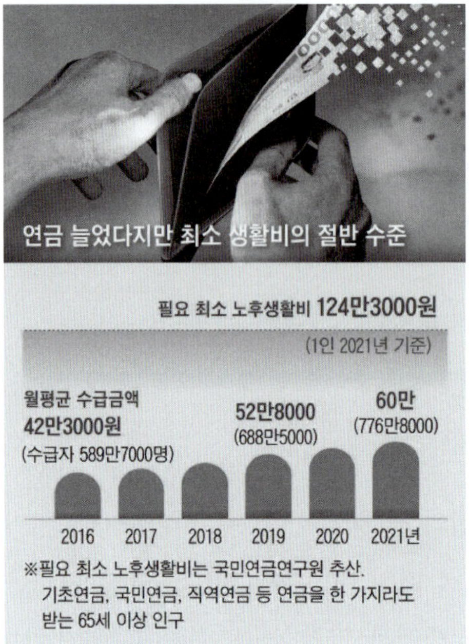

그림 6-1 개인별 연금 수급 추이

출처: 조선일보(2023. 10. 27.).

고령층의 노후를 위한 연금 소득이 매년 늘고 있지만, 여전히 안정적인 노후생활을 하기에는 태부족인 것으로 나타났다. 통계청에 따르면, 2021년 65세 이상 내국인 862만 명 가운데 연금 수급자는 777만 명으로 90.1%를 차지했고, 월평균 연금 수급액은 60만 원으로 집계됐다. 연금 수급자를 연금 받는 액수에 따라 일렬로 세웠을 때 중간에 해당하는 중위 금액은 38만 2,000원이었다.[2)]

더구나 평균 연금 수급액인 60만 원에도 못 미치는 연금을 받는 고령층도 많다. 이번 통계청 분석에서, 구간별로 연금 25만~50만 원을 타는 수급자가 전체 수급자의 43.3%로 가장 많았다. 25만 원 미만을 받는 수급자도 21.1%를 차지했다. 소득 · 재산이 없는 빈곤 1인 가구가 받는 생계급여 최대 급여액(62만 3,368원)보다도 연금 소득이 낮은 셈이다. 연금 수급자를 성별로 구분하면 남성은 78만 1,000원, 여성은 44만 7,000원으로 나타나 여성의 노후는 더 불안하다(조선일보, 2023. 10. 27.).

노후를 경제적으로 윤택하게 하려면 여러 연금의 다층 보장 체제가 바람직하다. 그런데 아직 기초 · 국민연금과 개인연금 등 여러 연금을 중복 수급하는 비율도 34.4%로 전체 고령층의 3분의 1 수준이다. 특히 연금 가입률은 주택을 보유했는지 여부에 따라 차이가 컸다. 주택 소유자의 90.8%는 1개 이상의 연금에 가입했지만, 무주택자의 가입률은 73.7%에 그쳤다. 집 없는 청 · 장년 4명 중 한 명은 가입한 연금이 전혀

2) 이번 연금 통계는 기초 · 국민 · 직역(공무원 · 군인 · 사학 · 별정우체국) · 주택연금 등 공 · 사적 연금 11종의 데이터를 연계한 것으로 2023년 처음 발표됐다.

없었다는 뜻이다. 집이 없는 사람들은 주택 마련을 우선순위로 두면서 그만큼 노후 대비 여력이 부족할 수 있다.

한편, '노인 파산'이 갈수록 심각해지고 있다. 법원행정처에 따르면, 전국 법원에 접수된 개인 파산 신청자 10명 중 4명(41%)은 60세 이상인 것으로 나타났다(2023년 상반기 기준). 전체 신청자 2만 745명 중 60세 이상이 8,504명으로 가장 많았다. 파산 신청자 중 60세 이상이 차지하는 비중은 2018년부터 매년 증가(25.9% → 27.7% → 31% → 35.2% → 38.4%)하는 추세인데, 이대로라면 2023년 연간으로도 최대 기록을 경신할 수 있다는 전망이 나온다. 코로나19 이후 경기가 좀처럼 되살아나지 않는 데다 고금리가 장기화하면서 금융 취약계층인 노년층이 벼랑 끝으로 내몰리고 있는 것으로 풀이된다(중앙일보, 2023. 11. 15.).

문제는 노인 빈곤이 심각한 상황에서 단기적인 해법을 마련하기는 쉽지 않다는 점이다. 연금 소득이 절대적으로 적은 1940년대생 이전 노인에 대해선 기초연금을 확

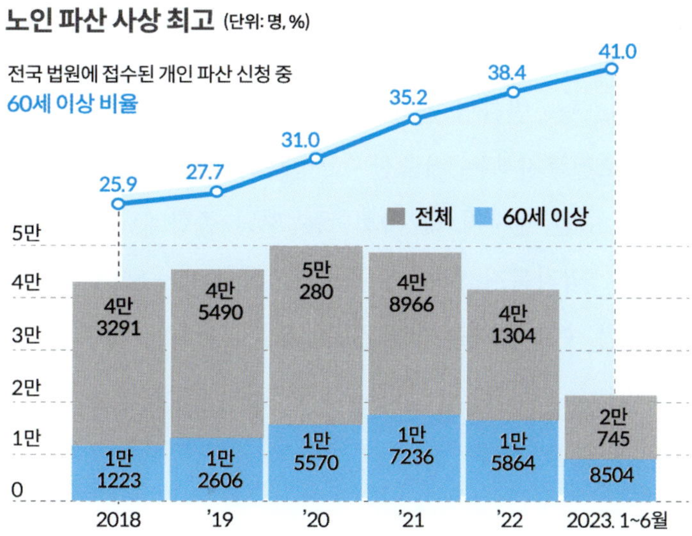

그림 6-2 노인 파산 신청 추이

출처: 중앙일보(2023. 11. 15.).

대하되, 중장기적으로는 은퇴 이전 세대에게 세제 혜택 등을 줘서 연금 가입을 유도할 필요가 있다.

아이들이 대한민국의 미래라면 노인은 오늘을 살아가는 우리의 미래다. 노인이 행복하지 않으면 우리의 미래도 행복할 수 없다. 고령자들은 열악한 상황에서 살고 있다. 기업이 쪽방촌 노인에게 선풍기와 전기담요를 줘도 전기세가 부담스러워서 쓰지 않는 것이 현실이다. 지금 연령과 모든 제도 설계가 너무 뻔한 미래이고 지속이 불가능하다. 지금 생존하는 사람들이 인간답게 살아가는 것이 중요하다.

확실한 것은 현재 베이비붐 세대가 80세까지 살 거라는 점이다. 이들이 남은 20년 동안 건강하고 행복하게 살 수 있는 구조를 만들어야 한다. 노무현 정부 때 노인에게 소일거리를 주면서 어느 정도 소득도 얻을 수 있게 하면 좋겠다고 해서 노인일자리 사업을 하게 됐다. 거의 20년이 다 되어가는데, 공익활동의 활동비가 20만 원에서 27만 원으로 오르는 데 그치고 있다. 노인들이 경제적인 문제를 가장 크게 느끼는데, 정부는 아직도 준비가 안 됐다.

정부가 약자복지를 지원하는 노인 일자리 사업을 오는 2027년에 노인 인구의 10% 수준까지 늘리기로 했다. 또한 공익활동형 일자리는 안정적으로 제공해 수요에 대응하면서 사회서비스형 · 민간형 일자리는 전체 노인 일자리의 40% 이상으로 확대해 나갈 방침이다. 보건복지부는 저출산 · 고령사회위원회 운영위원회를 통해 이와 같은 내용의 '제3차 노인 일자리 및 사회활동 지원 종합계획(2023~2027)'을 발표했다. 이번 종합계획은 '약자복지 실현'과 '일자리 창출'에 중점을 두고 초고령사회와 신노년세대 등 다양한 수요에 대응하기 위한 노인 일자리 정책 추진 방향을 담고 있다(보건복지부, 2023).

2 신체적 영역

'노인실태조사'는 「노인복지법」 제5조에 따라 3년마다 시행하는 법정 조사이다. 2008년 근거가 마련된 이후 이번이 다섯 번째이고, 여섯 번째 조사는 2023년에 시행하여 그 결과보고서는 2024년에 발표할 예정이다. 2020년 실태조사 중 노인의 건강 관련 부분을 소개하면 다음과 같다(보건복지부, 2021).

노인 자신이 평소 생각하는 건강 상태에 대해 질문하였다. 평소 자신의 건강 상태가 매우 건강하다고 응답한 노인은 4.5%, 건강한 편이다 44.8%, 그저 그렇다 30.8%, 건강이 나쁜 편이다 17.6%, 건강이 매우 나쁘다 2.3%로 나타났다. 평소 자신의 건강 상태가 좋은 것으로 평가하는 노인이 49.3%이고, 건강이 나쁜 것으로 평가하는 노인이 19.9%로 주관적 건강 상태를 긍정적으로 평가하는 노인의 비율이 더 높게 나타났다.

앞에서 노인의 주관적 건강 상태에 대하여 질문하였다면 만성 질병 수는 노인의 객관적 건강 상태를 파악할 수 있는 지표로 활용될 수 있다. 3개월 이상 지속적으로 앓고 있으며 의사의 진단을 받은 만성 질병이 있는지에 대해 질문하였다. 전체 노인의 84.0%가 1개 이상의 만성 질병이 있다고 응답하였다. 만성 질병 1개를 지니고 있는 노인이 29.2%, 만성 질병 2개는 27.1%, 만성 질병이 3개 이상인 노인은 27.8%로 나타났다. 만성 질병을 2개 이상 지니고 있는 복합이환자는 54.9%였으며, 평균 만성 질병 수는 1.9개로 나타났다.

현재 3개월 이상 의사에게 처방받은 약을 복용하고 있는 노인은 82.1%이다. 17.8%는 의사처방약을 복용하고 있지 않다. 의사처방약 1~2종류를 복용하는 노인은 56.4%, 3~4종류를 복용하고 있는 노인은 21.4%, 5종류 이상을 복용하고 있는 노인은 4.3%이며, 전체 노인이 복용하고 있는 처방약의 종류는 평균 1.8종류이다.

지난 1개월 동안 병원, 의원, 보건(지 · 진료)소, 한의원, 치과 등 보건의료기관을 이용한 경험이 있는 경우를 보면, 전체 노인의 70.6%가 이용 경험이 있는 것으로 나타났고,

평균 방문 횟수는 1.5회이다. 지난 1년간 아프거나 다쳐서 요양병원에 입원한 경험이 있는 노인은 전체 노인의 0.4%이고, 입원 횟수는 1회 0.3%, 2회 0.0%, 3회 이상 0.1%이다. 지난 1년간 아프거나 다쳐서 요양병원 이외 병의원에 입원한 경험이 있는 노인은 전체 노인의 7.1%이고, 입원 횟수는 1회 4.8%, 2회 1.0%, 3회 이상 1.3%이다.

정기건강검진과 규칙적인 운동을 하는 노인들이 증가하고는 있지만, 건강문제는 쉽게 해결되지 않는다. 특히 빈곤한 노인은 장애나 만성 질환을 함께 가지고 있을 가능성이 높아서 건강 수준뿐만 아니라 계속된 결함으로 말미암은 빈곤의 악순환을 경험한다. 또한 스스로 수족을 못 움직여 자식에게 짐이 될까 두려워한다. 최근에는 정신계 질환에 대한 관심이 늘어나면서 질병 관련 간병인이나 요양원을 비롯한 노인 시설, 진단 절차와 전문병원에 관한 이용 및 수용 등에 대한 상담이 늘어나고 있다.

노년기 삶의 질의 주요한 영향 요인인 신체적 건강, 자아존중감, 사회적 지지 등이 인지 기능 수준 및 우울 정도와 밀접한 관련이 있다. 노인이 지각한 심리적 변화는 신체적 노화를 가속시키는 하나의 요인이다. 또한 노인의 신체적 · 정신적 · 사회적 건강은 서로 밀접하게 연결되어 상호작용한다. 따라서 상담자는 노인의 신체적 영역을 상담할 때에도 정신적 · 사회적 건강을 함께 살펴보아야 한다(유수정 외, 2002: 115-133).

〓 노인을 위한 지자체는 있다, 포천시

포천시가 노인이 살기 편하고 좋은 행복한 도시를 향해 질주하고 있다. 관내 거주 65세 이상 인구는 전체 인구(14만 3,690명) 중 24.1%(3만 4,578명)로 초고령사회에 해당한다. 매년 노인 인구가 빠르게 늘어나자 포천시는 시민 모두가 더 큰 행복을 누릴 수 있는 도시 조성에 매진하고 있다. 이에 따라 노인이 건강하고 활력 넘치는 삶을 영위할 수 있도록 다양한 시정을 펼치고, 이는 자연스럽게 고령친화도시를 형성하는 모양새다.

포천시는 관내 1년 이상 주민등록을 둔 65세 이상 노인을 대상으로 대상포진 무료 예방접종 사업을 진행했다. 젊은 세대보다 중년 이후 세대에서 더 많이 발생하는 대상포진은 극심한 통증을 동반하고 중대한 후유증을 유발하기 때문에 예방 및 증상 완화를 위한 예방접종이 필요하다. 아무래도 상대적으로 면역력이 떨어지는 노인을 대상으로 비급여 진료항목인 대상포진 예방접종을 무료로 진행해 노인층 경제적 부담을 덜어주고 노후 건강관리에 도움을 주고 있다.

출처: 에너지경제(2023. 11. 24.), 강근주 기자(kkjoo0912@ekn.kr).

3 정서적 영역

정서적 영역에서의 노인상담은 가족 관계와 가정 내에서 발생하는 고독과 소외의 문제와 관련된 내용으로 이루어지는 경우가 많다. 고독과 소외 문제는 꾸준히 노인의 호소 문제였다. 어느 개인에게나 그렇듯 노인에게도 가정은 개인에게 가장 직접적이고 영향력 있는 감각적 공간이다. 나아가 노년기에는 가정에서 보내는 시간이 늘어나고, 가족과의 접촉이 이전보다 빈번해지기 때문에 오히려 가정은 노년기에 더 중요한 공간이 된다(이호선, 2012: 67).

남성 노인은 직업 일선에서 은퇴를 하게 되면서 다양한 차원에서 사회적 관계가 축소될 수밖에 없다. 따라서 그만큼 가족과의 접촉은 늘어나게 되며, 가족 간의 상호교환 역시 확대된다. 여성 노인은 은퇴를 하거나 혹은 독립한 자녀들과 분리되고, 남편이 은퇴와 더불어 가정에 머무르는 시간이 늘어나면서 자연스럽게 남편과 함께 있는 시간이 많아지게 된다. 따라서 가정에서의 위치와 역할 변화를 경험하게 된다. 그러나 노년기 남성과 여성의 역할 변화는 부부 갈등의 주요 요인으로 드러나고 있다.

노인은 저출산·핵가족화를 경험하면서 빠르게 변하는 사회에 적응하기가 어려워졌다. 노인은 전통적 가치관과 대립되는 현대적 가치관을 가진 젊은 세대와 경쟁하기도 녹록하지 않다. 젊은이들은 효(孝)와 충(忠)을 강조하던 노인 세대와는 다르다. 효보다는 개인적 관심사항에 집중하고, 충보다는 개인적 이익에 관심을 기울인다. 이런 상황에서 노인은 전통적으로 그들이 받아야 할 몫인 효에서 점점 멀어진다. 그리하여 노인은 젊은 세대의 관심사에서 묻히게 되고, 결국 자신들의 설 자리를 잃었다. 노인은 실망과 정체감 혼란을 경험하면서 후회와 체념, 상실감을 경험하게 된다. 이러한 상황 속에서 노인의 고립감과 소외감, 정체감 혼란 등과 같은 정서적 문제에 대한 상담은 절실하게 되었다(이호선, 2012: 67-68).

노인의 고독과 소외는 이성교제와 깊은 연관이 있다. 요즘 노인은 예전보다 정신적으로나 육체적으로 젊게 살기 때문에 이성을 만나고 싶다는 욕구가 적지 않다. 외로움을 느끼는 노인들은 이성교제(혹은 황혼 재혼)를 원하고 있다는 연구는 많다. 미국을 비롯해 세계 각국에서 데이팅 앱을 기반으로 한 '그레이 로맨스 시장'이 커지고 있다. 이혼이나 사별로 혼자 된 노인들이 데이팅 앱을 매개로 적극적인 이성교제를 시도하는 '온라인 황혼 소개팅'이 유행하고 있다. 미국에선 월 10~50달러에 달하는 적지 않은 회원비에도 불구하고, '아워타임', '실버싱글즈' 같은 고령자용 데이팅 앱이 각 120만~150만 명의 사용자를 확보하고 성업 중이다.

아시아에서도 노인들이 온라인 도구를 활용해 왕성하게 연애를 즐기고 있다. 중국 데이팅 앱 '이두이'는 1억 명의 가입자 중 45%가 50세 이상이고, 가입자 1억 명을 확보하고 있는 또 다른 데이팅 앱 '페어' 역시 고객의 절반 이상이 50대다. 우리나라에서도 50대 이상 중장년을 위한 데이팅 앱이 20여 개에 달한다. 2022년 11월 서비스를 시작한 5070세대용 소개팅 앱 '시놀'은 출시 8개월 만에 가입자 수 1만 명을 돌파했다. 시놀 관계자는 "현재 매달 2만 5,000원을 내고 시간 제한 없이 하루 10명과 대화하는 유료 회원 중에 70·80대도 수백 명에 달한다."라고 했다(조선일보, 2023. 10. 12.).

이처럼 고령화시대 사별이나 이혼 등으로 홀로 된 노인들의 이성교제가 늘어나는 가운데, 청년층에서 주로 발생하던 '데이트 폭력'이 노년층에서도 급증하고 있다. 특히 노인 남성들은 연인과의 관계를 자기 위주로 끌고 가려는 사고 방식에서 벗어나지 못한 경우가 적지 않아, 갈등이 빚어지면 폭력으로 번지는 일이 잦다는 분석이다. 전문가들은 "노인들이 달라진 사회상에 맞는 인식을 갖고 건전한 이성교제를 할 수 있도록 재교육할 필요가 높아지고 있다."라고 지적했다.

60대 여성 A 씨는 3년 전 남편과 사별한 뒤 외로움을 견디지 못해 거의 매일 서울 종로구의 한 콜라텍을 찾았다. A 씨는 콜라텍에서 부동산 사업을 한다는 70대 남성을 알게 됐다. 춤도 추고 식사도 함께하면서 가까워졌고, 몇 차례 데이트를 즐기며 호감이 커져 갔다. 그러다 처음으로 술을 같이 마신 날 상대 남성이 "모텔에서 쉬었다 가자."라는 말을 꺼냈다. 덜컥 겁이 난 A 씨는 "싫다."라고 거부했다. 그러자 이 남성은 "그동안 먹고 마시는 데 내가 쓴 돈이 얼마인지 아느냐?"라며, A 씨를 밀치고 마구 폭행했다. 경찰청에 따르면, 전국 경찰서에 '연인 간 폭력 근절 태스크포스(TF)'를 설치해 데이트 폭력 신고를 받은 결과, 신고된 데이트 폭력 피의자 중 60대 이상이 3.6%를 차지했다(문화일보, 2016. 9. 9.).

"자신감 넘치는 사회 일원 되도록"… 다문화 · 노인 세대에 두 팔 벌린 삼성

삼성이 규모는 매해 커지고 있지만 제대로 된 지원은 부족한 사회적 약자인 노인 세대를 위해 팔을 걷어 부친다. 65세 이상 노인 인구 비중은 전체 국민의 19%로 1,000만 명에 임박한다. 삼성은 이들이 사회 구성원으로 소외되지 않도록 디지털 교육을 시행한다.

에스원은 노인들을 대상으로 디지털 이해도를 높여 일상생활에 필수적인 스마트폰 · 키오스크 등 디지털 기기를 능숙하게 활용하도록 돕고 디지털 기초 지식이 필요한 일자리 취업도 지원하는 디지털 역량 강화교육 사업에 나선다. 디지털 취약 노인들의 교육에 활용하는 '삼성 시니어 디지털 아카데미'를 진행한다. 디지털 환경을 낯설어하는 노인들에게 개인 수준별 맞춤 교육을 제공해, 노인들이 스마트폰과 키오스크 등 디지털 기기를 일상에서 제대로 활용하고 나아가 민간 · 공공 일자리 취업도 성공할 수 있도록 지원한다.

출처: 데일리안(2023. 11. 22.), 조인영 기자(ciy8100@dailian.co.kr).

4 사회적 · 법률적 영역

노인 인구의 증가와 더불어 사회활동에 참여하려는 노인의 수가 점점 늘어나고 있다. 이는 사회, 경제 및 법률적인 측면에서 다양한 도전의 장이 되고 있다. 노인복지 시설과 기관이 확충되면서 노인들의 활동은 종교적인 봉사활동, 가족단체의 봉사활동, 자연보호운동, 지역단체 가입을 통한 활동 등 다양한 사회활동으로 확대되고 있다. 이러한 사회활동을 위한 구체적인 정보, 단체와 기관 알선, 원조 등 사회적 영역에 대한 상담은 늘어나는 노인의 사회활동 욕구와 비례한다(이호선, 2012: 74).

노인 범죄 또한 늘어나고 있다.[3] 경기 침체가 이어지는 가운데 노인 생계형 범죄도 늘고 있다. 범죄 유형으로는 절도, 사기, 횡령 등 재산과 관련된 범죄가 꾸준히 늘고 있는 추세다. 이는 빈곤이 근본 원인이다. 의식주 해결이 어렵다 보니 장발장처럼 노인 소액 절도가 늘고, 이렇게도 버티지 못한 노인들이 우울감을 견디지 못해 극단적 선택으로 이어지기도 한다. 이것도 일종의 노노갈등(노인과 노인 간의 갈등)의 형태로 나타나고 있다. 노인 범죄에 대한 법률적 자문은 노인 본인보다는 가족이나 노인으로부터 피해를 입은 피해자 측에서의 상담이 대다수다.

그런데 여기서 우리가 주의할 점이 있다. 노인 범죄의 비율이 증가한다거나 노인들을 잠재적인 범죄자로 오해하지 않도록 관련 통계를 정확하게 인용해야 하고, 표현도 주의해야 한다. 또한 노인 범죄와 관련된 선정적 보도들이 나가지 않도록 용어의 사용에서부터 보도 내용의 구성까지 세심한 배려와 주의가 필요하다. 그렇지 않으면 우리 사회는 지나가던 할아버지를 아이들이 피하게 되고, 힘없는 할머니를 도와주기는커녕 내 물건을 훔쳐가지나 않을지 경계하는 눈길로 바라보는 각박한 세상이 될 것이다.

대구 · 경북경찰청 집계에 따르면, 65세 이상 고령자 범죄가 늘어나고 있는데 최근 5년(2018~2022년)간 절도는 특히 더 증가된 수치를 보여 주고 있다. 이 기간 대구에서는 노인 절도 피의자가 2018년 643명에서 2022년에는 1,004명으로 56%로 늘었으며, 경북은 483명에서 920명으로 2배(90.5% 증가)로 높게 나타났다. 사건들을 살펴보면, 편의점에서 라면 한 봉지, 빵 몇 개에서부터 몇 해 전 포항에서는 A(당시 77세)씨가 주차금지용 쇠파이프, 고철, 기계 등을 훔치는 일도 발생했다. 이처럼 부양받지 못하는 노인들까지 생계형 범죄로 내몰리고 있다(경북매일, 2023. 11. 21.).

춘천과 원주에서 60대 노인이 흉기를 휘둘러 위협하거나 다치게 하는 사건이 잇따

3) 노인 범죄는 노인이 가해자가 되는 경우보다 피해자가 되는 경우가 더 많다. 노인 범죄라는 분류가 없어 정확한 실태를 파악하기는 어렵지만, 노인이 피해자가 되는 경우가 월등히 많아 그 비율은 대략 전체의 90% 정도로 추정한다. 노인을 대상으로 하는 범죄의 경우, 개인적으로 부끄럽다거나 가족을 위해 숨기는 경우가 많아 이 비율은 더 높을 것으로 예상한다.

라 발생했다(강원일보, 2023. 11. 15.). 이상동기 범죄가 사회적 문제로 부상하고 있는 가운데 노인들의 칼부림 사건까지 발생하며 시민들의 불안감이 커지고 있다. 춘천경찰서는 특수협박 혐의로 A(68) 씨를 붙잡아 조사 중이다. 경찰에 따르면, A 씨는 춘천시 근화동의 한 아파트 경로당 앞에서 흉기를 꺼내 B(여 · 81) 씨를 위협한 혐의다. A 씨는 술을 마신 상태에서 자신의 가슴 안쪽에 신문지로 포장해 소지하고 있던 흉기로 일면식이 없는 B 씨를 위협한 것으로 알려졌다. 놀란 B 씨가 도망치며 부상을 입지는 않았다. 경찰은 A 씨를 상대로 정확한 사건 경위를 조사 중이다.

원주에서는 60대 남성이 함께 술을 마시던 지인을 흉기로 찌르는 사건이 발생했다. 원주경찰서에 따르면, C(66) 씨가 태장동 자신의 집에서 D(70) 씨와 술을 마시던 중 기분 나쁜 말을 들었다는 이유로 흉기를 휘둘러 D 씨를 다치게 했다. C 씨는 범행 직후 스스로 119에 "살인했다."라고 신고, 출동한 경찰에 의해 현행범으로 체포됐다. D 씨는 큰 부상을 입어 병원에서 수술을 받고 있는 것으로 전해졌다. 경찰은 C 씨를 특수상해 혐의로 조사 중이다.

제 07 장

노인상담의 지침

1 노인과 욕구

욕구(Needs)는 유기체로서의 인간이 내부적으로 어떤 결핍이나 과잉 현상이 생길 때 정상 상태로 되돌아가고자 하는 움직임이 나타난 것으로 이해한다. 욕구가 생리적인 기초를 가질 때 일차적 욕구 혹은 생리적 욕구라고 하고, 문화적인 기초를 가질 때 이차적 욕구 혹은 문화적 욕구라고 구별하기도 한다. 그러나 욕구는 인간에게 있어서 고정된 것이 아니라, 동적인 것이며 새롭게 출현할 수 있는 무한한 가능성을 가지고 있으므로, 그 분류는 무의미하다고 보는 사람도 있다.

매슬로(Maslow, 1965)는 인간의 동기가 작용하는 양상을 설명하기 위해 동기를 ① 생리적 욕구, ② 안전의 욕구, ③ 애정과 소속의 욕구, ④ 존중의 욕구, 그리고 ⑤ 자아실현의 욕구의 5단계로 구분했다. 하나의 욕구가 어느 정도 충족되면 위계상 다음 단계에 있는 다른 욕구가 나타나며, 이를 충족하고자 한다. 가장 먼저 요구되는 욕구는 다음 단계에서 달성하려는 욕구보다 강하고 그 욕구가 어느 정도 만족되었을 때 다음 단계의 욕구로 전이된다.

그런데 노인은 이 다섯 가지 욕구가 동시에 결핍되기 쉽다. 은퇴와 더불어 노인이 겪는 경제적인 어려움은 그들의 생리적인 욕구와 안전의 욕구를 심각하게 위협한다. 또한 신체적인 노화 현상으로 말미암아 질병에 걸리기 쉬우며, 노년기에 발생하는 각종 장애는 생리적인 욕구와 안전의 욕구를 위태롭게 한다. 자녀의 독립과 사회생활에서의 은퇴는 소속의 욕구, 존경의 욕구, 자아실현의 욕구를 위협한다.

여기서는 시몬스(Simmons)가 제시한 노인의 다섯 가지 욕구, 토슨과 와스켈(Thorson & Waskel)이 제시한 노인의 일곱 가지 학습 욕구, 그리고 맥클러스키(McClusky)가 제시한 노인의 다섯 가지 교육적 욕구에 대해 간략히 알아본다.

1) 시몬스가 제시한 노인의 욕구

시몬스(1978)는 모든 문화에 걸쳐 노인에게는 다음과 같은 공통된 욕구가 있다고 보고하였다(Sherron & Lumsden, 1990, 이호선, 2012: 90, 재인용).

(1) 오래 살고 싶은 욕구

노인은 건강하게 오래 살고 싶어 하는 욕구를 가지고 있다. 이런 욕구를 위해 인간은 자신을 돌보고 보호한다.[1]

(2) 여가활동을 즐기고 싶은 욕구

노인은 여가활동을 통하여 삶을 의미 있게 가꾸어 가고자 하는 욕구를 가지고 있다. 은퇴 이후 늘어난 여가는 노년기에 더욱 중요한 개념이다. 늘어난 여가에 대한 관리는 곧 삶의 질의 결정 요인으로 작용하기 때문이다.

(3) 일상에서 벗어나 해방감을 찾고 싶은 욕구

노인은 이전까지 삶의 규율과 일상에서 해방되어 더욱 자유롭게 자기 삶을 즐기고 싶어 한다. 평생을 규율과 조직 속에서 살아 온 노인은 한가로운 삶을 영위하고 삶의 의미를 찾고자 한다.

1) 사람들은 얼마나 오래 살고 싶을까? 미국 컬럼비아 대학교 연구 결과에 따르면, 60세 이상 노인들은 평균수명보다 한 10년 더 살고 싶은 것으로 나타났다. 그러나 이 같은 희망 수명에 대한 열망은 치매, 만성 통증 등에 대한 공포 때문에 속절없이 무너질 수 있다. 이 시나리오에서 교육 수준이 높은 참가자는 교육 수준이 낮은 참가자보다 희망 수명이 더 낮았다(코메디닷컴, 2021. 7. 23.).

(4) 집단 내에서 적극적인 참여자로 계속 남고 싶은 욕구

은퇴 이후에도 조직에 소속되어 느끼고 싶은 욕구는 그대로 유지된다. 집단의 참여자가 되어 노인은 아직도 자신이 쓸모 있는 존재라 느끼며, 사회 구성원으로서의 역할에 만족감을 얻는다.

(5) 명예롭게 물러나고 싶은 욕구

노년기는 자신의 위치를 정확히 확인하는 시기이기도 하다. 노인은 이전 발달 단계에서의 사회적 지위와 역할에서 벗어나 현시점에서 새로운 변화를 맞아야 함을 잘 알고 있다. 따라서 노인은 물러나야 한다면 가능한 한 의미 있고 명예롭게 자신의 역할을 내려놓으려 한다.

2) 토슨과 와스켈이 제시한 노인의 학습 욕구

토슨과 와스켈(1985)은 노인의 욕구를 다음과 같이 제시하면서, 이를 노인의 학습 욕구라고 하였다(Sherron & Lumsden, 1990, 이호선, 2012: 91, 재인용).

(1) 변화에 적응하고 싶은 욕구

노인은 자신의 신체적 · 심리적 · 사회적 · 경제적 변화에 대하여 효율적인 방식으로 적응하여 노년기를 안정적이고 적응적으로 보내고자 한다.

(2) 인간으로서 성장하고 싶은 욕구

노인은 성장이 멈추고 더는 발전이 없는 정체된 존재가 아니다. 노인은 자신을 더욱 발전시키고 성장시키고자 하며, 이 욕구는 계속 진행형이다.

(3) 후세대에 문화를 전수하고 싶은 욕구

노인은 자신이 일구어 온 중요한 업적을 다음 세대에 전하여 후세대에 이바지함으로써 자신의 역할을 수행한다.

(4) 자신의 삶을 조명하고 싶은 욕구

노인은 지난 삶의 의미를 살피고 재조명하며, 성공적이었던 경험을 살피고 실패에 대한 새로운 해석을 시도하면서 삶의 만족감과 자긍심을 고취하고자 한다.

(5) 사회에 통합되고 싶은 욕구

노인은 사회에서 밀려나거나 사회에서 배척된 존재가 아니다. 노인은 사회의 한 구성원으로서 일정한 역할을 수행하고자 하며, 이를 통해 사회적 정체감을 경험하고자 한다.

(6) 독립성을 유지하고 싶은 욕구

노년기에 발생하는 다양한 신체적 · 심리적 · 사회적 · 경제적 · 관계적 차원의 결핍과 결함에도 불구하고 노인은 독립적 인격체로서의 역할을 하고자 한다.

(7) 자신이 다른 사람에게서 수용되고 있음을 확인하고 싶은 욕구

노인은 과거와 비슷한 방식으로 혹은 같은 방식으로 다른 사람과의 관계를 형성하고, 다른 사람으로부터 인정받고 받아들여져 의미 있는 사회적 관계를 계속하고자 한다.

3) 맥클러스키가 제시한 노인의 교육적 욕구

맥클러스키(1981)가 제시한 노인의 교육적 욕구는 매슬로의 다섯 가지 욕구와 비교할 만한 개념이다. 맥클러스키는 '노화에 관한 백악관 회의(white house conference on aging)'에서 노인의 교육적 욕구를 다음과 같이 제시하였다(한정란, 2005, 이호선, 2012: 92, 재재인용).

(1) 환경 적응(혹은 생활)의 욕구

노인은 노화로 말미암아 자연스럽지 못하거나 위축된 기능을 회복하고, 환경에 적응하기 위하여 교육을 받고자 한다. 이 욕구에는 일상생활과 생존에 필수적인 3Rs (Reading, wRiting, aRithmetic: 읽고, 쓰고, 계산하고)와 건강 교육, 수입의 유지, 법률적 조언, 주택의 선택, 가족 적응, 효율적인 여가 선용 등이 포함된다.

(2) 표현적 욕구

노인은 교육을 통하여 어떤 다른 목적을 성취하는 것뿐만 아니라 활동 그 자체가 좋아서 참여한다. 노인은 신체운동과 사회활동을 계속하고 어떤 기술이나 취미를 배우며 새로운 경험을 통해 만족을 얻으려 한다.

(3) 공헌의 욕구

노인은 새로운 교육을 통해 쓸모 있는 사람이 되고, 의미 있는 역할을 찾으려 하며, 다른 사람에게 봉사하고 새로운 능력을 발달시키려 한다.

(4) 영향력의 욕구

노인은 교육을 통해 지역사회를 비롯한 사회 전반에 대해 영향력을 행사하고, 사회적 지지를 보내며 자신의 사회활동에 대한 평가를 받으려 한다.

(5) 초월적 욕구

노인은 교육을 통해 신체적인 젊음과는 비교할 수 없는 중요한 인생의 본질적 의미를 찾고자 한다.

2 상담자의 역할

상담자는 노인 내담자가 기본적인 욕구를 충족하면서 노년기를 통합의 시기로 보내도록 돕는 역할을 한다. 상담 시 상담자의 역할은 노인 내담자에게 상당한 영향을 미친다. 상담자는 상담 시 내담자에게 다양한 반응 유형을 보인다. 그런데 이는 긍정적인 역할로 나타나기도 하고, 때로는 부정적인 역할로 나타난다(이호선, 2012: 94-100).

1) 상담자 반응 유형

상담자가 내담자에게 반응하는 유형은 실로 다양하다. 상담자는 내담자의 문제를 정의하고, 명확히 하며, 내담자 자신의 세계관에 대한 통찰을 증진시킴으로써 상담목표를 달성할 수 있다. 맥도널드와 해네이(McDonald & Haney, 1988/2003)는 이 과정에서 상담자가 내담자에게 보이는 반응 유형을 다음과 제시하였다.

(1) 내용 재진술

내용 재진술은 내담자가 했던 말을 상담자가 내담자가 이해할 수 있는 어휘의 범위 안에서 다시 내담자에게 표현하는 것으로서, 내담자의 표현보다 더 명료하고 구체적으로 말하는 기법이다. 상담자가 내담자 말의 내용과 의미를 반복해서 말하거나 부연하는 것을 말한다. 내담자가 이야기한 것을 다시 내담자에게 말하는 것이지만, 내담자가 사용한 단어와 억양을 단순하게 앵무새처럼 되뇌는 것이 아니라, 상담자 자신의 단어와 억양을 사용한다.

(2) 캐묻기

상담자는 내담자에 관한 사항을 명확히 할 목적으로, 혹은 문제의 초점을 날카롭게 하며 더 적절하고 상세한 자료를 얻기 위하여 내담자에게 정보를 캐묻는다. 상담자는 무슨 말을 해야 할지 몰라 무의미한 질문을 해서는 안 된다. 또한 마치 법정에서 증인을 심문하듯이, 상담자가 이미 도출한 결론으로 내담자를 이끌어 가는 방식으로 해서도 안 된다.

(3) 직면

일반적으로 직면은 첫째, 이전에 한 말과 지금 하는 말이 불일치할 때, 둘째, 말과 행동이 불일치할 때, 셋째, 내담자가 스스로에 대해서 인식하는 것과 다른 사람이 인식하는 것이 불일치할 때, 넷째, 내담자의 말과 정서적 반응이 불일치할 때, 다섯째, 내담자의 말 내용과 상담자가 그에 대해서 느끼는 것이 다를 때 시행한다. 상담자는 내담자가 겪는 실존적 불안이나 실존적 공허감이 그의 궁극적 관심사와 관련되어 있다는 전제에서 그 문제를 진솔하게 직면할 수 있도록 격려한다.[2)]

(4) 감정 반영

내담자의 감정 흐름을 따라 상담자가 함께 느끼는 것과 이러한 느낌을 내담자에게 다시 돌려주는 상호작용을 말한다. 내담자의 감정에 대하여 반영을 하면, 내담자의 감정에 대해서 더욱 깊이 이해할 수 있는 기회가 생긴다. 하지만 이 같은 방법으로 상담자가 감정에 집중하여 반영하는 것만 계속해서 되풀이하는 것은 오히려 내담자가 부적절한 감정에 휩싸이는 위험성이 있다. 상담자는 내담자의 감정에 반영을 하는 것을 통해서 그가 좀 더 정확하게 자신의 감정을 표현하도록 하고 나서, "그러한 상황을 개선시키기 위해서 어떤 노력을 하셨습니까?" 등의 질문을 한다.

(5) 자기 개방

상담자는 자신의 경험과 감정을 내담자와 공유하는데, 이를 자기 노출 혹은 자기 공개라고도 한다. 때로는 이런 경험과 감정이 내담자와 직접 연관되어 있을 수도 있다. 반대로 경우에 따라서는 상담 과정과 관계없는 상담자의 생활과 연관되어 있을 수 있다. 이러한 반응은 내담자에 대한 감정이입과 지지를 목적으로 한 것이어야 한다. 때에 따라서는 이러한 반응이 내담자에게 상황을 직면하는 수단이 되기도 한다.

2) 실존주의 상담자이자 심리치료사인 얄롬(I. Yalom)은 개인이 네 가지 궁극적 관심사, 즉 죽음, 자유와 책임, 존재론적 고독, 무의미성의 각각에 대해 직면할 때 실존적인 준거들에서 나온 내적 갈등의 내용이 구성된다고 보았다. 한편, 얄롬은 죽음에 직면한 암환자들에게 일어났던 몇 가지 개인적 변화를 보고하였다. 환자들은 실존은 지연될 수 없다는 것을 배우고, 사람이 현재에서만 진실로 살 수 있다는 것을 깨달았다. 그래서 죽음 자각 워크숍 등에서 자신의 묘비명이나 사망 기사를 써 보도록 하거나 자신의 장례식을 상상하도록 하여 죽음에 직면해 보게끔 하였다. 이를 통하여 환자는 일상생활의 일부를 구성하고 있는 죽음을 피할 수 없는 운명의 신호로 인식하게 된다(김춘경 외, 2016).

(6) 정보 제공

내담자가 잘못된 정보를 가지고 있다면, 상담자는 자신이 가진 정보를 제공하여 상담 과정을 효과적으로 진행할 수 있다. 예를 들어 발기부전이 나이가 들어감에 따라 자동으로 발생하는 것이라고 생각하는 내담자가 있다고 가정하자. 이때 상담자는 성과 노화에 대한 지식을 제공하여 문제 해결을 촉진할 수 있다.

(7) 요약

요약은 재진술과 본질은 비슷하지만 구분되는 개념이다. 재진술이 전형적으로 한두 문장 정도로 내담자의 말을 그대로 반복하는 것이라고 한다면, 요약은 하나의 문단에 더 가깝다. 상담에서 요약은 마치 작성된 하나의 문서를 정리하는 것과 비슷하다. 내담자의 포괄적인 진술 내용을 증류하여 핵심적인 정보로 만들어 내는 것이다. 즉, 장황하게 확대된 대화에 걸쳐 있는 여러 주제를 함께 묶어낸다. 내담자의 여러 가지 생각과 감정을 간략하게 묶어 정리한다.[3)]

(8) 해석

상담자는 내담자 혹은 토의 중인 특정 쟁점에 대하여 추론하며, 상담을 위해 그 의미를 해석한다. 내담자의 정신적 삶에 관하여 이해한 것을 말로 표현하는 것이며, 내담자에 대해 새롭게 알게 된 사실에 대한 진술이다. 해석하는 과정은 내담자의 핵심적인 문제와 주변 맥락을 충분히 파악하는 것을 전제로 한다.

(9) 침묵

상담자가 잠시 멈추고 내담자가 주제에 대하여 말하거나 상세하게 설명하게 하는 상담자의 수동적 형태로서, 내담자가 말하거나 숙고하는 것을 촉진하는 기법이다. 상

3) 브램머(Brammer, 1973)는 적절한 요약을 통해 얻을 수 있는 몇 가지 효과를 제시했다. 즉, 요약을 통해 내담자가 상담에 적극 참여하도록 워밍업시키고, 산발적으로 드러낸 생각과 감정에 초점을 맞추게 하고, 특정 주제를 종결짓게 하고, 특정 주제를 더욱 심층적으로 탐색하도록 조력할 수 있다. 또한 요약은 새로운 상담을 시작하는 도입 부분, 상담이 막다른 골목에 도달했을 때, 그리고 내담자가 어떤 말을 해야 할지 잘 모르는 경우 적절하게 활용될 수 있다(김춘경 외, 2016).

담자가 내담자의 침묵을 존중하여 얼마만큼 내담자와 행동을 같이하고 귀나 마음을 기울일 수 있는가 하는 것은 상담자의 능력에 달려 있다. 침묵은 내담자를 억압하는 문제로 말미암아 내담자가 출구를 찾지 못할 때 사용한다. 침묵은 내담자는 물론 상담자에게도 깊이 집중할 수 있는 기회가 된다. 또한 논의하고 있는 것의 의미를 포착할 수 있는 기회도 된다.

2) 긍정적 역할과 부정적 역할

노인은 신체 노화와 지적 능력, 그리고 사회 관계의 약화 등으로 다른 발달 단계에 있는 성인보다 상대적으로 의사소통에 어려움을 더 많이 겪는다. 그러므로 노인에게 비언어적 의사소통 사용은 무엇보다 중요하다. 비언어적 의사소통을 잘 이용하고, 노화에 대한 구체적인 지식이 있는 상담자는 내담자를 빠르고 구체적으로 파악하여 상담을 더 성공적으로 이끌 수 있다.

상담자는 내담자의 언어적·비언어적 의사소통 방식을 통해 그들이 자기 자신에 대해, 상담자에 대해, 처해 있는 문제 상황과 상담 과정에 대해 갖는 이해를 파악한다. 즉, 상담자는 내담자의 의미 있는 다양한 신호와 행동을 파악하고 이를 해석하여야 하며, 다양한 비언어적 의사소통 형태를 통합하는 능력을 갖추어야 한다(이호선, 2012: 97-100).

상담자는 점차 통합된 비언어적 의사소통 형태와 언어적 소통 부분을 파악함으로써 내담자에 대한 전체적인 통찰을 얻게 된다. 노인의 비언어적 의사소통 유형으로는 앉아 있는 모습, 말의 속도, 침묵, 상담자를 쳐다보는 시선, 표정, 음색, 어조, 얼굴색, 손발의 움직임, 눈의 시선 고정 정도, 웃는 정도, 찡그리는 정도, 눈물, 시간약속 지키기, 그리고 상황 설명을 위한 동작 등이 있다.[4] 상담자는 내담자의 비언어적 의

4) 이를테면, 내담자의 말에 대해서는 매우 빠르게, 정상적인 속도로, 천천히, 매우 느리게, 매우 크게, 정상적인 음성으로, 부드럽게, 겨우 들을 수 있을 정도로, 과도한 감정으로, 약간의 감정으로, 전혀 감정 없이, 전혀 애정 없이, 능란하게, 더듬으며 등 말에 대한 전반적인 느낌과 표현한 말의 특성을 파악하는 것이 중요하다.

사소통 표현을 파악함으로써 그에게 적절한 환경을 제공해 주고, 말로 표현되지 않는 부분에 나타나는 내담자의 심리적·정서적·인지적 측면을 살필 수 있다.

(1) 상담자의 긍정적 역할

노인의 다양한 욕구와 의사소통 형태를 파악하고 있는 상담자가 원활하게 상담을 이끌어 갈 때 상담자의 긍정적인 역할은 다음과 같다.

- 내담자에 대한 충분한 경청을 통해 내담자 스스로 자아존중감을 향상시킬 수 있도록 한다.
- 내담자가 자기 개방 연습을 하도록 도우며, 자신이 스스로에게 질문하도록 하여 자신을 바라볼 수 있도록 한다.
- 내담자가 가진 자기 방어 기제와 정신적인 긴장감을 없애도록 하며, 현재의 문제를 그대로 받아들이도록 지지·격려한다.
- 내담자가 가진 잠재적인 재원을 밝혀내고, 이를 지원하여 내담자 스스로 자신의 문제를 바라보고 평가하며, 문제를 해결해 나갈 수 있도록 한다.
- 내담자가 노년기의 삶을 긍정적으로 평가하며, 삶의 가치와 사회에 이바지할 점을 찾아내어 스스로 통합성에 이르도록 원조한다.

(2) 상담자의 부정적 역할

상담자가 노인의 욕구를 제대로 파악하지 못하거나 의사소통 형태를 적절히 파악하지 못할 때 노인 내담자가 가진 감정적이고 정서적인 부분에 대한 지지를 제대로 못할 수도 있다. 이럴 때 상담자의 역할은 상담에 부정적인 영향을 미치게 된다. 이를테면 무가치감을 가진 노인에게 자아존중감을 강화해 주지 못하고 지지적인 자원을 제대로 사용하지 못한다면, 내담자는 상담자에게 상처를 받고 자신의 무가치감을 강화한다. 이처럼 미숙한 상담자는 문제 소유권을 내담자가 아닌 상담자 자신이 갖고 상담에 부정적인 영향을 끼칠 수 있다.

상담자가 저지를 수 있는 부정적 역할은 다음과 같다.

- 상담자가 내담자의 문제를 떠맡음으로써 내담자의 문제 해결 능력을 제한하며 의존성을 강화한다.
- 노인의 문제를 사회적·정서적 영역으로만 한정하여 노인의 성공적인 노년을 위한 전반적인 상담 서비스 기능을 상실하게 한다.
- 전지전능감(全知全能減)[5]으로 내담자를 조종함으로써 문제 해결 가능성을 제한하고 내담자에게 무력감을 느끼게 한다.
- 지시적인 태도는 노인의 적절한 의사결정 방향을 제한하고, 내담자에게 불쾌한 감정을 유발하여 상담 진행을 방해한다.

3 상담자의 자세와 태도

상담에서 가장 중요한 도구가 무엇일까? 바로 상담자 자신이다. 이와 관련 이규미(2022: 27-28)는 "상담자는 자기처럼 상담한다."라고 하였다. 이 말은 상담자의 다른 사람에 대한 관심과 정성, 문제 해결 능력, 현실성, 자기 조절 능력, 용기, 도전 의식 등 대인 관계 및 삶에 대한 자세와 역량은 상담 실무에 그대로 투입된다는 의미이다. 상담자는 상담에 영향을 줄 수 있는 긍정적인 요인은 촉진하고, 부정적인 요인은 통제하면서 과정을 이끌어 가야 한다. 또한 상담 관계와 성과에 영향을 주는 상담자 요인에는 상담자의 전문적 지식 이외에 정신 건강 및 인간 성숙도, 상담과 인간에 대한 철학, 그리고 상담 장면에서 내담자를 대하는 태도 등이 포함된다.

로저스(C. Rogers, 1961)는 상담자의 태도와 철학의 중요성을 강조하면서, 상담자의

5) 전지전능감이란 말 그대로 자신이 모든 것을 다 알고, 뭐든지 다 할 수 있는 능력 있는 존재라고 믿는 마음을 말한다. 이 세상에 과연 그런 사람이 있을까?

기본 태도로 진솔성, 무조건 긍정적 존중, 공감을 제시하였다. 이는 많은 상담자에게 내담자를 대하는 태도의 기본 지침이 되고 있다. 또한 상담자의 태도, 즉 내담자를 대하는 태도, 내담자의 문제를 대하는 태도, 상담 과정 중 장해에 부닥쳤을 때의 태도 등은 내담자에게 모델링(modeling)이 되어 상담 효과로 나타난다.[6)]

이규미(2022: 27-35)는 상담자의 자세와 태도를 다음과 같이 제시하고 있다.

1) 진솔함의 유지

상담자는 내담자와의 관계에서 자신의 가상적인 자아상을 버리고 진솔함을 유지하여야 한다. 특히 초보 상담자에게 상담 과정과 방법은 평소의 자신과 다른 자아상을 요구할 수 있다. 그래서 "상담자는 이래야 한다."라고 생각하는 가상적 상담자의 모습으로 행동하고자 할 때가 있다. 이러한 모습은 내담자와의 순수한 접촉에 방해가 되며, 관계를 겉돌게 만드는 부정적 요인으로 작용한다. 상담자의 행동은 어떤 틀에 맞춰서 만들어지는 것이 아니라, 상담자로서의 전문성이 몸에 배어들면서 자연스럽게 형성된다. 또한 모든 관계에서 그렇듯이 진솔함을 잃지 않아야 내담자가 이를 느끼고 순수하게 다가온다.

많은 경력 상담자가 내담자와 잘 풀리지 않는 상담 장면에서 이를 극복하는 방법으로 자신을 활용하곤 하는데, 그 활용 방향은 '지금-여기'에서의 진솔한 자기 느낌이나 생각에 기초해서 반응하는 것이다. 초보 상담자가 경력 상담자만큼 자신의 느낌이나 생각 등에 대해 자기 확신을 가지고 이를 중요한 판단의 자료(예컨대 전이 또는 역전이에 대한)로 활용하는 데는 한계가 있을 수 있다. 그러나 초보 상담자 역시 내담자를 대하는 태도에서 진솔성을 잃는다면 순수한 접촉은 이루어지지 않고, 상담 관계도 형성되지 않으며, 회기 중 내담자를 탐색하기는커녕 자신마저 잃어버릴 위험에 놓이게 된다.

상담자가 너무 젊다고 전문성을 의심하는 노인 내담자를 만났다고 가정해 보자.

6) 상담 효과를 가져오는 요인에는 상담자뿐만 아니라 내담자의 자질, 상담자와 내담자 간 상호작용을 비롯해 상담 외적인 사건 등 다양한 요인이 작용한다.

"어머, 상담 선생님이 왜 이렇게 젊어요?" 이런 질문은 노인상담에서 흔히 들을 수 있는 말이다. 상담자가 그런 말을 듣고도 못 들은 척하고는 상담자의 본분을 내세우며 무슨 일로 오셨는가, 젊어도 자격증을 가지고 있는 상담자이니까 걱정하지 마시라고 은근히 힘주어 대하거나, 신청서에 있는 어떤 기록을 빌미 삼아 진행을 강요한다면 상황이 어떻게 될까? 상담자와 내담자 사이에는 불신과 내적인 불쾌감, 그리고 긴장감이 감돌 것이다. 따라서 이를 해결하지 않고서는 상담이 제대로 진행되지 않을 게 뻔하다.

> 상담자: 제가 젊어서 많이 실망하셨나 봅니다.
> 내담자: 인생 경험도 많지 않으실 텐데 제 말을 이해하실지….
> 상담자: 물론 저는 ○○ 씨보다 세상 경험이 많지 않고, 모든 상황을 제 경험을 통해 이해하기는 어려울 겁니다. 그러나 상담자 훈련을 충실하게 받았고, 지금도 도움 되는 상담자가 되기 위해 모든 부분에서 열심히 공부하고 있습니다. 우선 ○○ 씨의 말씀을 들어봐도 되겠습니까?

물론 호소 내용을 듣는 동안 상담자가 보이는 일상적인 만남과는 다른 행동, 즉 경청, 수용, 공감, 그리고 문제에 대한 이해 등에서 내담자는 상담자의 전문성에 대한 신뢰를 경험할 수 있을 것이다. 상담 초기 내담자는 일상적으로 경험했던 사람들과는 다른 상담자의 태도와 반응을 통해 전문적 신뢰를 경험하게 되며, 이러한 신뢰가 상담 동기를 높이는 긍정적 요인이 된다.

> 상담자: 역시 제가 지금까지 경험해 보지 못한 복잡한 상황이 얽혀 있네요. 그러나 ○○ 씨께서도 제게 도움을 주실 수 있을 것 같습니다. ○○ 씨의 협조가 크게 도움이 되거든요. 예를 들면, … (내담자의 역할 소개 등)….

2) 순수한 관심 유지

상담자는 자신이 유능한 상담자가 되고자 하는 개인적 동기를 점검하고, 내담자를 돕고자 하는 순수한 관심을 유지한다. 상담자는 다른 사람의 복지와 안녕을 위해 일하는 사람이다. 이는 노인상담에서도 다를 바 없다. 사실 상담은 하면 할수록 앞서 말한 이런 마음 없이는 불가능한 일이다. 우선, 초보 상담자가 순수한 관심 이전에 직(職)이나 기술로 다른 사람을 움직이려 한다면 자원이 제한적일 것이다. 이럴 때 더욱 빛을 발하는 것이 내담자를 돕고자 하는 순수한 관심과 상담에 대한 열정이다. 설혹 기술이 부족해도 내담자를 돕고자 노력하고 애쓰다 보면 무엇이 필요한지에 대한 안목이 넓어지기 마련이다.

한 개인을 향한 관심과 그에게 도움이 되고자 하는 열정 없이 상담자의 길을 가는 것은 고된 일이 될 것이다. 상담자가 된다는 것은 필연적으로 길고 긴 학습과 수련기간, 끝이 없는 연찬과 자기 성찰의 추구, 상담의 모호하고 불확실한 과정에 직면해 나가는 것이다. 그러나 상담자의 길에 들어서기 전 많은 사람이 상담의 실제적인 면보다는 아름다운 환상과 욕구를 갖고 있는 경향이 있다.

카틀러(Kottler, 2010/2014)에 따르면, 상담자가 되고자 하는 동기에는 자신을 온전하게 이해하고 싶고 다른 사람에게 이해받는 느낌을 갖고 싶은 것, 다른 사람에 대한 통제감을 잃지 않으면서 경험하는 친밀감을 누리기 위한 것, 다른 사람의 삶을 깊이 들여다보고 사람에 대해 많이 알고 있는 전문가로서 존경받는 것 등이 포함되어 있다(이규미, 2022: 31, 재인용).

상담 관계에서 힘의 평등은 변화에 결정적 요인이다. 다른 사람에 대한 통제감은 상담자로서 존경받는 위치에서 일하고, 다른 사람에게 영향을 미치는 의미 있는 작업을 하며, 상담 회기 중 상담자라는 상대적으로 유리한 위치에 있는 것 등에 만족하려는 욕구와 관련될 수 있다. 상담자는 이러한 동기를 자각하고 내담자가 더 많은 힘을 사용할 수 있도록 조절해 나가야 한다. 어떤 상담자는 노인과 같은 약한 내담자를 대할 때 이어지는 질문으로 내담에 대한 정보를 요구하는 식의 면담을 전개하기도 한다. 이때 상담자는 내가 질문하면 당신은 답해야 한다는 식으로 힘을 행사하고 있다. 내담자는 겨우 짧은 답변만 하면서 상담자와 멀어지거나 상담자의 처분만 기다리는 수동적 태도에 길들여진다. 이러한 행동은 상담자가 (자신의 동기나 의도를 점검하지 못한 채) 힘을 함부로 행사하는 행위이며, 내담자 상황에 대해 이해하거나 공감하지 못하기 때문에 벌어지는 일이다.

3) 지각과 자기 점검 기능 활용

상담자는 상담 장면에서 내담자뿐만 아니라 상담자 자신, 그리고 두 사람 사이의 상호작용 모두에 지각을 분산시켜 내담자의 지각을 공유하고, 상담자 자신의 경험에서 정보를 구하며, 두 사람 간 상호작용에서 면담이 어떻게 진행되고 있는지 파악하면서 조율해 나간다. 초보 상담자는 이렇게 다각적인 지각활동 하나하나에 주의를 기울여야 한다. 하지만 초보 상담자는 한 가지에 초점을 맞춰서 지각하는 것도 힘들 때가 있다. 그러나 시간의 흐름에 따라 점점 경력이 쌓이면 다른 분야의 전문가들과 마찬가지로 이러한 활동은 거의 자동적으로 일어난다. 초보 상담자 대부분은 내담자보다 자신에게 더 많은 주의를 기울이고 있다. 자신의 반응을 생각하고, 자신의 수행에 대해 불안해하면서 내담자를 놓치기도 한다.

초보 상담자가 보이는 이러한 특징에도 불구하고 앞의 세 가지 요소(내담자, 상담자, 두 사람 사이의 상호작용) 모두에 의식적인 주의를 기울이는 노력과 훈련을 해야 한다. 이러한 지각과 관련하여 상담자는 '지금 우리는 무엇을 하고 있는가? 어떻게 가고 있는가?' 등과 같은 질문을 던질 수 있다. 이때 상담자는 아주 짧은 시간 멈춰서 자신이 가는 방향을 둘러보고, 계속 진행하는 것이 좋은지, 조율을 해야 하는지를 판단하면서 가야 한다. 상담이 원활하게 진행되지 않을 때 혹은 내담자와의 관계에서 장애가 느껴질 때 이런 멈춤과 점검은 매우 중요한 개선의 기회가 된다.[7)]

상담자는 회기 동안 내담자에게 도움이 되는 행동과 언어를 사용하는데, 이때도 자기 관찰을 하여야 한다. 상담 회기 중 긴장감을 경험하는 상담자는 자신의 지각을 사용하고 행동과 언어를 선택할 때 마치 피아노 건반과 건반 사이를 조심스럽게 옮겨가는 피아노 견습생처럼 천천히 신중하게 반응하여야 한다. 이런 연습의 결과는 연주

7) 이런 기회는 상담 회기 중 매우 빠른 속도로 진행될 수도 있지만, 회기 밖에서도 상담 과정을 평가하는 데 도움이 된다.

실력이 점점 좋아지는 것에 비유할 수 있다. 상담자의 진솔성은 기본이고, 그 진솔한 자기 느낌이나 생각 중에서 상담 진행에 도움이 되는 반응을 선택해서 내담자에게 표현해야 한다.

4) 불확실성과 모호함의 수용

스코브홀트와 스타키(Skovholt & Starkey, 2010)는 상담과 치료 작업의 특징은 혼란스럽고 모호하므로, 상담자는 평생 늪처럼 복잡한 인간의 현실을 수용하면서 지혜를 쌓는 작업을 하는 것이라고 했다. 또한 초보 상담자는 이러한 불확실성 가운데 어떤 확실성을 찾고자 노력하는 모습을 보이지만, 성숙한 상담자는 이러한 불확실성을 그대로 수용하는 가운데 더 훌륭한 작업을 해 나가고자 노력하는 것이 두 상담자의 차이라고 말한다(이규미, 2022: 33, 재인용).

인간과 인간사회의 복잡함은 상담자가 평생 숨 쉬면서 사는 공기와 같다. 그런데 이러한 특성을 인내하지 못하거나 확실한 것으로 바꾸고자 하면 상담은 내담자의 것이라기보다 상담자의 지식이나 경험에 따른 제한적인 것이 되고, 이를 잘 인지하지 못하는 상담자는 조바심을 내게 된다. 이는 내담자 중심의 상담으로 극복할 수 있다. 내담자가 내놓은 자료에 충실하고, 상담자가 내담자를 끌어당기는 역할을 하는 등 약간의 지도력을 발휘할 때조차 내담자로부터 나온 충분한 근거에 기초하면 큰 무리가 없다.

내담자와 많은 상담 회기를 가진 후에도 내담자에 대해 알지 못하는 부분이 있고, 생소한 '다름'의 측면에 직면할 수도 있으며, 긍정적이든 부정적이든 의도하지 않은 변화가 나타나기도 한다. 이러한 점은 상담자를 혼란에 빠트릴 때도 있지만, 한 개인과 함께하는 작업의 매력이기도 하다. 간혹 충분한 답이 나오지 않는 어떤 국면은 그대로 놓아둔 채 앞으로 나아가다 보면, 그것과 관련된 또 다른 어떤 것이 발견되어 그 국면을 이해하는 것과 연결되기도 한다. 이러한 시기적인 문제는 상담자뿐 아니라 내담자의 준비도와 관련된다. 상담은 상담자와 내담자 모두의 이해가 있어야 하기 때문에 양자 모두 충분히 무르익은 시점을 기다리는 지혜를 발휘해야 한다.

5) 자율성의 존중

상담자는 상담 성과에 이바지하는 내담자의 힘을 믿고, 내담자의 자율성을 존중해야 한다. 얄롬(Yalom, 1995)은 "심리치료의 과제가 건설, 재건설, 조종 및 형성하는 것이 아니고 촉진, 성장의 장해물을 제거하는, 항상 그 사람 안에 있던 것을 풀어 놓을 수 있도록 돕는 것"[8]이라고 강조하고 있다. 호나이(Horney, 1950: 17)는 "한 개의 도토리가 한 그루의 참나무로 성장하는 것은 가르칠 필요도, 사실 가르칠 수도 없다. 그러나 기회가 주어지면 내재되어 있는 잠재력이 발현될 것이다. 이와 마찬가지로 한 개인에게 기회가 주어지면 그는 특유의 잠재력을 발달시켜 나가는 경향이 있다. 그는 진정한 자기의 고유하고 생생한 힘을 계발해 나갈 것"이라고 인간의 자기 실현 가능성에 대해 기술한 바 있다(이규미, 2022: 34, 재인용).

상담 현장에서 만나는 내담자는 발달적 · 상황적 · 직업적 · 대인관계적 · 심리적 · 적응적 문제 등을 경험하고 있다. 하지만 대부분 정상 범주 내의 사람들이다. 즉, 상담 초기일수록 내방의 계기가 되는 문제로 말미암아 내담자의 진정한 자기, 잠재력, 내적인 에너지를 감지하기 어려운 상태에 있다. 하지만 상담 진행과 함께 문제나 혼란으로부터 더욱 자유로워지면서 이러한 긍정적인 면이 살아나는 것을 실감할 수 있다. 상담자가 내담자의 부정적인 측면을 고정된 상태로 보느냐 또는 잠재되어 있는 더욱 긍정적인 면을 기대하고 이러한 것이 발현될 수 있도록 기회를 제공하느냐는 이후의 상담 성과에 영향을 미친다.[9] 따라서 상담자는 문제로 말미암아 혼란을 겪는 상담 초기에서조차 내담자를 믿고, 자신과 문제 상황에 대한 전문가로 대접하면서 협조를 이끌어 내고, 더 많은 자기 결정의 기회를 주어야 한다.

8) 로저스(1980)의 『존재의 방식(A Way of Being)』에 덧붙인 얄롬의 서문에서 인용한 글로, 본 서문의 저작권 연도는 저서의 출판 연도와는 다른 1995년이다.

9) 실제로 상담이 잘 진행되면 내담자는 생활 속에서 회기에서 다룬 것 이상의 진전을 거두어 온다. 상담 성과의 많은 부분이 이러한 내담자의 자원에서 비롯된다.

4 상담 시 전이와 역전이

전이(Transference)란 내담자가 과거의 중요한 대상과의 관계에서 경험했던 감정이나 환상을 상담자에게 치환하는 것을 말한다. 내담자는 상담 상황에서 어린 시절 자신의 삶에 중요한 역할을 했던 사람에 대한 감정을 상담자에게 투사하는데, 내담자는 자신의 감정 반응을 인식하지 못하는 것이 일반적이다. 전이는 일반적으로 내담자의 아동기 시절 중요한 다른 사람과의 미해결 과제의 산물이다. 전이는 과거의 반복일 뿐만 아니라 과거에 시도하지 못했던 행동을 체험하는 기회가 되기도 한다. 내담자가 과거의 대인 관계에서 미해결 경험을 이해하고 현재 상담 관계를 통해 해결할 수 있도록 하는 분석의 중요한 단서다. 상담자는 내담자의 해결되지 않은 이러한 갈등을 상담자에게 재연할 수 있도록 상담환경을 조성하고, 내담자가 더 효과적이고 기능적인 방식으로 그것을 다룰 수 있도록 도와준다(http://www.koreanpsychology.or.kr).

전이는 상담 과정에서 내담자가 상담자에게 표출하는 강한 정서적인 반응으로서 내담자는 현실적 상황과는 무관하게 행동한다. 상담 과정이 진행됨에 따라 내담자는 아동기에 경험했던 감정이나 갈등을 무의식으로부터 의식의 표면으로 떠올리기 시작하며 정서적인 퇴행을 나타낸다. 내담자는 사랑, 성, 분노, 불안 등과 관련된 초기 생애에서의 갈등을 상기하고, 그것에 관련된 정서를 현재에서 재경험하는 가운데 상담자에게로 표출한다. 내담자의 억압된 무의식적 환상이 현재 상담 과정에서 무의식적으로 재연된다. 예를 들어 내담자가 과거에 엄격하고 애정이 없는 아버지와의 관계에서 해결되지 못했던 감정을 상담자에게 전이시키면 상담자는 내담자의 눈에 엄격하고 애정이 없는 사람으로 보인다.

전이에는 두 가지 유형이 있다. 먼저, 긍정적 전이 혹은 양성적 전이란 상담자에게 우호적이고 친밀한 감정을 갖는 것이며, 그 밑바탕은 성애적(性愛的)이다. 성애 전이는 내담자가 상담자에게 성적 욕구를 느끼고 노골적으로 성에 대해 묘사한다. 유아기 때 어머니에 대해 느꼈던 감정과 같이 무의식의 대상에게 느끼는 좋은 감정을 상담자에게 느끼는 경우다. 반면, 부정적 전이 혹은 음성적 전이란 상담자에게 공격적이고 불신감을 갖는 것이다. 적대적인 감정은 부정적 전이의 산물이지만, 내담자가 상담자를 좋아하게 된다거나 상담자의 사랑과 인정을 받으려고 할 때에는 긍정적 전이가 나타난다.[10)]

전이와 반대로 내담자의 전이로 말미암아 상담자가 내담자에게 일으키는 반응을 역전이(countertransference)라고 한다. 역전이는 내담자를 싫어하는 감정이나 내담자에 대한 과도한 애착 또는 내담자의 일에 지나치게 관여하는 것으로 표현된다. 역전이는 상담자의 갈등에 의한 왜곡된 관념이 내담자에 의해 발달해 내담자에게 투사되는 것이다. 상담자의 이러한 왜곡된 반응은 상담의 효과를 저해한다. 상담자는 자신의 신념과 욕구, 태도가 상담 관계의 형성은 물론 상담 과정에 영향을 준다는 것을 자각하고 역전이를 객관적으로 처리할 수 있어야 한다.

가장 빈번하게 발생하는 역전이는 상담자가 내담자에 대한 정보를 탐색하는 것을 회피하는 것이다. 내담자의 이야기에 주의를 집중하지 않아 내담자의 말을 듣지 못하는 것이나, 내담자에게 적절한 질문을 하지 못하는 것이 이에 해당한다. 상담자가 상담 시간에 늦거나 상담 약속을 잊거나 상담을 취소하는 것 또한 회피로 볼 수 있다. 내담자를 향한 상담자의 과잉행동은 역전이의 신호다. 상담 시간이나 횟수를 과하게 늘리거나 자신의 개인 생활을 희생하면서 내담자의 요구를 들어주기 위해 노력하는 것, 내담자가 자신에게 과도한 요구를 하도록 유도하는 것 등이 이에 해당한다. 또한 특정 내담자에 대한 이야기를 많이 하거나, 특정 내담자에 대한 생각이 많아지는 것 역시 역전이의 징조다. 역전이는 무의식적인 공격적 충동으로 상담자가 내담자를 괴롭히는 행동으로 나타날 수 있으며, 특정한 내담자를 생각할 때 불안해지거나 특정한

10) 긍정적 전이와 부정적 전이가 함께 존재하는 경우를 양가성(ambivalence)이라고 한다. 실제 상담 과정에서는 긍정적 전이와 부정적 전이가 대립되고 포함되는 양가적 전이가 많이 나타난다. 예를 들어 내담자가 상담자에게 연애 감정과 같은 호의나 친밀함과 더불어 원망과 질시라는 양가적 감정, 즉 상호 대립적 감정을 표출하는 경우가 그것이다.

증상을 지닌 내담자를 상담하기 어려운 것도 역전이 반응에 속한다.

상담자가 부모를 비롯한 권위적인 인물에 대해 가진 무의식적 감정이 내담자를 통해 역전이를 일으킬 가능성도 있다. 적대적이거나 권위적인 내담자를 대할 때 상담자는 내담자를 효과적으로 도울 수 없을 것이라고 예측하는 경우가 이에 해당한다. 이러한 반응은 상담자가 성장 과정에서 경험한 부모 혹은 권위적인 인물과의 해결하지 못한 무의식적 갈등으로 말미암아 발생하며, 상담자는 그 원인을 인식하지 못할 수 있다.

특히 젊은 상담자는 노인 내담자를 상담하는 과정에서 역전이를 경험할 수 있다. 연로한 내담자가 상담자에게 자신의 자녀에 대한 감정을 투사하면, 상담자는 내담자의 전이에 영향을 받아 사랑스러운 자녀가 되고 싶었던 자신의 무의식적인 소망을 투사하는 역전이 반응을 보이게 된다.

전이와 역전이를 분석하는 것은 정신분석의 주요 기법이다. 상담자는 전이를 통해 내담자가 잘못 인식하고 해석하는 부분을 이해하도록 도와 내담자가 왜곡된 관계를 재편성하도록 도와야 한다. 또한 분노나 사랑과 같은 강력한 감정이 내담자로부터 상담자에게 투사되었을 때 발생하는 역전이를 통해 내담자의 불안 원인이 되는 억압된 충동을 발견하고, 이를 없애도록 활용해야 한다. 이처럼 역전이를 긍정적으로 활용하는 상담자의 능력을 '역전이 관리 능력'이라고 하는데, 일반적으로 상담자의 경력이 증가함에 따라 이 능력도 함께 발달한다(http://www.koreanpsychology.or.kr).

5 상담의 과정

상담의 과정은 정형화되어 있을까? 엄격히 말해서 이에 대한 명확한 규정은 없다. 즉, 상담의 과정은 '이렇다.'라고 정해진 틀은 없다. 그 이유는 상담의 전체 회기 수도 다르고, 진행 방식도 상담자나 내담자 혹은 상담 여건에 따라서 달라질 수 있기 때문이다. 그럼에도 상담의 과정은 상담자와 내담자가 만나 상담 관계를 맺고 당면 문제를 다루고, 목표를 달성하고, 종결에 이르는 일련의 절차라야 한다.

이러한 상담의 과정을 이해하는 것은 상담자의 길을 안내하는 지도를 지참하는 것처럼 중요하다. 지도는 대략의 그림을 제시해 주지만, 그 지도를 해독하고 길을 변경하고, 지도에 미처 담겨 있지 않은 내용을 발굴해 가며 종결에 이르는 것은 상담자와 내담자의 몫이다. 즉, 일반적인 상담의 과정에 대한 다음과 같은 이해가 되어야 하기 때문이다. 첫째, 상담에 대한 전체 그림을 그리고, 상담의 본질을 이해하는 데 도움이 되어야 한다. 둘째, 어떻게 상담 성과에 이를 수 있는지 그 과정을 이해할 수 있어야 한다. 셋째, 실제의 상담 장면에서 다양하게 변형되고, 구체적인 상담의 과정을 고안하고 적용하는 데 기본 지침이 되어야 한다.

여기서는 일반적인 상담의 과정을 제시하며, 각 과정에서 어떤 작업이 이루어지고, 각 과정은 어떻게 연결되는지 간략하게 살펴본다. 편의상 상담의 과정을 초기, 중기, 종결 단계로 나누어 설명한다. 이렇게 나누는 이유는 각 단계의 특징이 있고, 그에 따라 상담자가 다루어야 할 과제가 있기 때문이다(이수연 외, 2021: 104-114; 이규미, 2022: 35-40).

1) 초기 과정: 내담자 이해와 상담의 구조화

상담 초기는 내담자와 상담자가 만나 내담자의 호소 내용을 듣고, 내담자의 문제를 대략적으로 이해하고 목표를 수립하고, 이러한 목표에 도달하기 위한 초기 계획을 수립하는 단계이다. 또한 가장 중요한 초기 과정의 요소는 내담자와 상담자 간에 신뢰와 상호 협력을 바탕으로 하는 상담 관계 형성으로, 이는 이후 상담 과정의 계속 여부뿐 아니라 원활한 진행에 기초가 된다.

상담자를 찾게 된 내담자는 당면 문제와 관련된 호소를 하고 상담자는 이러한 자기 개방을 격려하고 공감하면서 진행을 촉진하거나 호소 내용과 관련된 맥락을 살펴볼 수 있는 정도의 질문으로 초기 과정을 진행한다. 내담자는 있는 그대로 수용되고 존중받는 경험을 하면서 점차 자기 개방에 대한 용기를 가지게 되며, 그 과정 중에 북받치는 감정을 경험하고, 아주 작은 통찰을 경험하기도 한다. 이러한 경험은 상담자를 찾은 것에 대해 안도하게 하고, 자신을 수용하면서도 중요한 부분에 초점을 맞추는 상담자의 전문적 태도에 신뢰를 느끼게 한다.

이처럼 상담자의 태도는 일상적인 만남, 즉 친구나 동료, 가족 구성원과는 다른 것으로 내담자가 상담에 대해 준비하고 동기를 갖게 하는 중요한 요소가 된다. 또한 상담자는 비밀 보장, 상담자의 역할 및 내담자 협력의 중요성 등을 안내하는 구조화를 통해 내담자가 상담에 친숙해지고 협조적이 되도록 안내한다. 상담자는 내담자의 현재 호소 문제를 들을 뿐만 아니라 관찰, 심리평가 과정 등을 통해 내담자와 그의 문제에 대한 정보를 수집하고, 이를 조직화해서 내담자에 대한 전반적인 이해, 즉 사례개념화를 한다. 상담자는 초기 몇 번의 상담을 마친 후 촉진적 관계가 얼마나 잘 이루어지고 있는지를 돌아보며 평가하여야 한다. 촉진적 관계에서 중요한 것은 내담자의 태도 자체가 아니라, 상담자의 태도에 대한 내담자의 자각이다. 촉진적 관계를 평가할 때는 상담자 자신에게 다음과 같은 질문을 할 수 있다.

- 나는 내담자가 말한 것을 이해했고, 내담자는 내가 이해했다는 것을 알았는가?
- 나는 내담자의 문제를 그의 관점에서 보았는가?
- 내담자는 내가 수용적으로 대하고 있으며, 따뜻한 관심을 나타낸 것을 전달받았는가?
- 내담자가 말하기를 꺼리는 것이 있는가? 있다면 그것이 상담 관계에서 무엇을 의미하는가?
- 내담자의 가치관, 신념, 의지 등이 나와 다른가? 그러한 차이 때문에 내가 수용적으로 대하려는 것에 지장이 있었는가?
- 상담하는 동안 나 자신에게 솔직했고, 내담자를 성실하게 대했다고 자신할 수 있는가?

- 나는 적절한 때 전문적 태도로 내담자에게 도움을 주었는가? 그리고 그가 자기를 도울 수 있는 전문적인 상담자로서의 나를 받아들였는가?

그리고 이를 바탕으로 상담 목표[11]와 진행 계획을 수립한다. 상담 목표를 설정하는 이유는 다음과 같다. 첫째, 내담자가 호소하는 문제와 관련된 상황이나 행동을 탐색하거나 조정하도록 돕는다. 둘째, 내담자가 상담에 적극적으로 참여하도록 돕는다. 셋째, 상담의 전략이나 기법을 선정하는 데 중요하다. 넷째, 상담의 진행 과정을 알 수 있고 상담의 종결을 결정짓는 데 중요하다. 다섯째, 상담자와 내담자에게 상담의 방향을 제시해 준다.

상담 초기의 목표와 계획은 초기 이해를 바탕으로 한 잠정적인 것으로 추후 내담자에 대한 더 많은 정보와 이해, 그리고 상담자의 판단에 따라 수정 가능하다. 초기의 내담자 이해와 목표 및 계획 수립은 이후 상담이 더욱 초점화된 것으로 진행될 가능성과 관련이 있다. 상담자는 목표와 계획에 따라 적절한 시점에 내담자와 소통하면서 협력을 구한다. 이러한 의사소통은 내담자와 상담자가 어떤 목표를 가지고 어떤 길을 가는지 상호 이해하면서 협력해 가는 데 도움이 된다.

2) 중간 과정: 변화의 촉진과 개입

상담의 중간 단계에 접어들었을 때 내담자와 상담자는 내담자의 자기 개방과 사적인 비밀까지 공유하는 친숙한 관계인 동시에 상담 목표를 향해 가는 구조화된 관계로 발전해 있다. 초기 당면 문제를 호소하며 혼란스러워하던 내담자는 이제 자신이

11) 상담 목표에는 여러 가지 유형이 있다. 내담자의 관점에서 바라본 목표는 일차적 목표, 이차적 목표로 구분할 수 있다. 일차적 목표는 내담자가 호소하는 문제에 초점을 두고 일상생활의 적응력을 향상시키는 것이다. 예를 들면, 우울함을 호소하는 내담자의 목표는 우울함을 경감시키는 것이 상담 목표가 되고, 나아가 효과적인 대인 관계를 형성하는 데 도움을 준다. 따라서 일차적 목표는 내담자가 지닌 증상의 감소 또는 제거, 문제 해결이라 할 수 있다. 이차적 목표는 내담자가 지닌 무한한 가능성과 잠재력을 발휘할 수 있도록 성격을 재구조화하여 인간적으로 발달하고 성숙해지는 데 도움을 주는 것이며, 때로는 성장 촉진적 목표라고도 이야기한다.

도달하거나 넘어야 할 목표가 무엇인지 이해하며 초점화된 상담에 익숙해져 있다. 상담자는 내담자에 대한 깊은 이해를 바탕으로 그를 존중하고 공감하지만 동시에 내담자가 더 깊이 탐색하고, 해결해야 할 문제가 무엇인지 알고 있는 단계이다.

내담자는 상담 장면을 안전하게 느끼면서 더 많은 개방을 하고, 그 결과 초기에 경험했던 북받치는 감정 수준을 뛰어넘어 더 깊은 수준의 감정을 경험할 수 있다. 중간 단계에도 경청과 지지, 비판적인 수용, 깊은 공감만으로 통찰에 이르는 내담자도 있다. 그렇지만 직면, 피드백, 즉시성과 같은 더욱 도전적인 기술을 사용하여 내담자의 자기 탐색과 통찰을 촉진한다. 이러한 도전적인 기술의 사용은 지금까지 쌓아 온 신뢰 관계, 내담자가 상담자 및 상담 과정에 대해 느끼는 안정감, 내담자의 준비 등이 갖추어져야 효과적이다. 내담자는 지금까지 자신의 문제와 관련된 자기 지각, 대처전략 등이 비효율적이고 자기 파괴적일 때조차 익숙했던 방법으로부터 변화를 가져오는 것에 대해 저항할 수 있다.

상담이 효율적으로 이루어지면 내담자는 통찰과 자기 결정에 기초하여 변화를 위한 시도를 하게 된다. 통찰만으로 자기 변화의 방향을 정하고, 행동으로 실천하는 내담자도 있다. 하지만 변화해야겠다고 생각은 하지만 기술이 부족하여 상담자의 도움 없이는 변화가 어려운 내담자도 있다. 이때는 내담자와 협력하여 새로운 대안을 발굴하고, (내담자의 감정 자각 및 비합리적 신념이나 인지적 왜곡에서 벗어나기 위해) 행동 문제를 개선하기 위한 더욱 적극적인 개입 전략을 세우고, 새로운 행동 실천을 위한 연습 기회를 제공하여야 한다. 또한 내담자의 책임감과 자기 지도력을 촉진해 나가면서, 내담자는 지금까지와는 다른 관점에서 자신과 외부 세계를 바라보고 새로운 문제 해결 방법을 학습하고, 이를 실천해 나간다. 이러한 내담자의 관점 변화, 새로운 통찰, 그리고 문제 해결력의 향상은 상담실을 찾게 된 당면 문제는 물론 다양한 다른 문제 해결에까지 영향을 미쳐 상담실에서 다루는 범위를 뛰어넘는 개선이 나타나기도 한다.

3) 종결 과정: 종결의 결정과 성과 다지기

내담자는 상담자를 찾아왔을 당시의 문제로부터 정서적 안정감을 느낄 수 있을 만큼 자유로워졌을 뿐 아니라, 자신과 주변 세계를 바라보는 관점의 변화, 문제 해결의 자신감을 갖고 여유로워지면서 다양한 종결 신호를 보낸다. 상담자는 내담자가 나타내는 종결 신호뿐만 아니라, 상담 목표 달성에 대한 평가에 기초하여 종결 시기를 결정하고 종결을 준비한다. 물론 종결 결정은 상담자의 일방적이지 않아야 한다. 내담자의 준비 정도를 고려하고, 이에 대해 내담자와 충분한 의견 교환을 하여야 한다.

내담자와 상담자는 오랜 기간 정기적으로 만났고, 서로 협력하는 가운데 문제를 해결하였다. 따라서 매우 의미 있는 시간을 나눈 관계를 정리하면서 복합적인 이별 감정을 느끼곤 한다. 내담자 대부분은 상담자와의 이별에 대해 아픔을 경험하지만, 동시에 독립적인 삶에 대한 기대와 희망도 가지게 된다. 특히 상실과 이별에 대한 상처를 가슴에 안고 있는 경우 내담자는 물론 상담자도 과거의 아픈 감정을 반복 경험할 수 있다. 이때 상담자는 의미 있는 관계를 성숙하게 마무리짓는 사람의 모델이 되어야 하며, 자신에게 이별에 대한 어려움이 있는 것으로 확인되면 이를 해결해야 한다.

종결을 앞두고 상담 과정을 개관하면서 어떤 변화가 어떻게 나타났으며, 특히 내담자의 공헌이 무엇인지 점검하는 과정이 필요하다. 이를 통해 내담자는 자신의 변화를 재인식하고, 자신의 변화에 대해 긍정적인 가치를 두며, 자부심을 느끼게 된다. 상담자의 도움뿐 아니라 자신의 이바지가 중요했고, 앞으로 이러한 이바지에 대한 자신감을 되새기게 된다. 또한 앞으로 상담 종결 후에도 나타날 수 있는 잠재된 문제, 재발 가능성에 대해서, 그리고 그런 경우의 대처전략에 대해서도 논의한다. 물론 그러한 대처전략에는 상담자를 다시 찾는 방법도 포함될 수 있다.

종결 후 점검을 위한 추수 상담도 약속하고, 꼭 필요할 때는 상담자를 다시 찾을 수 있다는 상담 재개의 기회를 열어 둔다. 내담자가 성공적인 상담 과정을 경험했다면 다시 상담이 필요할 때 자신을 잘 알고 있고, 잘 도와줄 것으로 믿는 상담자를 다시 찾을 수도 있다. 이때에도 상담자로서 내담자를 돕기 위해서는 다중 관계

(multiple relationship)[12]를 가져서는 안 된다. 상담 종결 후 경우에 따라 도움이 되는 다른 치료 방법이나 집단상담 등을 추천할 수도 있지만, 선택과 결정은 내담자의 자율에 맡겨야 한다.[13]

12) 다중 관계는 내담자와 상담자의 상담을 위한 관계 이외의 목적으로 이루어진 관계를 말한다. 상담자와 내담자가 치료적인 관계뿐만 아니라 친인척, 사업 동반자, 친구, 이성 관계 등 다른 역할의 관계가 중복되어 있는 상황을 말한다. 이는 상호 관계를 정립하지 못했거나 윤리적이지 못할 수 있으므로 각별히 조심해야 한다.

13) 이처럼 종결 과정에도 매우 중요하고 많은 과제가 관련되어 있어서 종결 시점이 다가오면 신중한 계획을 세우고 회기를 운영하여 순조로운 종결이 이루어지도록 해야 한다.

제 08 장

노인상담 기법

1 의사소통 기법

의사소통 기법이란 내담자가 편안한 마음으로 자신의 내면을 상담자에게 드러내도록 하는 기법이다. 일반적인 상담 기법으로 언어적 · 비언어적 커뮤니케이션(communication) 기법, 질문하기와 경청하기, 공감과 자기 노출, 나 전달법(I-Message)[1] 등이 있다. 대화적 관계에서 형성되는 열린 의사소통의 핵심은 내담자가 자신의 어떠한 경험도 상담자에게 자유롭게 이야기할 수 있다고 느끼는 것이다. 또한 정직한 만남 안에서 상담자의 반응을 공개적으로, 그리고 기꺼이 의사소통하려고 하는 것이 중요하다. 그런데 노인은 지나치게 자기 주장이 강하거나, 자신을 표현하고 이해하는 데 미숙한 경향이 있다. 이는 노인의 감정 표현이 익숙하지 않기 때문이다.

다른 사람과의 좋은 관계를 형성 · 발달시키는 데 중요한 하나의 요건은 상대방이 전달하고자 하는 의사를 정확히 이해하려고 노력하는 것이다. 우리가 지각하는 것은

1) 나 전달법이란 '나'를 주어로 하여 자신의 생각과 감정을 솔직하게 표현하는 방식으로, 아이 메시지(I-message)라고도 한다. 상대방의 행동에 초점을 맞추어 그 행동에 대해 비난하고 평가하는 의사소통 방식은 '너 전달법'이라고 하는데, 너 전달법은 갈등 상황에서 해결에 큰 도움을 주지 못하는 경우가 많다. 하지만 나 전달법을 사용하면 상대방의 기분을 상하지 않게 하면서 자신의 주장을 분명하게 전달할 수 있어 갈등 상황에서 서로를 이해하고 문제를 해결하는 데 도움이 된다. 나 전달법을 통해 의사를 전달하면 상대방에게 문제 행동의 책임을 묻고 행동을 비난하는 대신 문제 해결을 위한 최종 결정권을 주게 된다. 따라서 의사 표현에 다소 감정이 실리더라도 상대방이 감정에 따라 수동적 · 방어적인 자세로 일관하는 양상은 줄어들게 된다.

각자의 경험을 바탕으로 하기 때문에 흔히 왜곡된 지각일 수 있다. 그래서 다른 사람과의 좋은 관계를 맺으려면 그들의 느낌이나 경험을 이해하고 있는가를 알아보기 위해서는 자신의 지각을 탐색하고 확인하여야 한다.

상담자가 이러한 기법을 사용하기 위해서는 언제, 무엇을, 얼마나 많이 개방해야 하는지 그 정도를 아는 것이 중요하다. 그리고 내담자의 관계를 동등하게 만들어 불필요한 권력의 불균형이 일어나지 않도록 만드는 것도 필요하다. 한 사람이 다른 사람을 도와주는 역할을 할 때 생기는 자연적인 권력의 불균형은 내담자를 진실이 아닌 방향으로 몰아가거나, 설득시킬 수 있기 때문이다.

2 회상 기법

회상은 개인적으로 의미 있는 과거 경험을 생각하거나, 그 경험을 현실 문제와 연관시키는 것으로, 말로 진술하는 구술, 글로 적는 서술, 그리고 혼자 과거를 되돌아보는 명상 등이 이에 해당한다. 회상의 긍정적 측면은 자신의 과거를 평가하여 현재를 수용하고 태도를 변화하는 노력을 할 수 있다. 즉, 부주의나 태만 따위에서 비롯된 잘못이나 허물을 살펴 그에 대한 기억과 화해하고 용서, 현재의 심리적인 갈등 해결, 과거와 현재 문제로 갈등하던 가족과의 화해 등을 할 수 있다.

회상 기법이란 내담자에게 자신의 지난날을 회상하면서 늙어가는 과정을 수용하게 하고, 자아존중감을 유지할 수 있게 하는 기법이다. 그런데 이 기법의 한계는 시간 소요가 많고, 회한에 젖어 실망감에 빠질 수도 있다. 이러한 단점에도 불구하고 회상 기법은 개인상담과 집단상담 모두에서 긍정적인 결과가 나타난다. 특히 지지집단이 형성되는 집단상담에서 회상 기법은 노인들에게 중요한 상담 기법으로 활용된다.

루이스와 버틀러(Luwis & Butler, 1974)는 숨겨진 기억을 밝혀내려고 회상 기법을 사용하였는데, 여기서 더욱 효과적인 인생회고 과정을 이끌어 내었다. 이 기법은 세대와 세대를 연결시켜 준다. 이 기법을 통하여 노인은 자신들의 인생에 대한 창조적인 작업을 할 수 있다. 또한 젊은이는 자신들이 노년이 되었을 때 도움이 될 수 있는 정보와 통찰력을 얻을 수 있다(Papalia & Feldman, 1989, 이호선, 2012: 131-132, 재인용).

주요 회상 기법은 다음과 같다(이호선, 2012: 132-134; 김춘경 외, 2016, http://www.hakjisa.co.kr; 김희수, 2022: 196-203).

1) 가계와 족보

가계(家系)라는 개념은 가족 구성원의 출생이나 사망과는 독립적으로 과거에서 미래로 이어지는 집안이라는 것을 상정할 때 생겨난다. 그것은 단순한 피의 계승에 의한 관계라기보다는 오히려 제도로서 가족의 유지와 계속에 내재하는 관계의 연계(連繫)를 의미한다. 따라서 가계를 밝히는 일은 개인에게 역사의 연속성을 느끼게 해 주고, 자신이 역사의 어느 지점에 서 있는가를 알려 준다. 또한 얼마나 많은 가족 구성원이 사망했는가를 앎으로써 죽음의 두려움을 완화하고, 죽음을 원만하게 준비하는 데 도움이 된다. 노인들이 선친이나 일가 친인척의 묘지를 방문하고, 관련 마을의 기록물을 찾아보고, 교회 등 종교단체의 기록물을 조사하는 일 또한 가계를 밝히는 활동이다.

한 가문의 계통과 혈통 관계를 적어 기록한 책, 즉 가계를 기록한 책을 족보(族譜)라고 한다. 가계의 영속과 씨족의 유대를 존중하는 사회에서는 족보를 중요하게 여긴다. 족보가 본격적으로 만들어진 것은 조선시대였지만, 고려시대에도 씨족, 세계도, 가첩 등 고문서 형태의 족보들이 있었다. 조선시대에 들어와 유교가 점차 보편화되면서 체계적인 족보가 필요하게 되었는데, 체계적인 족보는 사가(私家)보다 왕실에서 먼저 편찬하게 되었다. 족보는 조상을 숭배하기 위한 것이기도 하다. 양반들은 족보를 통해 혈연적인 결속력을 강화하고 하층민과의 차별성을 강조할 수 있었다. 조선시대에 족보를 가진다는 것은 그 자체가 양반임을 의미했다.

2) 중요 인물들과의 재회

사람들은 초 · 중 · 고교 또는 대학 · 대학원 동창 모임이나 가족 모임, 종교단체나 시민단체 등의 모임에서 친구나 인생에서 중요한 사람들을 보면서 자신을 돌아볼 수 있는 기회를 가진다. 이는 노인도 마찬가지다. 이처럼 과거에 서로 희망이나 상처를 주고받았던 사람들과의 재회를 통해 자신의 현재 가치를 느껴 볼 수 있고, 자신의 삶의 보람을 얻도록 시도하는 데 큰 도움이 된다.

3) 보관해 온 자료와 물건 살피기

노인이 보관해 온 물건은 보통 자신들의 인생에서 특별하고 즐거운 기억을 담고 있다. 대개 보관해 온 물건을 다시 꺼내어 보고 이와 관련된 기억을 특별한 자신만의 방식으로 재구성하고, 재경험할 수 있다. 사진첩이나 스크랩북, 오래된 편지, 사진 등을 촬영한 비디오 자료 등에 관해 이야기함으로써 노인들이 오랫동안 잊고 있었던 사건을 기억할 수 있다. 이를 통하여 정서적으로 과거를 재경험하게 되면, 그동안 삶의 소용돌이에서 까맣게 잊었던 친구나 친지들에 대한 관심이 다시 살아날 수 있다.

4) 생애 순례 여행

노인은 자신들이 태어나고, 아동기 · 청년기 · 성년기를 보냈던 곳으로 여행을 떠남으로써, 자신들의 과거와 만날 수 있다. 지난 행로를 시기별로 나누어 기억해 보고, 이 시절로 되돌아가 봄으로써 해결하지 못한 과거 감정과 화해할 수 있다. 생각을 정리하기 위해서 방문하는 곳마다 사진을 찍고 기록하는 것도 좋다. 현실적으로 이와 같은 작업을 하기가 어렵다면 지금까지 그곳에서 살고 있는 사람들과 직 · 간접적으로 접촉하는 것도 좋은 방법이다. 이것 또한 실행하기가 어려우면 기억을 최대한 살려서 기억 여행을 떠나는 것도 한 방법이다.

5) 자서전의 저술

자서전(自敍傳)은 자신의 일생을 소재로 스스로 짓거나, 남에게 구술하여 쓰게 한 전기를 일컫는다. 자서전 서술에는 주요 사건과 이에 관련된 사람, 경험 등이 중요하다. 여기서 상담자는 자서전에 서술하지 않은 어떤 것을 찾아보아야 한다. 예컨대 성공적 인생을 살았다고 자타가 공인하는 한 노인은 자서전에 자신의 어린 시절을 언급하지 않았다. 이상하게 여긴 상담자가 이에 대해 조심스럽게 물었을 때 노인은 눈물을 보이며 다음과 같이 대답하였다.

> "나의 어린 시절은 나를 버린 부모에 대한 증오심만 있었어요. 지금 내가 이만큼 성공한 것은 그 증오심 때문이고요. 성공을 통해 어디에선가 나를 지켜볼 내 부모에게 상처를 주고 싶은 마음이 아니겠소. 그런데 어디에 살아 계시다면 지금 백 살이 넘는데 지금까지 살아 있겠어요. 이렇게 생각한 나 자신이 부끄러워 차마 자서전에 토해 낼 수 없었어요."

6) 역사적 경험을 통해 얻은 정체감에 대한 관심

노인은 자신들이 겪어 온 역사적 경험을 통해 얻은 정체감을 확인하고, 이를 다음 세대에 전달할 수 있다. 예컨대 전쟁 경험, 가난의 경험, 성공 경험, 정치적 변화의 경험, 가문의 전통, 그리고 세계 속의 한국인으로서의 자부심 등 자신들이 물려받고 경험했던 전통과 교훈을 기억하고, 이를 자라나는 다음 세대에 전수할 수 있다.

7) 일생의 업적 정리

노인은 자신들이 세상에 이바지했다고 여기는 일을 정리하는 것 자체로도 통합감을 느끼는 계기가 된다. 지난 시절 자신이 이룬 각 분야에서의 업적을 구체적으로 적어 봄으로써 자신이 이 세상과 다음 세대에 의미 있는 이바지를 했다는 성취감을 가지게 된다. 노인 일부는 자신들이 정리한 결과물을 수필집, 시집, 미술 작품, 음악 앨범 등으로 발표하기도 한다.

3 가족 조각 기법

가족 안무 또는 공간적 은유 기법라고도 하는 가족 조각 기법은 과거의 어느 시점에 가족이 경험한 감정이나 느낌을 동작과 공간을 이용하여 비언어적으로 표현하는 기법을 말한다. 가족 조각 기법은 경험적 가족 치료에서 가족이 경험했던 과거의 사건을 재조명하기 위해 사용하는 기법이다. 가족 치료의 어머니라 불리는 사티어(V. Satir)는 가족 조각 기법을 즐겨 사용했는데, 조각을 통해 내담자 가족의 대처 방식을 표현할 때 힘의 상태는 수직적 위치로, 친밀감은 수평적 거리로 표현하도록 하였다.

노인 내담자는 조각가가 되어 가족 구성원들에게 자세를 취하게 한다. 내담자는 자신을 중심으로 가족 구성원들과 그들이 하고 있는 일, 익숙한 장면 등을 조각품처럼 배치하는 '조각'을 한다. 다음으로 내담자는 그 그림 안으로 들어가서 그 속에 있는 가족 구성원(실제로는 집단 구성원)에게 하고 싶은 말을 하거나 느낌을 물어보는 등의 활동을 한다. 이 기법은 다음과 같이 변형하여 활용할 수도 있다. 즉, 두 사람씩 짝을 지어 서로의 가족 가운데 한 사람이나 자신에게 중요한 가족을 만들게 한다. 이때 그 인물의 표정, 자세, 사건 등을 상세하게 만든 다음 서로 대화를 한다.[2)]

가족 구성원들의 배치도는 하나의 관계망을 확연하게 드러내어, 노인이 가족 구성원들과 형성하는 관계망과 감정적 관계 거리를 가시화한다. 이때 상담자는 구성된 가족 구성원들의 조각 상태에서 노인 내담자에게 자신의 감정을 있는 그대로 표현하도록 한다. 또한 배치된 가족 구성원들도 자신이 있는 자리에서 자신의 느낌을 허심탄

2) 가족 외에 직장이나 친구 등 자신에게 특히 의미 있다고 생각되는 집단의 조각을 만들 수도 있다.

회하게 표현하도록 한다. 가족 구성원들의 말을 모두 듣고 나서 내담자는 자신의 생각을 정리하면서 자신이 원하는 가족 구조 형식대로 가족 구성원들을 다시 한번 배치한다. 그리고 가족 구성원들은 내담자가 배치한 새로운 배치 형태에 대해 각자의 느낌을 다시 한번 표현하게 한다. 이 과정에서 가족의 역동성이 가시화되는데, 구체적으로 가족의 의사소통 유형, 권력구조, 경계선, 소속감, 개념화, 규칙, 그리고 가족체계의 융통성 정도가 파악된다. 그 이외 가족 조각에서 나타나는 가족 간 물리적 거리, 얼굴과 신체 표정, 그리고 자세로 가족 관계, 동맹, 감정, 스트레스를 받을 때의 대처 방법 등을 알 수 있다.

가족 조각 기법은 가족 구성원들이 자신의 감정을 폭발시키거나 말로 애써 표현하지 않고도 가족의 문제에 대한 자신의 견해를 자유롭게 표현할 수 있다는 장점이 있다. 다시 말해, 감정을 말보다 행동으로 표현할 때 실제에 더 가까우면서 분명하게 드러낼 수 있고, 그동안 다른 가족 구성원에게 표현하지 못한 감정을 쉽게 드러내도록 해 준다. 가족 구성원들은 조각하기 작업을 통해 각자 자신이 조각한 그림을 보여주며 그 차이를 인식하고, 이러한 지각은 가족 구성원들 간의 좀 더 깊은 이해와 수용, 개방을 할 수 있는 기회가 된다.

가족 조각 기법은 사이코드라마(psychodrama)[3]에서도 많이 활용되고 있다. 사이코드라마에서는 주로 준비 단계에 사용하는데, 가족 사이에 갈등이 있는 경우에 더욱 유용하다. 이 기법을 사이코드라마에서는 '살아 있는 가족 그림'이라고도 하며, 내담자(주인공)와 보조자아(auxiliary ego)[4]가 가족 조각을 만든다. 실행 방법은 다음과 같

3) 심리극(心理劇)이라고도 한다. 특히 극의 주제가 사적인 문제를 취급할 때만 사이코드라마라고 하고, 공적인 문제를 주제로 할 때는 소시오드라마(sociodrama)라고 한다.

4) 보조자라고도 하는 보조자아는 심리극에서 주인공에게 중요한 영향을 주는 다른 사람의 역할을 담당하는 것을 말하다. 보조자아는 무생물, 반려동물, 감정적으로 위탁된 대상, 주인공의 심리극과 관련 있는 것 등의 역할을 연기한다. 즉, 보조자아는 주인공이 가르쳐 준 중요한 다른 사람에 대한 정보를 토대로 역할을 맡아 연기를 한다. 또한 보조자아는 최소한 초기에 주인공이 제안한 지각 대상을 연기하거나 주인공과 보조자아 간의 상호작용을 탐구하여 그 관계를 해석하는 기능을 한다. 다시 말해, 보조자아는 주인공의 워밍업을 돕고, 주인공의 연기를 강하게 만들며, 주인공을 비추어 준다.

다. 먼저 집단 구성원들에게 자기 가족의 모습을 떠올리게 한 뒤, 주인공에게 보조자 아나 집단 구성원을 자기 가족 구성원이라고 생각하고 무대 위에 가족의 모습을 배치하도록 한다.

4 문장 완성 기법

문장 완성 기법이란 문장완성검사(Sentence Completion Tests: SCT)를 통해 노인 내담자의 가치관과 고민 및 해결 방식, 여성관, 남성관, 가족 관계, 노인 자신도 의식하고 있지 못한 자아상에 대해 직·간접적인 정보를 제공하는 것을 일컫는다. 문장완성검사는 '내가 만일~', '나는 ~을 원한다.' 등의 30~50개로 구성된 미완성 문장에 적절한 말을 추가하여 완전한 문장을 만들게 하는 검사다. 앞부분에 문항이 제시되면 내담자가 뒷부분을 자유롭게 완성하면 되는데, 정답이 없기 때문에 떠오르는 대로 자유롭게 작성하게 된다.

문장완성검사는 일반적인 투사적 기법 중 하나로 분류한다. 문장은 그림과는 또 다른 심리적 표현의 언어적 기능을 다룬다. 진행하는 동안 조용한 음악을 틀어 주어도 좋고, 검사지를 집에서 해오도록 해도 무방하다. 심사나 시험이 아니므로 모든 문항에 대해 응답하며, 솔직하게 대답하도록 한다. 다른 검사로 내담자가 현재 우울하거나, 갈등 상황에 놓여 있거나, 스트레스를 많이 받고 있는 것이 드러났다면, 문장완성검사를 통해 더욱 구체적인 내용을 확인할 수 있다.

이처럼 우리는 문장완성검사라는 작은 도구를 통해 복잡한 심리 세계의 한 조각을 엿볼 수 있다. 하나의 문장을 통하여 노인이 어떤 생각을 품고 있는지, 어떤 가치를 중요하게 생각하는지, 무엇이 노인에게 행복을 주는지를 나타내 줄 수 있다는 사실은 정말 신기하지 않는가? 이러한 검사를 통해 노인은 더 깊이 있는 자기 이해와 성장을 이루어 낼 수 있다. 자주 사용되는 단어와 문장 패턴에서 비롯된 노인의 성향과 경향성을 파악하고, 더 나은 삶을 위한 방향을 고민해 볼 수 있다.

문장완성검사의 장점은 상대적으로 객관적인 결과를 얻을 수 있다. 하지만 언어의 해석은 주관적일 수 있으므로 해석할 때 특별히 주의해야 한다. 결과를 과도하게 해석하거나 단순히 무시하지 않아야 한다. 편견이나 선입견을 갖지 않아야 하고, 다양한 요소를 함께 고려하고 조심스럽게 다가가는 것이 중요하다. 또한 이러한 검사는 단순한 퍼즐 조각에 불과하다는 것을 기억하고, 다른 자료와 함께 종합적으로 판단해야 한다. 인간은 끊임없이 변하고 성장하는 존재이기 때문에 검사 결과는 단지 순간의 일면을 반영한다는 것을 명심해야 한다.

5 심리극 기법

심리극이란 개인의 갈등 상황을 연기로 표현하여 문제의 심리적 차원을 탐구하고 다루는 활동을 일컫는다. 의사와 환자 간의 일방적 치료 관계가 아니라 연극처럼 환자들의 자발적인 참여를 통해 심리적 변화를 이끌어 낼 수 있다고 여긴 정신과 의사가 있었으니, 그가 바로 모레노(J. Moreno)다. 심리극(사이코드라마)은 모레노가 창안하고, 게슈탈트 이론가 펄스(F. Perls)가 발전시킨 심리요법이다.

심리극은 정신분석의 영향을 받았지만, 그와는 달리 쌍방향의 관계성을 가지는 방법을 이용한다. 다시 말해, 심리극은 '지금-여기'에서 일어나고 있는 인간 관계의 상호작용을 중시하는 집단 심리치료법이다. 심리극의 특성은 첫째, 인지적·언어적 차원뿐만 아니라 신체동작에 따른 행동 차원까지 포함하는 인간의 모든 차원을 이용하고 있다. 둘째, 자신의 생각이나 느낌을 행위화하려는 무의식적인 욕구를 충족시켜 준다. 셋째, 인간의 개인성뿐만 아니라 사회성과 집단성을 강조하면서 사회 내의 여러 역할에 중점을 두고 있어 대인 갈등을 쉽게 다룰 수 있다. 넷째, 구체적이고 현실적인 참여의 측면에 중점을 둔다.

모레노는 1912년 대선배인 프로이트와의 만남을 그의 자서전에서 이렇게 회상했다(하지현, 2016). "나는 프로이트의 강의를 들었다. 그가 꿈의 분석에 대한 강의를 끝내고 나서 나를 지목하며 질문했다. 나는 그에게 '박사님은 진료실이라는 인공적인 공간에서 환자를 만나지만, 저는 길거리나 그들의 집처럼 자연스러운 환경에서 만날 겁니다. 박사님이 꿈을 분석한다면, 저는 그들이 다시 꿈꿀 수 있게 용기를 줄 것입니다.'라고 대답했다."

이전까지의 심리치료는 암시를 이용한 최면술이나 몸을 비스듬히 기대어 휴식할 수 있는 소파(couch)에 누워 자유연상을 통해 언어로 치료하는 정신분석이 주류였다. 그런데 심리극은 의사와 환자가 일대일로 진행하는 것이 아니라 비슷한 문제를 가진 사람들이 집단으로 참여하고, 말이 아닌 행동으로 표현하도록 한다는 점에서 이전의 치료법과 확연히 달랐다. 그렇다고 해서 기존의 정신의학적 접근과 완전히 동떨어진 것은 아니었다. 치료적 중재로 개인의 심리가 변할 수 있다는 가정은 프로이트의 기본 입장과 같았다. 또한 미리 준비된 내용을 다루지 않고 즉흥성과 자발성을 기반으로 드라마를 풀어낸다는 점에서는 '먼저 말하고 나중에 생각'해야 인식하지 못했던 무의식이 의식으로 표출된다는 정신분석 개념과 비슷했다.

이 기법의 요소는 주인공(protagonist), 연출자(director), 보조자아(auxiliary ego), 관객(audience), 무대(stage)이며, 이러한 요소로 전개되는 줄거리가 없는 즉흥극(卽興劇)으로 진행된다. 무대 위에는 주인공(내담자), 보조자아, 연출자가 올라가고, 관객들이 둘러앉는다.

일반적인 역할극은 다음과 같이 구성하여 진행한다.

첫 번째 단계는 '워밍업(warming-up)'이다. 게임 등으로 참여자들이 긴장을 풀고 자발적으로 드라마에 빠질 수 있도록 하면서, 드라마에서 자신의 문제를 이야기할 주인공을 뽑는다.

두 번째 단계는 주인공으로 뽑힌 사람이 무대 위로 올라와 자신의 갈등을 행동으로 옮기는 '액팅 인(acting in)'으로 역할극의 핵심 단계다. 이때 연출자는 '보조자아'를 적절히 활용하면서 주인공 마음 안의 두려움, 갈등, 갈망, 불안 등을 표현할 수 있도록 도와주고, 자신의 내면을 돌아볼 수 있는 기회를 제공한다.[5] 총 진행을 맡은 연출자는 주인공의 핵심적 문제를 간파하여 극의 중심으로 끌어들이고 주인공이 무대 위에서 자발성과 창조성을 마음껏 발휘하도록 이끈다. 지나치게 감정에 휩싸여 현실감각을 잃지 않으면서 충분히 극에 몰입할 수 있도록 하며, 연출자의 직접적 지시나 제안이 아니라 주인공 본인이 직접 깨달을 수 있도록 돕는 가장 중요한 지도자적 역할을 한다.

세 번째 단계는 마무리로 주인공과 관객, 그리고 연출자 등이 모두 그날 경험한 감정을 나누며 교감하고 공감하는 '셰어링(sharing)'이다. 그동안 했던 역할에서 벗어나기, 경험을 나누며 대화하기, 가져가야 할 내용과 느낀 것에 대한 피드백을 주인공, 보조자아, 관객들이 함께 나눈다.

심리극 기법으로는 혼자서 자신의 감정과 상황을 이야기하는 독백(soliloquy) 기법, 주인공이 자기 자신의 느낌, 환상, 현실을 연기해 보는 역할놀이(role playing) 기법, 상상의 인물과의 대화를 유도하는 빈 의자(empty chair) 기법, 거울에 비추듯 자신을

5) 여기에서 보조자아가 흥미로운 역할을 한다. 주인공이 극을 풀어 나갈 때 실제 주변 인물이나 상상 속의 인물을 대신 보여 주고 행동을 함께 해줄 사람이 필요한데, 보조자아가 그 역할을 한다. 대개 역할극에 능숙하고 연기 경험도 있는 사람이 보조자아를 맡는데, 주인공이 쉽게 상황에 몰입할 수 있게 지원하고 주인공 자신의 상상과 생각, 감정을 재경험하도록 행동으로 돕는다.

돌아보는 거울(mirroring) 기법, 자신의 가장 소중한 것을 찾아서 다른 것과 바꿔 보는 과정에서 통찰을 얻는 마술 상점(magic shop) 기법, 보조자아가 내담자와 함께 행동하며 내담자의 심리를 보여 주는 이중자아(double technique) 기법, 다른 사람의 얘기를 등 뒤에서 들어보는 등 뒤(또는 등 보이기, behind your back) 기법, 죽음에 대한 공포를 완화시키고 죽음 상황을 재현해 보는 죽음과 부활 장면(death and rebirth scene) 기법, 미래의 상황을 현실에 재연해 보는 미래투사(future projection) 기법, 죽음 이후의 상황에서 현재 상황과 심리를 파악하는 심판의 장면(judgemental scene) 기법, 공유(sharing) 기법 등 수십 가지의 기법이 개발되어 있다.

다음 상황은 연극의 한 장면일까? 아니다. 연극이자 치료인 심리극의 한 장면이다(하지현, 2016; http://www.hakjisa.co.kr).

관객석의 조명이 꺼지고 극장 안이 어두워졌다. 무대 위에 조명이 켜지자, 작은 의자 하나만 덩그러니 놓여 있었다. 연극을 이끌 연출자가 관객 중 한 여성을 무대로 초대해 빈 의자에 앉혔다. "어떤 문제가 마음에 제일 걸리시나요?"라고 연출자가 묻자 그 여성은 "아무리 노력해도 어머니와 편안해지지 않아요. 오랜만의 가족 모임에서도 처음에는 반가운 마음에 기분 좋게 식사하지만 결국 어머니와 싸워요."라고 대답했다. 연출자는 주의 깊게 듣더니 "그래요? 그렇다면 어머니와 식사 자리가 어땠는지 한 번 볼까요? 자, 나와 주세요!"라고 했다.

무대 뒤에서 한 명의 배우가 등장했고, 연출자가 다시 말했다. "자, 이 분을 어머니라고 생각하고 그날의 일을 한 번 재연해 볼까요?" 관객과 배우는 즉흥적으로 연기를 시작했고, 그 모습을 지켜보던 연출자는 대화를 중단시키고 다시 지시했다. "여러분들도 보셨죠? 이번에는 반대로 해볼까요? 어머니의 입장이 되어 보는 거예요." 관객이 어머니가 되고 배우가 딸이 되어 같은 상황을 재연했다. 극 안에서 연출자의 지시에 따라 생각과 감정을 나눴던 관객은 자연스럽게 어머니의 마음을 이해하고 공감할 수 있게 되었고, 한편으로 내면에 숨어 있던 분노와 서운함, 기대감과 실망감을 들여다볼 수 있었다. 이는 무대에 올라온 관객만의 변화가 아니었다. 이 상황에 공감하며 극에 참여한 다른 관객들도 뭔지 모를 동질감을 느끼며 감정적 변화와 깊은 울림을 경험했다.

1) 독백 기법

독백(獨白) 또는 모놀로그(monologue)는 연극에서 한 등장인물이 혼자 말하는 대사이다. 희곡, 영화와 같은 극적인 매체의 범위에서뿐 아니라 시와 같은 극적이지 않은 매체에서도 흔하게 볼 수 있다. 독백 기법은 내담자 혼자서 숨겨진 생각과 감정을 말하는 기법이다. 말이 없는 노인 혹은 상담자와 내담자 간의 대화 도중에 침묵이 자주 발생할 때 사용하는 기법이다. 이 기법에서는 단순히 무슨 생각을 하고 있느냐고 물어보지 않고, 방금 스쳐 지나간 생각이나 느낌 같은 것-비록 그것이 말하기 곤란한 내용이라 하더라도-을 그대로 이야기할 수 있을지를 묻고, 내담자 혼자 말하도록 한다.[6)]

독백은 연출자가 주인공 내면의 생각이나 느낌을 드러낼 필요가 있다고 보거나 중요한 장면에 들어가기 전에 시행한다. 특히 특정 행동 후에 일어나는 감정을 표현하는 데 효과적이다. 주인공이 극에서 맡은 역할을 하면서 보인 행동 가운데 생각과는 달랐던 행동이나 느낌을 직접 말로 표현할 수 있다. 이 기법은 특히 대인 관계에서 실제적 사건과 그것을 바라보는 주인공의 견해에 차이가 있을 때 객관적 사실과 주관적 관점의 차이를 현저하게 보여 준다. 여기서 중요한 점은 연출자에게 자신의 심정을 설명해서는 안 되고 혼잣말을 하도록 해야 한다는 것이다.

독백 기법은 극에 대한 저항감, 두려움, 불안 등을 표현할 수 있도록 하여 극에 부정적인 역할을 할 수 있는 감정을 없앨 수 있다. 또한 극을 마무리할 때 현재 심정을 떠오르는 대로 말해 보도록 하면 주인공은 극에 대한 경험을 정리할 시간도 갖게 된

6) 집을 드나들 때 드는 생각, 문득문득 생각, 친구나 또래를 만났을 때 드는 생각, 다른 사람과 이야기하던 생각, 상담실에 처음 와서 상담자를 만났을 때 느꼈던 점, 그리고 과거 이야기 가운데 당시에는 특별한 반응을 보이지 않았던 문제에 관해 독백할 수도 있다.

다. 게다가 독백은 대화체 형식에서는 표현되지 않았던 혼자만의 생각을 말로 표현함으로써 스스로 마음의 소리를 듣는 효과도 있다. 이 기법을 변형하여 이중자아와 함께 걸어 다니면서 독백을 할 수 있고, 주인공이 반려동물에게 말을 할 수도 있으며, 빈 의자와 만나거나 미래의 자아 또는 성격의 다른 일면과 만날 수도 있다. 특히 치료적 독백은 심리극에서 대화 도중에 고개를 돌려 자신의 내면의 느낌을 표현하도록 한다. 이는 주인공의 감정 표현을 고조시키고 촉진시키기 위해 주로 사용한다.

예컨대 다음과 같은 경우다.

> "방금 남편에 대해 이야기하셨는데, 그 이야기를 하는 도중에 머리에 스쳐간 어떤 생각이나 느낌 같은 것이 있었는지요? 그것이 어떤 것이었는지 말씀해 보시겠습니까? 이야기 도중이라도 얼핏 다른 생각이나 느낌이 떠올랐다가 다시 사라지는 것이 있었는지요? 그런 것에 대해 이야기해 보시겠습니까?"

2) 역할놀이 기법

역할극 혹은 역할연기라고도 하는 역할놀이는 주인공 자신의 역할이 아니라 다른 사람의 역할을 대신하면서 자신의 갈등이나 문제에 접근하는 기법이다. 이 기법은 자의식이 유난히 강해 무대에서 자신을 나타내는 것을 주저하는 주인공에게 주로 사용된다. 여기서는 자신의 문제를 다른 사람의 문제처럼 접근하여 해결을 모색하는 과정에서 자신의 문제를 더욱 객관적으로 볼 수 있고, 문제가 자신이 생각하고 있는 것처럼 그렇게 심각하지 않다는 것을 깨닫게 해 준다.

역할놀이는 치료 목적으로 다른 사람의 역할을 해 보거나, 이상적으로 되고 싶은 사람처럼 직접 행동을 실행해 보도록 하는 절차를 말한다. 특정 역할에 대해 자발적이고 자유롭게 시행하는 체험학습 방법이다. 내담자에게 자신이 이상적이라고 생각하는 사람처럼 행동할 것을 요구하고, 피드백이 제공되며, 그 과정에서 통찰과 공감이 출현한다. 역할연기에서는 내담자 자신의 잘못된 생각들이 다른 사람과의 관계에 어떤 영향을 미치는지를 보여 주기 위해 불쾌한 감정을 경험하는 상황을 연출하기도 하고, 자신이 되고 싶은 모습을 직접 행동으로 옮겨 보게끔 한다.

집단 치료에서는 역할연기 상황을 설정하여 다른 구성원과 함께할 수 있다. 집단의 다른 사람은 문제를 가진 내담자가 되며, 내담자는 그 사람과 이야기를 한다. 또한 구성원들이 사회에서 해 보고 싶은 특정 행동을 다른 구성원과 꾸며 볼 수도 있다. 이처럼 역할연기는 특정 상황을 설정하여 역할을 시험적으로 시도해 보고, 그 과정에서 문제점을 파악하거나 바람직한 행동을 습득하도록 만든다. 그리고 행동 기법으로서의 역할연기는 감정의 발산보다는 주장 행동을 연습하는 데 주로 사용된다.

한편, 역할놀이의 한 기법으로 상담실습과 사회적 기술 훈련에서 자주 이용되는 역할 바꾸기(role reversal) 기법이 있다. 역할 바꾸기는 한 개인이 다른 사람의 입장이 되어 행동하는 일을 일컫는다. 이 기법은 사이코드라마와 소시오드라마(sociodrama, 사회극)[7]뿐만 아니라 부부나 가족상담, 개인상담, 집단상담 등에서 서로 역할이나 지위를 교환함으로써 더 큰 감정이입이 일어나게 한다. 이 과정을 통하여 서로에 대한 이해, 자기 자신의 행동과 위치가 다른 사람에게 미치는 영향력이 어떠한지 등을 더 깊게 이해하는 기회가 된다. 이 기법은 서로가 무관심 혹은 자신이 다른 사람에게 주는 영향에 대하여 무관심할 때 또는 어떤 문제에 길이 막혀 있는 것 같은 경우에 효과적이다.[8] 역할 바꾸기는 항상성을 유지하는 것을 막고 변화를 위한 상황을 제공한다.

역할 바꾸기는 정보 제공, 지각 상의 변화 유발, 사고 및 행동의 교정과 확장, 주인공이 자신을 어떻게 보고 있는가에 대한 확인, 내면의 또 다른 자아와의 불균형 해소, 의문에 대한 해답과 행동 결정의 책임 고취, 장면의 강도 조정, 행동에 대한 즉각

7) 소시오드라마는 여러 명의 개인이 함께 각자 역할을 맡아서 사회적 카타르시스를 목적으로 집단 간의 관계와 집단적 이데올로기를 다루는 즉흥극을 말한다.

8) 예컨대 부모가 자녀의 역할을 하거나 학생이 교사의 역할을 담당한다. 다른 사람의 견해에 공감할 필요가 있을 때 더욱더 유용하다. 이를 통하여 다른 사람의 기분이나 감정을 직접 경험해 봄으로써 다른 사람에게 가졌던 그릇된 감정 등을 정리하고 그 입장을 이해하는 등 자기 중심적 사고의 한계에서 벗어날 수 있다.

적인 피드백 등을 위해 사용한다. 그래서 이 기법은 상담 과정에서 많이 사용한다. 상담에서는 상담자 역과 내담자 역 및 관찰자 역의 3인 1조로 학습하는 경우가 많다. 상담 장면에서 역할 바꾸기는 상담자와 내담자의 역할을 교대하거나, 때로는 관찰자의 역할로 바꾸기도 한다. 이 기법을 사용하여 대인 관계 기술 또는 사회적 기술을 향상시키는 것이 훈련 프로그램에 많이 적용되고 있다.[9)]

역할 바꾸기 기법의 유형은 다음 두 가지로 구분한다(Kellermann, 1992, http://www.hakjisa.co.kr). 첫 번째는 상호적 역할 바꾸기 기법이다. 이는 실제 두 사람 간의 역할 바꾸기로서 사회화 과정, 사회적 학습 과정을 촉진함으로써 사회적 가치, 태도, 기본적 신념 구조 등을 인지하고 실습하여 명료화하는 데 도움이 된다. 두 번째는 표상적 역할 바꾸기 기법이다. 한쪽은 보조자아가 역할을 맡는 것으로서, 개인의 내적 세계에 초점을 두고 자기 통합 및 자기 결정에 대한 책임감을 고취하는 데 도움이 된다.

가족상담에서 역할 바꾸기 기법을 시행하는 방법은 다음과 같다.

먼저, 상담자는 가족 구성원 중 두 사람에게 자리를 바꾸어 역할을 교환하게 한다. 두 사람이 서로 이야기하는 것을 돕고 명확하게 이야기하도록 하며 해설을 추가해 안내자 역할을 수행하면서 필요에 따라 질문도 한다. 예를 들면, "배우자가 이것을 하면 당신은 어떻게 생각합니까?", "충분히 이야기를 들어 주고 이해해 준다는 느낌이 있습니까?", "배우자의 태도나 방식에서 바꾸기를 바라는 것은 어떤 것입니까?", "당신은 자신의 방식을 어떻게 바꿀 수 있다고 생각합니까?" 등의 질문을 사용하여 두 사람이 완전히 다른 시점에서 본다는 경험을 하도록 해 변화에 대한 실마리를 찾는다. 때로는 다른 가족 구성원에게 대리자아로서의 역할을 부탁할 수도 있다.

역할 바꾸기가 끝나면 상담자는 가족 구성원에게 "무엇을 배웠습니까?", "상대방에

9) 예를 들어 대인 관계 기술이 부족하여 친구들과 잘 어울리지 못하는 내담자를 지도할 때 상담자가 친구 역할, 내담자가 자신이 되어 역할연기를 하고, 그런 다음 내담자가 친구 역할, 상담자가 내담자 역할을 하는 것으로 바꾸어 역할연기를 한다. 이외에 부모와 자식의 관계, 상사와 부하의 관계 등에서도 역할 바꾸기가 자주 이용된다. 역할 바꾸기 과정을 테이프에 녹음하거나 VTR로 촬영하여 그것을 듣거나 보면서 반복적으로 행하면 한층 더 효과적이다. 이와 같이 역할 바꾸기는 다른 사람을 이해하는 능력을 향상시키는 데 도움이 되기 때문에 일상생활에서 충분히 활용할 수 있다.

대해서 어떻게 느꼈습니까?", "앞으로 어떤 식으로 자신의 방식을 바꾸고 싶습니까?" 라고 묻는다. 이러한 변화에 대한 내용은 가족 구성원 전체의 합의를 얻어 내거나 집으로 가져가서 해결하도록 하는 과제로 제시할 수 있다. 또한 부부 치료에서 역할 바꾸기는 상징적·물리적으로 자리를 바꾸어 봄으로써 부부에게 자신보다는 상대방의 관점을 고려하도록 해 준다. 각 배우자는 다른 관점으로 상대방의 실제를 보게 되며, 이를 통해 자기 통제를 연습하고 상황을 좀 더 객관적으로 보는 데 도움을 받는다.

역할 바꾸기는 부부의 갈등을 초래하는 시비를 가리는 욕구를 종종 제거해 준다. 이를 통해 다른 사람의 입장이 되어 봄으로써 상대방을 좀 더 공감하고 문제를 다른 방식으로 이해하는 것이다. 부수적으로 배우자는 서로 거울로 자신을 보는 것처럼 볼 수 있다. 자아는 다른 사람의 지각을 통해 보이기 때문이고, 이를 통해 새로운 통찰력을 얻을 수 있다. 배우자는 각자 좌석의 배열을 바꾸어 상대방의 행동을 취한다. 상담자는 두 사람에게 마치 그들이 다른 사람인 것처럼 대화하도록 지시하고, 논리적으로 동의하지 않더라도 상대방의 견해를 말하라고 한다. 다른 렌즈를 통해 봄으로써 상대방의 신념체계나 행동, 감정에 대한 통찰력을 얻을 수 있다. 마지막으로, 다시 실제 자아로 돌아가서 다른 사람의 입장에서 무엇을 느꼈고 그 경험에서 배운 것이 무엇인지 나누어 본다. 부부 치료에서의 역할 바꾸기 기법은 부부 갈등을 일으키는 유형, 즉 추적자-도망자, 구조자-희생양, 부모-자녀와 같은 형태를 취하는 유형이 역할 바꾸기를 통해 상대방의 역할을 검토하는 데 가장 효율적일 수 있다.

3) 빈 의자 기법

보조 의자 기법이라고도 하는 빈 의자 기법은 자신 혹은 다른 사람과의 관계를 '지금-여기'에서 다루기 위해 빈 의자를 사용한다. 이 기법은 내담자들이 빈 의자를 두고 마치 사람이 그곳에 앉아 있는 것처럼 가정한 다음, 의자들이 놓인 곳 사이에서 둘 이상의 역할을 하면서 내담자의 자기와 다른 중요한 인물들이 토의를 하는 듯 연출한다. 이 기법은 자기에 대한 탐색에 초점을 맞추고 내담자의 자기 적응을 위해서 활용한다. 모든 행동 치료에서 사용되는 기법의 하나이며, 사이코드라마에서는 흔히 개인의 감정이나 심상을 불러일으키기 위한 준비 작업으로 활용된다.

빈 의자에 앉히는 대상은 자기 내면의 여러 부분을 인격화하여 만들 수도 있고, 원형이나 꿈과 같은 상상이나 가상 속에서 도출해 낸 인물이 될 수도 있으며, 정서나 증상을 인격화하여 만들 수도 있고, 실제 인물이 될 수도 있다. 빈 의자 기법은 무생물이나 꿈의 상징, 주인공의 주관적 세계에 있는 중요한 비언어적 단서 등 실제 인물이 연기하기 어려운 것들을 표현하는 데 매우 효과적이다.

의자는 보통 원형이나 반원형으로 둘러앉은 사람들의 안쪽 혹은 가까이에 둔다. 연출자는 주인공에게 정서적으로 중요한 인물이 빈 의자에 앉아 있는 것을 상상하도록 한 다음, 그가 실재하는 것처럼 극을 전개시킨다. 주인공은 의자에 앉아 있다고 상상하는 인물과 자신이 일으키는 사건을 설명하기 위해서 독백, 방백(傍白), 대화, 역할 바꾸기 등의 방법을 사용하기도 한다. 빈 의자 기법을 통하여 주인공은 다른 사람이나 자신의 또 다른 모습을 만날 수 있고, 빈 의자를 매개로 역할 바꾸기를 통해 동시에 나와 다른 사람이 되어 볼 수도 있다. 따라서 이것은 한편의 모노드라마라고 할 수 있다.

빈 의자 기법은 주로 다음과 같은 상황에서 사용한다. 즉, 내담자 혹은 주인공이 문제의 답을 외부에서 찾기보다는 자신의 내면에서 찾고자 할 때, 연출자가 판단하기에 상대방 역을 지정하여 역할연기를 할 필요가 없을 때, 그리고 내담자 혹은 주인공 스스로 상대방의 입장을 잘 피력할 수 있을 때 사용한다. 이와 같은 빈 의자 기법은 주인공이 가지고 있는 문제를 더욱 빨리 파악할 수 있다는 장점이 있다.

따라서 사이코드라마의 전체 회기에서 사용할 수 있는데, 특히 시작 단계가 좋다. 빈 의자 기법을 통해 극을 시작하는 것은 주인공이 다루고자 하는 문제를 좀 더 구체적으로 파악할 수 있기 때문이다. 그리고 빈 의자 기법에서 주인공이 빈 의자를 향해 이야기할 때 연출자는 주인공 옆에서 주인공이 하는 말을 진지하게 듣고, 도와주려는 의도가 있다는 것을 전달하는 것이 중요하며, 적절하게 시간을 배분하는 것도 중요하다.

4) 거울 기법

거울 기법은 자신의 모습을 거울에 비추어 보거나 자신의 행위를 비디오로 촬영해서 보듯, 주인공은 장면에서 물러나고 이중자아가 무대 위에서 주인공의 행동 방식, 표현 방식, 생활 방식 등을 그대로 재연하며, 주인공은 관찰자의 입장이 되어 자신과 상황을 객관적으로 판단하는 기법이다. 이 기법은 주인공이 다른 사람들과 적절하게 반응하지 못하는 상황이나, 공격적인 어조를 사용하거나, 다른 사람과의 이야기에 집중하지 못하는 일상생활의 행동 습관뿐만 아니라 우울증 환자가 자신의 모습이 다른 사람에게 어떻게 인식되는지 모르는 경우 등에 효과적으로 사용할 수 있다.

거울 기법에서 보조자아가 주인공이 표현한 역할을 다시 실연하는 동안, 주인공은 뒤에 서서 지켜보게 한다. 주인공은 무대 밖 관객의 위치에서 자신을 관찰하고, 보조자아가 주인공의 습관적인 행동 패턴을 거울처럼 그대로 보여 준다. 이 기법의 실시 목적은 주인공에게 개인적으로 자신은 참여하지 않으면서 거리를 두고 전체적인 상황을 지켜보도록 하는 데 있다. 즉, 주인공에게 자신을 똑바로 보게 하면서 자신을 치료하도록 하는 것이다.

실제로 화가 나거나 우울해 하는 자신의 모습, 울고 있는 자신의 모습을 거울을 통해서 본다면, 그 기분이 어떨까? 아마도 어색해지면서 부정적 정서가 조금 가라앉는 것을 느낄 수 있을 것이다. 그런데 이 기법은 내담자에게 불쾌한 감정을 줄 수 있기 때문에 상담자와 내담자 간에 충분한 신뢰 관계가 형성되고 나서 사용하는 것이 좋다. 그리고 사전에 내담자로부터 동의를 받아야 한다.

5) 마술 상점 기법

마술 상점 기법은 마술 상점이라는 매개체를 등장시켜 인간의 속성을 물물교환하는 것이다. 이 기법은 마술 상점이라는 상상적인 가게를 설정해서 거기에서 어떤 물건이라도 사든지 팔 수 있게 한다. 주로 드라마의 준비 단계에서 시작하는 것으로,

실연 단계 동안 계속해서 다듬어 갈 수 있다. 이 기법은 드라마를 워밍업 시키고, 내담자 내부의 긍정적인 자원을 탐색하고, 구성원 개개인의 문제에 한 발 접근하기 위해 사용한다. 또한 자신들의 가치에 대한 우선순위를 배분하는 데 어려움을 겪을 때 목적과 가치를 분명히 하기 위해 사용한다.

예컨대 가족 구성원 모두가 다음과 같이 가게 주인 흉내를 내어 본다.

> "이제 우리 같이 장사를 한 번 시작해 볼까요? 이번에 열 가게는 마술 상점은 어떨까요? 마술 상점에는 없는 것이 없습니다. 여러분이 지금까지 본 적도 없고, 들은 적도 없는 그런 신기한 물건들이 가득하지요. 지금까지 다른 곳에서는 사 본 적이 없는 물건들이지요. 예를 들어 행복, 존경, 이해, 건강, 사랑, 우정, 용기, 믿음, 평화, 신뢰 등과 같은 여러분 모두가 정말 원하고 있는 것들만 파는 거죠. 어떠세요? 여기에는 뭐든 다 있습니다. 여러분이 원하는 것은 무엇이든지 갖추어 놓았습니다. 많이 이용해 주시기 바랍니다. 얼마를 준비하야 할지 고민하지 마세요. 돈은 받지 않습니다. 대신에 여러분이 제일 싫어하는 것, 제발 없었으면 하는 것들을 돈 대신 받습니다. 예를 들어 질병이라든지 미움, 의심, 속상함, 의존심, 슬픔, 불안한 마음, 우울함, 분노 등과 같은 정말 없어졌으면 좋을 것들을 돈 대신 내시고, 원하는 것들을 사 가는 겁니다. 자, 그럼 장사 시작합니다."

이제, 고객을 맞아 필요한 물건을 고르게 한다. 살 물건을 고른 후에 왜 그 물건을 원하는지, 언제부터 바라고 있었는지, 그것을 가지게 되면 정말 만족할 수 있는지 등을 물어본다. 어느 정도 충분한 설명이 있게 되면 이번에는 반대로 그 물건이 꼭 필요한 것인지 혹 필요 없는 것인데 사려고 하는 것은 아닌지를 물어본다. 만족할 만한 대답이 나온 후에는 버리고 싶어서 내어놓은 물건들에 대해 내던지거나 토해 내는 상징적 행위를 하게 한 후에 완전히 사라졌다는 느낌이 들도록 한다. 마지막으로, 사고자 했던 것들을 사려는 사람에게 물건을 건네준 뒤에 다시 한번 앞으로 그런 것들을 가지고 살아가게 될 인생에 대해서도 이야기를 나눈다.

이 기법에서 중요한 점은 그동안 자신들이 원했던 것, 그리고 버리고 싶었던 것들이 실제로는 그렇게 많은 의미가 없었다는 사실을 내담자 스스로 발견하는 것이다. 진행 도중에 발견한 예상하지 못한 행동에 대한 문제나 관련된 심리적 문제는 차후 상담 상황으로 연결해 살피도록 한다.

6) 이중자아 기법

이중자아는 주인공의 내적 자아의 한 부분을 말한다. 이중자아는 주인공에게서 또 하나의 자기, 또 다른 자아(altered ego)로 등장하는 보조자아를 지칭하는데, 주인공의 뒤에 서서 그의 일부처럼 행동한다. 이중자아 기법은 내담자의 심리적 경험을 있는 그대로, 또 최고조로 묘사함으로써 문제를 평가하고 갈등을 분석하며, 상호 관계를 자극하고 촉진하는 기법이다.

이중자아가 불안, 죄책감, 공격성, 비겁함 등 말로 표현할 수 없는 주인공의 감정을 읽어 내면, 주인공과 상징적 동일시가 이루어진다. 이중자아가 주인공과 동일시될 때 2개의 자아 상태가 존재하므로, 다른 자아 사이의 대화가 가능해진다. 이와 같이 이중자아는 주인공이 직접적으로 표현하지 못하지만 은연중에 암시된 내용들을 행동화하는 것이다. 특히 주인공이 가진 다양한 감정을 표현하여 감정을 환기시킴으로써 주인공은 이중자아를 통해 대리 만족을 얻을 수 있다. 이처럼 이중자아 기법은 주인공의 내면 세계를 표현하는 것인 만큼 숙련된 기술과 세심한 주의가 필요하다. 이 기법은 무슨 일이든 반응을 잘 보이지 않는 노인 내담자와 어느 정도 치료적 관계가 형성된 후에 사용할 수 있다.

먼저, 이중자아 기법에 대해 다음과 같은 설명을 하고, 내담자의 동의를 구한다.

> "오○○ 씨, 제가 지금부터 ○○ 씨의 마음이 될 것입니다. 제게 뭔가 할 이야기가 있을 텐데요. 말하자면 뭔가 표현하기 어려운 그런 느낌을 말씀해 보고 싶은 거지요. 물론 제가 ○○ 씨의 마음과 똑같아질 수는 없을 것입니다. 제가 거울처럼 ○○ 씨를 따라할 때 뭔가 틀렸다고 느끼시면 언제든지 수정해 주시면 됩니다. 자, 우리 이제부터 시작해 보십시다."

상담자는 자리에서 허공을 보거나 내담자를 쳐다보면서 마치 상담자가 내담자의 마음인 듯 이야기[10]를 하고 나서 내담자의 반응을 기다린다. 기다려도 반응이 없으면 비슷한 내용의 이야기를 강조해서 되풀이한다. 만약 수정을 할 경우에는 수정한 내용으로 다시 한다. 내담자가 공감을 표시하면 잠시 동안 침묵을 한 후에 그럴 수밖에 없었던 심리적 원인에 대한 접근을 시도한다.

한편, 다중자아(multiple self)는 한 주인공에 대하여 여러 명의 이중자아가 등장하는 것을 말한다. 다중자아 기법은 이중자아 기법이 변형된 것으로서, 다중자아의 역할은 다음과 같다. 첫째, 다중자아는 주인공의 다양한 국면의 역할을 공평하게 분담한다. 그 예로 성격의 여러 측면, 신체적 요소의 부분 및 복합 감정의 나누기, 다양한 관계나 상황에 따른 전문 이중자아 등을 들 수 있다. 이 경우에는 이중자아들 간의 상호작용과 개별 이중자아와 주인공 간의 상호작용이 활발하게 진행된다. 둘째, 다중자아는 주인공의 표현이 매우 피상적이거나 저항이 심하여 제1의 이중자아만으로는 해결할 수 없을 때 그 이중자아에 대한 이중자아, 다시 말해 제3, 제4의 이중자아를 동원하는 것이다. 이는 주인공의 내면 심층으로 깊이 들어가는 것으로서, 반드시 주인공의 동의가 필요하며, 이때 이중자아 간의 상호작용은 생략된다.

7) 등 뒤 기법

등 뒤 기법(혹은 등 돌리기 기법)은 주인공이 등 뒤에서 다른 사람들의 이야기를 듣게 하는 기법을 일컫는다. 이 기법은 가족 관계에서 유난히 독단적이고 교만하거나, 또래 동료들과 어울리지 못하거나, 자주 말썽을 일으키는 노인에게 사용한다. 또 우울하거나, 다른 노인들로부터 배척을 당하는 노인에게도 사용한다.

등 뒤 기법은 연출자와 주인공이 직접 대면하지 않고 피드백을 받는 것에 동의했

10) 내담자를 대변하듯 "참 이상해, 왜 나는 언제나 반응이 없을까? 난 지금 울어도 시원찮은 이야기를 왜 아무렇지도 않은 듯 이야기를 하지? 남들이 오해할 수도 있을 텐데, 도대체 나 자신을 알 수가 없단 말이야, 왜 나는 다른 사람 앞에서 진짜 내 마음을 숨기는 걸까?" 등과 같은 이야기를 시작한다.

을 때 사용하는 기법이다. 주인공이 등을 돌린다는 것은 주인공이 그 자리에 없다는 것을 상징하며, 관객은 주인공이 없다고 상상하도록 지시를 받는다. 주인공은 무대 위에서 등을 돌리고, 관객은 주인공이 없는 것처럼 주인공에 대하여 자유롭게 말한다. 이때 주인공은 자신에 대해 이야기하는 것을 엿듣는다. 이 기법은 노인 내담자에게 자신에 대한 다른 사람의 반응이 어떠한가를 인식시키고자 하는 것이며, 관객에게 표현의 기회를 준다는 특징이 있다.

주인공의 상황 전개가 거의 끝날 무렵, 다른 사람의 객관적인 반응을 들을 필요가 있을 때 등 뒤 기법을 사용하면 의미 있는 결과를 얻을 수 있다. 특히 주인공이 정서적 지원을 원하거나 지지의 상실을 두려워할 때, 혹은 직접 대면하여 말하는 것을 어색해하는 경우에 효과적이다. 또한 이 기법은 가족극이나 대인 관계를 위한 상호작용 과정 집단에서 자기 개방을 위해 활용할 수도 있다.[11)]

8) 죽음과 부활의 장면 기법

죽음을 의식하고 그것을 문화 중에 받아들이고 있는 점에서 인류는 특이한 생물이다. 모든 인류문화는 죽음에 대해서 어떤 대처법 또는 죽음을 하나의 문제로 볼 때 그의 해결법이라고 할 수 있는 것을 제시하고 있다. 죽음을 개인 인격의 완전한 무화(無化)로 보고, 그 무화에 대한 대상(代償)을 전혀 준비하지 않고 있는 문화는 존재하지 않는다. 그것은 사후에도 존속하는 영혼과 타계에서의 제2의 생이라는 직접적인 형태를 취하는 경우도 있다. 하지만 죽음 후에 이 세상에 남는 자손이나 명성 또는 생전에 이룬 사적 등의 물상에 의지하는 경우도 있다. 또한 살아남은 사람들이 사자를 위해서 행하는 기념행사인 경우도 있는데, 인간의 문화는 반드시 물리적 죽음을 초월하는 어떤 것을 제공하고 있다.

11) 등 뒤 기법의 변형으로, 주인공이 장면이나 상황을 보여 준 다음 관객들이 그 장면이나 상황에 대해서 이야기하거나, 관객들이 주인공에게서 등을 돌리고 앉거나 서서 어떤 자극이 주어지더라도 아무런 반응을 보이지 않게 하는 기법 등이 있다.

죽음과 부활의 장면 기법은 주로 자살 충동을 느끼는 노인, 죽음을 두려워하는 노인, 어느 한 가지 일에 지나치게 집착하는 노인, 가족 간의 갈등이 심한 노인, 그리고 의심이 많거나 증오심이 강한 노인 등에게 유용하게 사용할 수 있다.

예컨대 다음과 같은 상황을 설정하고, 내담자에게 질문할 수 있다.

> "인생은 참으로 알 수 없습니다. 시작한 듯하면서 이내 끝을 향해 가니 말이죠. 그렇습니다. 언제가 10년, 20년 후, 혹은 언젠가는 우리도 이 세상을 떠나게 됩니다. 저도 물론 오○○ 씨도 마찬가지죠. 이 세상 누구도 죽음을 거부하거나 미룰 수 없습니다. 우리가 인간인 이상 그럴 수밖에 없습니다. 이제 우리가 함께 그 상황을 상상해 보도록 하시지요. 자, 지금부터 약 10분 후면 ○○ 씨는 이 세상을 떠나게 됩니다. 이 세상에서의 삶을 접고 이제 영원히 다른 세상, 죽음의 세상으로 들어가게 된다고 상상해 보십시오. 이제 10분 후면 영원히 다른 시간을 만나게 됩니다. 원하든 원하지 않든 10분 후면 이 세상을 떠나게 됩니다. 자, 이제 편안하게 누우세요. 눈을 감아 보세요. 할 이야기가 참을 많으시죠? 가장 먼저 누가 떠오르시나요? ○○ 씨에게 제일 먼저 달려오는 사람이 누구인가요? 누가 제일 슬퍼할까요? 꼭 남기고 싶은 말이 있습니까? 이제 5분 남았습니다. 기분이 어떠세요? 살아 온 인생에 만족하십니까? 만족하지 않는다면 그 이유는 무엇인가요?"

이 기법에서는 때로 죽음을 애도하는 사람들 역할을 대신해서 보조자아를 등장시켜 그 역할을 맡도록 할 수 있다. 보조자아들은 울거나 손을 잡거나 몸을 흔들며, 내담자의 자연스러운 감정을 유도한다. 또한 보조자아들은 내담자가 임종한 직후의 주위 반응을 표현하다. 그리고 보조자아가 내담자 본인의 죽음은 물론 미워하는 사람, 죽기를 바라는 사람, 기타 의미 있는 인물의 죽음을 대신함으로써 내담자를 도울 수 있다.

그런데 여기서 우리가 되짚어야 할 사항이 있다. 그것은 이 기법의 중요한 점은 죽음의 장면은 반드시 부활 장면으로 끝나야 한다는 사실이다. 그리고 부활의 장면에 대해 긍정적이고, 죽음의 장면보다 더 긴 시간을 부여하여야 한다. 그리고 부활에 대한 피드백과 그 내용에 대해서 깊이 생각한다.

부활의 장면 진행 예는 다음과 같다.

> "자, 이제 다시 지상으로 돌아올 때가 되었습니다. 이제 눈을 뜨면 ○○ 씨는 부활의 기쁨을 맛보게 됩니다. 다시 지상에 내려오게 되는 것입니다. 내려올 준비가 되셨는지요? 이제 셋까지 세면 눈을 뜨십시오. 하나, 둘, 셋! 자, 이제 다시 지상으로 돌아오셨습니다. 돌아오신 기분이 어떠세요?"

9) 미래투사 기법

미래투사 기법은 주인공의 목표를 명료화하기 위하여 사용되는 기법으로, 자신의 미래상황을 상상의 세계 속에서 현실로 경험하는 것을 일컫는다. 사이코드라마에서 내담자의 미래와 그 행위의 가능성을 탐색하고, 그것을 현실과 마주하게 함으로써 자신의 문제를 더욱 현실적으로 바라보고 미래를 대비할 수 있도록 하는 데 매우 효과적인 기법이다.

이 기법을 통하여 내담자는 불안하고 두려운 미래를 미리 경험해 봄으로써 불안이나 두려움이 현실 속에서 무엇과 관련되어 있는지 미리 탐색할 수 있다. 그러한 과정을 통하여 이전에는 파악하지 못했던 상황의 여러 차원이 드러나면서, 내담자는 자신의 동기를 더욱 잘 이해할 수 있게 된다. 이 기법은 미래상황을 말로 하는 대신에 주인공의 미래가 지금-여기서 일어나고 있는 것처럼 연출하여 내담자가 그 상황에 몰두할 수 있도록 해 주는 것이다.

그런 만큼 이 기법을 사용하기 위해서는 준비 작업을 충분하게 해야 한다. 현재를 살고 있는 주인공과 관객들에게 갑자기 주어진 미래시점의 사건은 생소할 수 있기 때문에 시간을 점진적으로 진행시키는 것이 좋다. 예를 들어 미래의 일에 현시점으로부터 서서히 도달하도록 하고, 먼 시점으로의 여행에서는 과거부터 현재를 거쳐 미래를 순차적으로 상상할 수 있는 분위기를 만들어 자연스럽게 감정이 흘러갈 수 있도록 해야 한다. 이러한 미래투사 기법은 사이코드라마의 진행에서 극의 마지막 부분, 즉 주인공이 충분히 몰입 상태가 되었을 때 사용하는 경우가 많다. 이 단계에서 주인공은 자연스럽게 미래세계로 나아갈 수 있고, 더불어 이를 통해 얻게 된 행동 통찰력이나 수정된 행동 양식을 확인하고 시험해 볼 수 있기 때문이다. 두려워하는 결과나 현실, 예기불안(豫期不安)이 일어나는 상황, 미래상황을 처리할 수 있는 능력, 즉 역할 훈련이나 태도 및 그 결과에 대한 상황 테스트를 통해 미래에 다가올 사건, 상황에 대해 연습하거나 훈련한다.

10) 심판의 장면 기법

심판의 장면 기법에서는 내담자가 하나님, 가상의 인물, 철학자, 이상적인 인물들과 만나게 되고 그 역할을 맡은 보조자아가 삶에 대한 평가, 죄의식, 가치관 등을 공개 재판 형식으로 진행하게 된다. 이 기법에서는 질문과 답변, 추궁과 방어, 그리고 상징적인 상벌 행위도 가능하다.

예컨대 재판에서 다음과 같은 질문을 할 수 있다.

> "당신은 인생을 계획한 대로 살아왔습니까? 당신 삶은 스스로 의미 있다고 생각하십니까? 혹시 당신의 삶이 눈치만 보다가 끝나지는 않았습니까? 당신은 지금까지 어떤 죄를 지었습니까? 당신은 다른 사람들이나 가족을 미워하고 불신하지는 않았습니까?"

11) 공유 기법

공유 기법은 다른 사람에 의한 지지, 감정이입, 일반화로 통찰을 얻는 기법을 일컫는다. 여러 사람 앞에서 자신의 깊은 내면, 감추고 싶은 내용, 수치스럽거나 고통스러웠던 일 등을 내어놓고 그 내용을 함께 나누는 것이다.

예컨대 공유 기법은 다음과 같이 시작한다.

"지금까지 오○○ 씨께서는 여러분 앞에 아무에게도 드러내지 않았던 자신의 마음을 공개했습니다. 참으로 대단하십니다. ○○ 씨는 너무나 부끄러웠지만 엄청난 용기를 내어 자신을 드러낸 것입니다. ○○ 씨는 우리들에게 어디에서도 받을 수 없는 소중한 선물을 주신 겁니다. 여러분과 함께 ○○ 씨에게 경의를 표합니다. 우리들 가운데 ○○ 씨와 비슷한 경험을 하신 분이 있으신가요? 아니면 이와 비슷한 느낌을 겪어 보신 분이 계신가요? 우리 함께 그 이야기를 나누어 보십시다. ○○ 씨의 희로애락을 함께 나누어 갖는다는 의미에서 우리들도 같은 어려움, 같은 슬픔을 겪고 있다는 것을 보여 주시기 바랍니다."

6 적극적 경청 기법

경청이란 내담자가 방해받지 않으면서 이야기를 계속할 수 있도록 내담자에게 집중하면서 음성적 표현과 비(非)음성적 표현에 관심을 기울이는 것, 내담자의 이야기 속으로 온전히 들어가는 것을 말한다. 즉, 신뢰를 형성하고, 내담자의 자기 드러내기를 촉진하기 위해 내담자의 말을 판단하거나 평가하지 않으면서 겉으로 나타나는 것뿐만 아니라 내포된 의미까지 듣고 이해하는 것이다.

경청 중에서도 특히 로저스 등이 제창한 적극적 경청은 대단히 중요하다. 적극적 경청은 내담자 내부의 문제를 이끌어 낼 수 있는 역할을 한다. 이는 단순히 수동적으로 듣는 역할만이 아니라, 스스로 적극적인 관여를 해 가면서 마음을 가지고 '네', '예', '응', '으흠' 등 맞장구를 치거나, 응답 내용의 중요 어구나 감정 용어를 반복하면서 듣는 방법이다. 눈으로 들을 수 있어야 한다. 편안한 가운데에서도 멈춰진 눈동자에서는 눈물이 살며시 베어 나오듯이 눈은 상대의 눈동자에 고정되어야 한다. 상대가 중요한 이야기를 할 때는 틈을 봐서 그 말을 되뇌어준다. '그러셨구나!'와 같은 말도 의미 있게 던진다. 그래서 경청은 입으로도 할 수 있다. 마치 춤을 추듯이 말과 말, 즉 입과 입이 춤을 춘다. 결국 경청은 마음으로 듣는 것이다.

이처럼 상담자가 내담자의 말에 경청을 하면 상담자가 내담자의 말 하나하나에 중대한 관심을 가진 채 듣고 있다는 점이 분명해지기 때문에 내담자는 자신이 중요하게 생각되고 있다고 느끼며, 그 결과 자신을 중요시하게 된다. 가족 치료에서도 특히 면접 초기에는 상담자가 경청의 태도를 취해야 한다. 미누친(S. Minuchin)의 가족구조 치료의 경우를 보면, '교류의 창조 단계에서 틀 찾기'라는 데에서 가족 구성원의 한 사람 한 사람에게 존경한다는 생각을 갖고 접하거나 연기의 기법으로 실제 가족 속에서 교류 장면을 재현시키는 장면에서도 경청을 사용한다. 이 과정에서 경청하는 것은 가족 중에 상담자를 참가시키는 계기가 된다. 나아가 합류 속의 추적, 수용시설, 무언극 등에서도 적극적 경청이 중요한 태도다.

7 직면 기법

직면 기법은 상담자가 내담자의 행동, 사고, 감정에 있는 불일치나 모순을 깨닫도록 지적하는 것을 말한다. 직면은 맞닥트림 혹은 대결이라고 부르기도 하는데, 대결이라는 말에서는 상담자와 내담자가 싸우는 기세로 의논하는 인상을 주기도 하지만 그러한 것은 아니다. 내담자 내면에서의 갈등·모순·혼란에 대결시키는 것을 말한다.[12] 직면 기법은 내담자가 스스로 자신의 말과 행동의 모순에 대해 주의를 기울일 수 있게 하는 높은 수준의 기술이다.

12) 구체적으로 상담자는 우선 내담자가 이야기한 내용이나 이야기 방식 가운데 모순점을 발견하고 될 수 있는 한 비심판적인 태도로 그 점을 지적한다. 각각의 모순점마다 내담자의 이야기를 듣고 양자를 비교하도록 하거나 양자를 통합해 가는 것이다. 그때 상담자는 필요에 따라 요약을 사용하며, '당신은 한편으로 ~뿐'이라고 하면서 다른 한편에서는 '~입니다.'라든가 피드백을 사용하여 불일치에 돌파할 수 있도록 도움을 준다.

이 기법은 내담자의 만성 부정 감정, 생활 자세, 각본의 문제점을 지적하여 내담자가 이를 각성하는 데 도움을 줄 수 있다. 이 기법은 시기적으로 적절한 때에 사용해야 한다. 직면 기법을 사용할 때 상담자는 평가나 판단을 하지 말고, 사실을 있는 그대로 진술하도록 한다. 또한 내담자에게 변화를 강요해서도 안 된다. 특히 노인상담에서는 용어 선택과 상황에 대한 책임 있는 진술, 예측할 수 없는 감정적 동요 등을 충분히 감안하면서 사용해야 한다.

직면 기법을 효과적으로 사용하기 위해서는 일련의 단계로 진행해야 한다(천성문 외, 2023: 119-122). 자신의 모순된 부분을 지적하는 것에 대해 자칫 내담자가 저항할 수 있기 때문이다. 따라서 직면은 이해의 관점에서 시작하여 점차 변화를 위해 도전할 수 있는 방향으로 진행해야 한다. 직면 기법으로 긍정적인 변화가 일어나기 위해서는 내담자가 자신을 충분히 이해해야 한다. 내담자가 자신의 행동과 선택이 어떤 결과를 가져오는지에 대해 이해해야 한다. 그래야 내담자는 방어 및 부정하고 있는 자신의 모습에 주목할 수 있다.

내담자: 나는 인생에서 한꺼번에 밀어닥친 일로 도저히 서 있을 수가 없어요. 나는 이제 아무것도 하고 싶지 않아요.

상담자: 직장도 은퇴하고 게다가 당뇨 진단까지 받았으니 얼마나 힘이 드시겠습니까? ○○ 씨는 아무것도 하고 싶지 않다고 말씀하셨는데, 여기까지 찾아오신 걸 보면 그래도 이 상황을 극복해 보려는 의지가 있으신 것 같습니다.

8 요약 · 반복 기법

노인 대부분은 이야기를 길고 반복적으로 한다. 따라서 상담 상황에서는 상담 목표는 물론 상담 초점이 흐려지기 쉽다. 이는 자신을 인정하고 자신에게 관심을 집중되도록 하려는 의도와 더불어 자신의 문제가 드러나는 것에 대한 불안감 반영의 결과라 하겠다. 즉, 이야기를 반복해서 길게 늘여서 상담자의 주의 집중을 흐리게 하고,

자신에 대한 파악을 방해하며, 상담자와 일정한 거리를 두고자 하는 목적이 이면에 깔려 있다.

이때 적절하게 사용하는 기법이 바로 요약·반복 기법이다. 상담자는 이야기의 요점을 반복하여 말해 줌으로써 내담자 스스로 자신의 생각을 정리하며, 이야기의 초점을 바로 잡을 수 있다. 이 과정은 내담자에게 상담자가 자신의 이야기를 주의 깊게 경청하고 있다는 것을 확신시키는 것으로, 깊이 있는 상담을 가능하게 하는 효과가 있다.

9 진단 기법

진단 기법이란 내담자의 심리적 특성을 파악하는 기법을 말한다. 이를 위해서는 상담자가 내담자의 심리 상태를 파악할 수 있는 기술을 갖추고, 이를 잘 활용할 수 있어야 한다. 즉, 다양한 심리검사를 시행하고, 해석할 수 있는 능력을 갖추고 있어야 한다. 진단 기법의 해석은 종합적이고 전체적으로 이루어져야 한다. 그러기 위해서는 내담자에 대한 그림과 질문을 통해 여러 가지 가설을 도출해 낼 수 있어야 한다.

여기서 도출한 자료는 임상적 자료를 통해 가설을 비교하고, 내담자에게 가장 적절한 결론을 이끌어 내어야 한다. 그림검사, 심리검사, 행동 관찰, 면담 등을 통해 내담자의 다양한 정보가 드러난다. 이때 상담자는 내담자가 제공한 정보를 잘 읽고, 바르게 해석할 수 있어야 한다. 진단 기법을 해석할 때 상담자는 검사 목적을 분명하게 하고, 검사 상황에 중립적 태도를 유지해야 한다. 또한 검사 과정에 대한 훈련과 객관적 해석에 대한 지식을 갖추어야 한다. 특히 결과물 하나만을 가지고 어느 한 단면만을 추론하는, 이른바 맹분석(盲分析)을 절대로 해서는 안 된다.

10 동기유발 기법

동기란 유기체로 하여금 어떤 행동을 하게 하거나 하지 않게 하는 유인(誘因)이다. 사람은 자신의 특정한 행동이 자신의 욕구를 충족시켜 줄 것이라고 기대하거나 또는 결과적으로 충족시켜 줄 때 그 행동을 하게 된다. 이렇게 어떤 사람을 내적으로 움직여 특정한 행동을 하도록 만드는 욕구가 동기(motive)이며, 행동하도록 이끄는 것이 동기유발(motivation)이다. 동기유발 기법이란 내담자의 동기를 유발하는 기법을 말한다. 이는 내담자의 행동과 태도를 변화시키기 위해서이다. 이 기법의 핵심은 내담자에게 깊은 관심을 보이고, 공감 반응을 잘 하는 것이다. 상담자는 내담자의 동기를 자극시키는 단서에 민감하게 반응할 수 있어야 한다.

제 03 부 노인문제와 상담

제 09 장 노인과 치매

1 노인성 치매의 개념

치매란 퇴행성 뇌질환 또는 뇌혈관계 질환 등으로 말미암아 기억력, 언어능력, 지남력(指南力)[1], 판단력 및 수행능력 등의 기능이 저하됨으로써 일상생활에서 지장을 초래하는 후천적인 다발성 장애를 말한다(「치매관리법」 제2조 제1호). 노인성 치매(senile dementia)란 정상적으로 생활해오던 사람이 65세 이후 다양한 원인으로 말미암아 뇌 기능이 손상되면서 이전보다 인지 기능이 지속적이고 전반적으로 저하되어 일상생활에 상당한 지장이 나타나고 있는 상태를 가리킨다. 즉, 노인성 치매란 65세 이후 노년기에 발병한 치매를 총칭한다.[2]

과거에는 노인성 치매를 망령, 노망이라고 부르면서 노인이면 당연히 겪게 되는 노화 현상이라고 생각했으나, 최근 많은 연구를 통해 분명한 뇌질환으로 인식한다. 치매는 전 세계적으로 65세 이상 노인에서 5~10% 정도의 유병률을 보이고 있고, 우리나라에서는 약 8.2~10.9% 정도로 보고되고 있다. 치매 유병률은 연령 증가에 따라 함께 증가하여 65세 기준으로 나이가 5세 많아질 때마다 2배씩 증가하여 65~69세의 연령층에서 약 2~3% 정도지만, 기하급수적으로 증가하여 70~74세에서 약 4~6%,

1) 지남력(指南力, Orientation) 또는 요간(料簡)은 고등동물인 인간이 선천적으로 갖고 있는 시간, 공간 및 인간에 대한 인지력을 가리키는 의학 및 심리학 용어이다. 어휘 '지남(指南)'은 곧 '방향', '차원'을 뜻하고, 곧 "시간이 어느 정도 흘렀는가?", "내가 어느 장소에 있는가?", "저 사람과 나는 어떤 관계인가?" 하는 물음에 답할 수 있는 기본적인 능력을 일컫는다.

2) 65세 이전에 발병하는 치매는 초로기 치매(pre-senile dementia)라고 부른다.

치매와 건망증은 어떻게 다른가?

치매와 건망증은 기억의 장애라는 점에서 비슷하게 보이지만 근본적인 원인은 다르다. 치매는 진행성과 퇴행성으로 원인을 알지 못하거나 노혈관 질환 등이 원인이 되어 증상이 점점 심해지는 병이다. 하지만 흔히 말하는 건망증은 병이 아닌 경우가 많으며, 건망증은 뇌의 일시적인 과부화 현상으로 인하여 나타날 수도 있고 정상적인 노화로 나타나는 경우도 많기 때문이다. 건망증이 심해지면 혹시 치매는 아닐까 라고 걱정을 하는 사람이 많은데, 결론적으로 치매와 건망증은 별개의 질환이라 할 수 있다. 모든 치매 환자는 초기에 건망증 같은 증상을 잠시 보이지만, 건망증인 사람은 소수만 경도인지장애를 거쳐 약 20% 이하만 치매가 될 수 있다.

75~80세에서 약 8~12%, 80세 이상에서는 대략 20%가 넘는 노인이 치매에 걸리게 된다(http://www.snuh.org/).

고령사회 진입 속도가 빨라지면서 치매 환자 수도 급증하는 가운데 세계보건기구(WHO)는 2050년에 치매 환자 수가 1억 만여 명을 넘을 것으로 전망하고 있다. 가까운 일본은 치매 문제에서 자유로울 수 없다. 우리나라의 보건복지부 격인 일본 후생노동성(보건, 복지, 노동 분야 관할)에 따르면, 65세 이상 6명 중 1명가량이 치매라고 한다. 고령화에 따라 치매 환자는 더욱 증가할 것으로 보인다. 2025년에는 65세 이상 인구의 20%에 해당하는 700만 명이 치매를 앓을 것이라고 후생노동성은 내다봤다(브라보마이라이프, 2023. 11. 14.).

이는 초고령사회가 코앞까지 다가온 우리나라도 이제 남의 나라 일로만 바라볼 수 없다. 우리나라 중앙치매센터에 따르면, 2021년 기준 우리나라 65세 이상 노인 인구 중 치매 환자 수는 89만 2,002명(전체 치매 환자 수는 97만 2,436명)으로 유병률은 10.33%에 달했다.[3] 이들을 관리하기 위한 치매관리비용은 총 18조 7,198억 원으로

3) 치매는 나이가 들수록 발병률이 높지만 사실 65세 이전에 발생하는 '젊은(초로기, 初老期) 치매' 환자도 전체 10명 중 1명에 달할 정도로 적지 않다. 중앙치매센터에 따르면, 2021년 기준 65세 미만 젊은 치매 환자 수는 8만 434명으로 전체 치매 환자(97만 2,436명)의 8.2%를 차지한다. 60세 미만인 환자도 3만 2,727명에 달한다.

추계됐다. 우리나라 추정 치매 환자 수는 2030년 136만 명을, 그리고 2050년에는 300만 명을 넘을 전망이다(http://www.chemicalnews.co.kr).

표 9-1 치매 환자 연령별 분포

연도		2017	2018	2019	2020	2021
환자 수 (명)	65세 미만	65,364	73,665	81,750	82,396	80,434
	65세 이상	619,937	705,846	795,489	829,598	892,002
	계	685,301	779,511	877,239	911,994	972,436
전년 대비 증가율(%)		—	13.75	12.54	3.81	6.63

2 노인성 치매의 원인과 종류

1) 노인성 치매의 원인

노인성 치매는 단일 질환을 가리키는 말이 아니고, 여러 가지 원인 질환으로 말미암아 노년기에 발병하는 치매를 총칭한다. 노년기에 치매를 일으킬 수 있는 원인은 매우 다양한데, 이들 중 가장 많은 것은 '알츠하이머병'과 '혈관성 치매'이며, 상대적으로 빈도는 낮으나 루이체 치매, 전측두엽 퇴행, 파킨슨병 등의 다른 퇴행성 뇌질환과 정상압 뇌수두증, 두부 외상, 뇌종양, 대사성 질환, 결핍성 질환, 중독성 질환, 감염성 질환 등도 원인이 될 수 있다. 20세기 전반기까지 노인성 치매는 상당 부분 뇌혈관 질환에 의한 혈관성 치매로 생각되기도 했다. 이 당시 알츠하이머병은 노인성 치매보다는 노년기 이전에 발생하는 드문 치매의 원인 질환으로 여겨졌다. 그러나 이후 전 세계적으로 노인 인구가 급격히 증가하고 관련 치매 연구가 발전하면서 현재는 알츠하이머병이 노인성 치매 원인의 50% 이상을 차지하며, 혈관성 치매는 20~30% 정도인 것으로 알려지고 있다.

노인성 치매의 증상은 크게 인지 기능 저하 증상, 정신행동 증상, 신경학적 증상 및 신체적 증상으로 나눌 수 있다. 인지 기능 저하 증상에는 기억력 감퇴, 언어 능력 저하, 시공간 파악 능력 저하, 판단력 및 일상생활 수행 능력의 저하 등이 포함된다. 정신행동 증상에는 성격 변화, 무감동, 우울, 불안, 망상, 환각, 배회, 공격성, 자극 과민성, 이상행동, 식이 변화, 수면 장애 등의 성격이나 정서 혹은 행동 문제가 포함된다. 신경학적 증상으로 편측 운동마비, 편측 감각 저하, 시야 장애, 안면 마비, 발음 이상, 삼키기 곤란, 보행 장애, 사지 경직 등이 있으며, 대소변 실금, 낙상, 욕창, 폐렴, 요도감염, 패혈증 등의 신체적 증상이 합병증으로 나타나기도 한다.

노인성 치매는 원인 질환의 종류에 따라 동반되는 증상의 종류나 출현 시기, 경과 등에서 차이를 보인다. 알츠하이머병은 초기에 주로 최근 기억 감퇴가 나타나고 점진적으로 진행하면서 다른 기억력 이외 다른 인지 기능 저하 증상 및 정신행동 증상이 빈번해지며, 말기에 이르면 사지 경직, 보행 장애, 실금 등의 신경학적 증상이나 신체적 증상이 출현하는 비교적 일정한 진행 패턴을 보인다.

혈관성 치매는 원인이 되는 뇌혈관 질환 위치나 침범 정도에 따라 나타나는 증상의 종류나 정도, 출현 시기 등이 매우 다양할 수 있으며, 보행 장애나 운동 마비, 발음 이상 등 다양한 신경학적 증상이 비교적 치매 초기 단계에서부터 동반되는 경우가 흔하다.

알츠하이머병과는 다른 뇌 병리에 의해 발생하는 루이체 치매는 환자가 자세히 묘사할 수 있을 정도의 생생한 환시, 인지 기능의 악화와 호전 반복, 파킨슨병과 비슷한 운동 기능의 저하 등이 특징적으로 나타나며, 그 외에도 혼돈이나 실신 증상의 반복, 수면 도중에 꿈 내용을 그대로 행동으로 옮기게 되는 렘수면 행동 장애 등이 자주 동반된다.

전측두엽 퇴행은 40~50대 중년기에 주로 발병하지만, 노인성 치매로 나타나기도 한다. 이 병에서는 초기부터 주변에 무관심해지거나 충동적인 행동을 보이고, 다른 사람들과의 관계에서 이전과 달리 부적절하거나 기이한 행동을 보이는 경우가 많다.

그래서 주변 사람들은 기억력은 별로 나빠지지 않았는데 "사람 성격이 너무 변했다." 라고 느끼게 된다. 또한 초기부터 언어 장애가 두드러지게 나타나는 경우도 많은데 말수가 줄거나 말뜻을 잘 이해하지 못하는 경우가 생긴다. 전측두엽 퇴행은 어떤 증상이 특징적으로 나타나느냐에 따라 전측두엽 치매, 진행성 비유창성 실어증, 의미 치매 등 세 가지 증후군으로 구분된다. 즉, 성격이나 행동변화가 주된 임상 증상으로 나타나면 전측두엽 치매, 언어 표현 장애가 두드러지면 진행성 비유창성 실어증, 언어나 물건의 의미가 무엇인지 모르는 증상이 심하게 나타나면 의미 치매라고 부른다.

2) 노인성 치매의 종류

(1) 알츠하이머 치매

알츠하이머 치매(Alzheimer's Disease: AD)는 치매의 가장 흔한 형태이며 70~75%의 치매 환자가 알츠하이머병이다. 현대 의학에서는 치료가 전혀 불가능한 질병으로, 시간이 지날수록 증상이 악화되며 결과적으로 죽음에 이른다. 1906년 독일의 정신건강의학과 의사인 알로이스 알츠하이머(Alois Alzheimer)에 의해 알려졌다.[4]

알츠하이머병은 뇌세포의 퇴화가 진행되면서 발생하는 치매로 기전과 원인은 정확히 알려져 있지 않다. 뇌조직 검사에서 베타아밀로이드 단백질이 비정상적으로 쌓여서 생긴 노인반(senile plaque)이 보이며 타우 단백질이 과인산화되면서 형성된 신경섬유다발(neurofibrillary tangle)을 특징적으로 관찰할 수 있다. 점진적으로 기억력과 인지 기능 이상을 보이다가 마침내는 모든 일상생활의 기능을 상실하게 된다.

알츠하이머병의 원인은 제대로 알려지지 않았다. 70% 정도는 유전적인 요인에 의해 발병하였다. 다른 원인으로는 두부 손상, 우울증, 고혈압 등이 있다. 일부 치료는 증상을 일시적으로 개선할 수 있지만 증상을 멈추거나 진행을 역전시킬 수는 없다.

4) 미국의 40대 대통령을 역임했던 로널드 레이건(R. Reagan), 1982년 노벨 문학상 수상 작가인 콜롬비아의 가브리엘 가르시아 마르케스(G. Marquez), 영국 최초의 여성 총리를 역임했던 마거릿 대처(M. Hilda Thatcher) 등의 유명 인사들도 알츠하이머로 고생하다 유명을 달리하였다.

환자는 다른 사람들에게 도움을 받기 위해 점점 더 의존하며 종종 간병인에게 부담을 준다. 그 부담은 사회적, 심리적, 물리적, 경제적 요소를 포함할 수 있다. 운동 프로그램을 통해 일상생활에 도움이 되며 잠재적 성과를 향상시킬 수 있다. 치매로 말미암은 행동 문제 또는 정신병은 항정신병약으로 치료가 되지만 조기 사망의 위험이 있을 경우 약물 치료를 권장하지 않는다.

알츠하이머병의 대부분은 65세가 넘어 발병하지만, 드물게 그 이전에 발병할 수 있다. 미국에서는 65~74세 인구의 약 3%, 75~84세 인구의 약 19%, 85세 이상 인구의 50%가 이 병을 앓고 있다. 국내에서 최근 한 농촌 지역을 중심으로 한 연구 보고에 의하면, 60세 이상의 인구에서 약 21%가 치매 양상을 보이고, 이 중 63%가 알츠하이머형 치매인 것으로 보고되고 있다. 전 세계적으로 2050년에는 85명 중 1명꼴로 발병할 것으로 예측된다.

알츠하이머병의 특성은 개개인마다 다르게 나타나지만 일부 공통적인 증상을 가진다. 초기 증상은 노화에 의한 단순한 증상이나 스트레스에 의한 증상으로 오해되는 경향이 있다. 발병 초기에는 이름 · 날짜 · 장소와 같은 것들이 기억에서 사라지는 공통된 단기 기억 상실을 겪는다. 질병이 악화되면, 혼란, 격한 행동, 조울증, 언어 장애, 장기기억상실 등의 증상이 나타난다. 결과적으로 신체 기능이 상실되고, 죽음에 이른다. 개개인마다 증상이 다르기 때문에 질병이 어떻게 영향을 미칠지 예측하는 것은 어렵다. 알츠하이머병이 의심되면 보통은 생각하거나 행동하는 능력을 검사하는 진단이 행하고, 때로는 뇌검사를 하기도 한다. 하지만 정확한 진단을 위해서는 뇌신경에 대한 조사가 바람직하다. 알츠하이머병이 발병해도 완전히 확인될 때까지는 보통 많은 시간이 소요되어, 진단이 내려지지 않은 채로 수년간 병이 진행될 수 있다. 발병할 경우 평균 기대 수명은 7년이며 3% 미만이 진단 이후 14년을 넘긴다.

알츠하이머병은 신경변성 질환으로 분류한다. 질병의 발병 원인은 완전히 이해되지 않은 상태이며, 아밀로이드 플라크가 정상 알츠하이머 단백질을 변형시켜 플라크 덩어리를 형성해 고유 기능을 잃어버리게 하는 것으로 추정한다. 조직병리학적으로는 뇌의 전반적인 위축, 뇌실의 확장, 신경섬유의 다발성 병변과 초로성 반점 등의 특징을 보인다.

(2) 혈관성 치매

혈관성 치매(Vascular dementia)란 뇌혈관이 좁아지거나 막히는 경우, 뇌혈관이 파열되어 출혈이 발생한 경우와 같은 뇌혈관 질환에 의한 치매를 말한다. 뇌졸중 환자의 약 25%에서 혈관성 치매가 발생한다. 혈관성 치매는 알츠하이머병 다음으로 흔한 치매의 원인 질환이다.

혈관성 치매는 치매 환자가 보이는 증상이 나타난다. 이것이 뇌혈관 질환과 직접적인 관련이 있다는 뇌 영상 검사상 뚜렷한 증거가 있을 때 혈관성 치매로 진단한다. 혈관성 치매는 뇌동맥 경화로 말미암은 뇌 혈류의 감소나 뇌졸중 이후에 발생한다. 뇌졸중 또는 뇌출혈이 발생한 후 기억력 저하 및 인지 기능 저하가 나타난다. 다발성 뇌경색과 같은 뇌혈관 질환이 여러 차례 발생한 뒤에 병변의 부위가 작거나, 일회성이긴 하지만 증상이 보이는 등과 같이 여러 종류의 혈관성 이상 증상 및 기전으로 발생할 수 있다. 피질하 혈관 치매는 임상적으로는 알츠하이머병과 비슷하게 나타날 수 있다. 대개는 환자 자신도 모르게 증상이 나타나며, 서서히 진행되기도 한다.

혈관성 질환은 대부분 인지 기능 저하가 갑자기 발생하며, 명확한 뇌혈관 질환 후 발병하는 것으로 알려져 있다. 하지만 그렇지 않은 경우도 있다. 예를 들어 소혈관 질환의 경우 뚜렷한 마비, 발음 장애, 의식 저하 등 뇌혈관 질환으로 말미암은 증상이 실제로 나타나지는 않았지만, 뇌 영상 검사에서는 뇌실질의 허혈성 변화를 보이는 경우로 마치 알츠하이머병처럼 서서히 진행하는 양상의 인지 기능 저하가 나타날 수 있다.

혈관성 치매의 증상은 일반적인 치매와 비슷하다. 혈관성 치매는 기억 장애가 뚜렷하지 않고, 수행 기능이나 언어 기능 등 다른 영역의 인지 장애가 상대적으로 빠른 시기에 나타날 수 있다. 마비나 감각 이상이 생긴다. 뇌졸중에서 가장 흔히 발생하는 증상으로는 팔다리나 얼굴 부위의 감각 이상이나 마비 현상으로, 이는 뇌졸중이 생기는 반대편에 발생한다. 언어 장애는 오른손잡이의 경우 95% 정도가, 왼손잡이의 경우 50%가 왼쪽 뇌가 손상되었을 때 발생한다. 손상 부위에 따라 말을 하지 못하거나, 말을 이해하지 못하거나, 글을 읽지 못할 수 있다.

뇌졸중이 어느 순간 갑자기 발생하듯이 혈관성 치매도 치매 증상이 비교적 갑자기 나타난다. 알츠하이머병에서는 치매 증상이 서서히 점차적으로 악화되는 경과를 보이지만, 혈관성 치매는 서서히 호전되고 다시 악화되는 경과를 보인다. 혈관성 치매 환자는 알츠하이머병과 비교할 때 상대적으로 걸음걸이가 더 불편하고 말이 어눌하며 한쪽에 마비가 있는 경우가 많다. 그러나 뇌 속의 작은 혈관이 조금씩 막혀 들어가는 경우에 환자는 뇌졸중의 증상을 모르고 지나갈 수 있다. 이때는 치매 증상이 서서히 진행되므로 알츠하이머병과 구별하기 어렵다.

(3) 루이체 치매

루이체 치매(Dementia with Lewy Bodies: LBD)란 뇌 신경 세포에서 발달하는 비정상적인 단백질 덩어리인 루이체로 인해 환시, 운동 장애(파킨슨 증상), 인지 장애, 우울증 등의 증상을 동반하는 퇴행성 치매를 말한다. 전체 치매 환자의 10~25%를 차지한다. 루이체 치매는 시간이 지남에 따라 뇌세포를 손상시키는 비정상적인 미세한 퇴적물 때문에 사고력, 추리력, 운동 능력 등이 저하되는 진행성 치매의 일종이다.

전문가 대부분은 루이체 치매가 치매의 원인으로는 알츠하이머병, 혈관성 치매에 이어 3위 정도로 추정한다. 그러나 루이체 치매는 우리나라에서도 잘 알려진 헐리웃 배우 로빈 윌리엄스(R. Williams)가 사망한 후 사후 부검을 통해 정확한 진단을 받을 정도로, 진단과 치료 모두 까다롭기로 알려진 병이다. 로빈 윌리엄스 가족의 인터뷰를 찾아보면, 그는 파킨슨병 진단을 받았으나 환시와 두려움에 속수무책으로 시달렸고, 증상이 급격하게 악화되었으며, 그 어떤 약도 그를 진정시켜 주지 못했다는 사실을 확인할 수 있다.[5] 매우 조심스러운 말이지만, 루이체 치매가 우리나라 의료진에게

5) 미국 샌프란시스코의 마린 카운티 경찰국은 2014년 8월 11일 로빈 윌리엄스가 캘리포니아 티뷰론

조차 잘 알려지지 않아 오진하는 사례도 적지 않을 것으로 추정한다.[6)]

알츠하이머병, 파킨슨병 치매 등 다른 뇌 질환에서도 루이체가 발견된다. 파킨슨병을 앓고 있는 많은 사람은 처음에는 운동 기능의 저하 위주로 증상이 나타나다가 결국 사고와 추리에 문제가 생기게 되고, 루이체 치매에 걸린 많은 사람은 인지 관련된 증상이 먼저 나타나거나 운동 기능 이상과 동시에 나타나게 되며 병이 진행되면 구부러진 자세, 경직된 근육, 뒤뚱거리는 걸음걸이, 동작을 시작하는 것의 어려움 등의 증상이 나타나게 된다.

(4) 가성 치매

가성 치매(假性痴呆, Pseudodementia)는 실제의 지능 저하가 없음에도 마치 치매인 것 같은 증상을 나타내는 상태의 총칭으로, 히스테리정신 증상의 하나로 노인성 우울증이 주요 원인이다. 일시적으로 의욕 저하, 기억 장애, 집중력 감퇴 등의 인지 기능 저하의 증상을 보인다. 뇌질환으로 말미암은 치매가 아니므로 기억력이 상당히 떨어져 있어도 치매처럼 보이지만 기능적 장애가 있을 뿐이다. 의식이 흐린데다가 일부러 하는 것과 같은 느낌을 주는 어린애와 같은 행동이다. 기질 치매도 없는데도 그것이 있는 것처럼 간단한 계산도 못하거나(1+1=3), 간단한 질문에도 바보 같은 대답을 하는 것을 말한다. 구금 반응의 증상 중 하나인 비논리적 응답, 즉 간젤 증후군도 가성 치매라고 일컫는다. 이는 꾀병으로도 보이는 기묘한 언동을 보이는 것인데, 구금 반응은 우울 증세를 동반하는 것이 많으며, 이와 더불어 고도의 지능 손실이 일어난 것으로 보일 수 있다.

자택에서 목을 매 숨진 채 발견됐다고 발표했다. 사인은 질식사이자 자살로 밝혀졌으며, 부인인 수잔 슈나이더는 윌리엄스가 파킨슨병 초기 단계에서 우울증을 앓고 있었다고 전했다.

6) 루이체 치매를 유발하는 '루이체'라는 물질이 무엇인지 알아보자. 루이체는 '알파시누클레인 단백질'이 주 성분으로 이루어진 단백질 덩어리라고 생각하면 된다. 루이체는 신경 세포질 속에 있는데, 그것이 분포하는 부위에 따라 '뇌간'에 주로 축적되는 경우, '변연계'에 축적되는 경우, '대뇌 피질을 포함한 뇌 전반'에 광범위하게 축적되는 경우로 분류할 수 있다. 이 루이체의 축적이 파킨슨병 또는 루이소체 치매를 특징짓는 병리 물질이므로, 파킨슨병과 파킨슨병 치매, 루이체 치매를 모두 포함하는 용어로 '루이체병'이라는 용어가 쓰인다.

대표적인 것이 주요우울장애에 의한 가성 치매이다. 주요우울장애를 구성하는 증상으로는 집중력 및 기억력 · 의욕 저하 등이 있으며, 특히 노인은 이 증상이 두드러지기 쉬워 마치 인지증에 걸린 듯한 인상을 줄 수 있다. 그러나 실제의 지능 장애는 아니기 때문에, 항우울제 등을 이용한 치료로 개선할 수 있다. 전신질환으로는 갑상선기능저하증에 의한 것을 간과해서는 안 된다. 중추신경질환에 기인하는 것 중에서는 만성경막하혈종 · 정상압수두증이 치매와 비슷한 증상을 나타내며, 이들 또한 원질환의 치료를 통하여 개선을 기대할 수 있다.[7]

c

3 치매 환자 돌봄

치매 환자란 치매로 말미암은 임상적 특징이 나타나는 사람으로서 의사 또는 한의사로부터 치매로 진단받은 사람을 말한다(「치매관리법」 제2조 제2호). 치매 환자가 매년 꾸준히 증가하면서 우리나라는 2017년부터 치매국가책임제를 시행 중이다. 혼자 사는 치매 노인이 장기요양 서비스, 노인 맞춤 돌봄 서비스 등 공공 · 민간기관에서 서비스를 받을 수 있게 안내하고 있다. 또 치매 치료관리비 지원, 건강관리, 자가 돌봄과 목욕 관리, 치매 환자 쉼터 운영 등을 지원하고 있다. 치매 환자 특성상 하루 종일 돌봄을 받아야 하지만 치매 환자 쉼터의 경우 낮에만 이용 가능하다. 종일 돌봄을 받기 위해서는 요양기관에 입소해야 하는데, 가족 등 부양자가 적극적으로 입소를 돕지 않는 한 어렵다. 장기요양등급을 받았다고 하더라도 3~5등급은 재가등급으로 시설 입소가 어렵다.[8]

7) 중추신경질환에 의한 치매를 가성 치매라고 일컫는 경우는 흔치 않다.

8) 물론 3등급이라도 가족의 사정이나 치매 등에 따른 문제행동으로 집에서 돌보기 어려운 경우 시설 급여를 받을 수 있지만 과정이 쉽지 않다. 2~5등급이어도 입소 가능한 공립치매전담 요양원이 속속 개원하고 있지만 아직 역부족이다.

치매 환자를 돌보는 사람은 환자 상태를 주의 깊게 살펴보면서 진행 단계에 따라 적절히 대처해야 한다. 치매 초기에는 일상생활이 가능한데도 불구하고 환자가 원하지 않는 도움을 주어, 오히려 환자가 좌절하는 일이 생기지 않도록 주의해야 한다. 치매 진행이 지연될 수 있도록 규칙적으로 약물을 복용하고, 운동과 규칙적인 식사, 가족과 함께 할 수 있는 여행이나 즐거운 활동을 계획한다. 중기에는 환자의 기억력 장애가 심해지고 대처 능력이 저하되기 때문에 운전이나 책임 있는 사회생활을 피하도록 한다. 말기에는 장기요양보험제도나 주간보호센터에서 프로그램에 참여하면서 환자 자신에게 의미 있는 활동을 할 수 있도록 한다(김준환 · 김혜경, 2020: 145-150; 이미나 외, 2020: 98).

치매 환자를 돌보는 일은 장기간의 계획과 인내, 그리고 가족 구성원 간 서로 이해하는 마음이 깊어야 한다. 변화하는 환자의 인지 상태에 적절하게 대처하면서 가족 구성원이 의논하여 돌봄의 원칙을 정하고, 일관성 있는 돌봄을 제공해야 한다.

보건복지부 · 국립중앙의료원과 「치매관리법」 제16조[9]에 따라 설치 · 운영하는 중앙치매센터(2023: 70-75)에서 제시하는 '치매 돌봄 10계명'은 다음과 같다.

- 치매 환자도 존중받아야 할 사람임을 잊지 말아야 한다. 인지 기능의 손상이 있더라도, 치매 환자는 여전히 자신의 성격과 취향이 있고, 아름다운 추억의 단편을 지니고 있는 한 사람임을 잊지 말아야 한다. 따라서 배려한다는 이유로 마냥 아이처럼 대해서는 안 되며, 여전히 가족으로부터 존중과 사랑을 받고 있으며, 가정에서 나름의 역할이 있다고 느낄 수 있도록 배려해야 한다.
- 치매 환자를 격려하고, 잔존 기능을 활용할 수 있도록 지지해야 한다. 가족은 대부분 점점 나빠져가는 치매 환자의 기억력을 되살려 보고자 많은 노력을 한다. 잃어버린 기억을 살리고자 하는 노력이 매우 중요하기는 하지만, 그보다 훨씬 더 중요한 것은 아직 건강하게 남아 있는 다른 기능을 최대한 상실되지 않게 유지

9) 제16조(중앙치매센터의 설치) ① 보건복지부장관은 치매관리에 관한 다음 각 호의 업무를 수행하게 하기 위하여 중앙치매센터를 설치 · 운영할 수 있다(여기서는 제1항 이하의 다음 각 호는 생략함).

시키는 것이다. 치매 환자에게 남아 있는 기능을 감사하게 여길 필요가 있다. 그마저 없다면 얼마나 더 힘들까를 생각하면서 남아 있는 기능을 소중하게 잘 지켜나가야 한다.

- 치매 환자의 작은 변화도 가치가 있다는 것을 알고 감사해야 한다. 치매 환자는 새로운 정보를 습득하는 능력이 저하된다. 따라서 건강할 때에는 한두 번 보거나 들으면 배울 수 있었던 것들을 수십 번 반복해도 습득하지 못하는 경우도 많다. 조금씩 끈기 있게 학습을 도와야 한다. 출입문 비밀번호를 외우지 못 한다고요? 꾸준하고 요령 있게 두세 달을 반복하면 대부분 외울 수 있다. 치매 환자 스스로 대문을 출입할 수 있다는 사실이 때로는 얼마나 고맙게 느껴지는지 모른다.
- 치매 환자의 신체적 건강에 관심을 가지고 적절한 건강관리를 받도록 한다. 치매 환자는 자신의 신체 증상을 느끼고 표현하는 능력이 많이 부족하다. 그러다 보면 진단이나 치료의 적기를 놓쳐 작은 병을 크게 키우기도 하고, 악화된 신체 질환 때문에 치매가 악화되기도 한다. 가족은 치매 환자가 제대로 표현하지 못하는 불편감이 없는지를 파악해야 한다.
- 장기적인 계획을 바탕으로 치매 환자를 돌본다. 치매 환자는 원인 질환과 진행 단계에 따라 겪게 되는 문제가 다양하다. 그러나 다행히 앞으로 겪게 될 문제를 원인과 단계에 따라 어느 정도 예측할 수 있다. 따라서 치매 진단을 받게 되면, 먼저 원인 질환과 현재 중증도에 따라 앞으로 치매 환자가 겪게 될 핵심적인 문제를 파악하고, 상황이 발생했을 때 어떻게 대처할 것인지를 미리 생각해 두는 것이 좋다.
- 불의의 사고를 항상 대비하고 예방해야 한다. 치매 환자의 증상은 처한 환경과 신체 및 심리 상태에 따라 급격하게 달라질 수 있다. 집안에서는 불안해하지 않던 치매 환자가 장거리 여행에서 무리한 여정을 소화하거나, 너무 붐비는 백화점에 나가면 전혀 예상치 못한 불안 발작을 보일 수 있다. 또 대낮에는 길 찾는 데 어려움이 없던 치매 환자라도 밤이 되면 집 주변에서도 길을 잃을 수 있다. 따라

서 쇼핑을 가더라도 편안함을 느끼고 문제행동을 유발하지 않는 곳이 어디인지, 여행을 가더라도 어느 정도 거리를 어떤 하루 일과로 계획하는 것이 좋을지를 고민해야 불의의 사고를 예방할 수 있다.

- 치매 관련 다양한 자원을 적극 활용한다. 치매는 10년 이상 장기간 돌봐야 하고, 정신적 · 육체적 · 경제적으로 부담이 큰 병이다. 어느 한 가지 서비스로 이런 다양한 불편을 충분히 덜기는 어렵겠지만, 이용 가능한 서비스를 자신의 상황과 필요에 따라 잘 조합해서 이용하면, 장기적으로 치매 환자를 돌보는 피로를 현저히 줄일 수 있다. 당장은 크게 필요를 느끼지 않더라도 앞으로 서비스를 이용할 수 있는 자격, 방법, 비용 등을 파악해서 서비스 이용을 설계하는 것이 좋다. 서비스도 아는 만큼 보인다. 최근에는 치매 환자와 가족을 위한 서비스가 빠르고 다양하게 생겨나고 있어 가족이 일일이 파악하기 어려울 수도 있다. 그럴 때는 치매상담콜센터 서비스(1899-9988)를 이용하면 쉽게 관련 정보를 얻을 수 있다.
- 치매에 대한 지식을 꾸준히 쌓아가야 한다. 치매는 원인 질환과 진행 단계에 따라 증상이 변화무쌍하다. 치매 환자를 잘 돌보기 위해서는 자신이 돌보고 있는 치매 환자의 원인 질환과 단계에 따른 특성을 잘 알아야 하고, 현재 보이는 증상의 유발 요인과 대처법에 대한 지식을 담당 의사와 치매상담콜센터 서비스(1899-9988)와 같은 신뢰할 수 있는 정보를 통해 꾸준히 쌓아가야 한다. 치매 환자를 돌보는 일은 치매라는 병을 아는 만큼 수월해진다.
- 치매 환자는 모든 가족 구성원이 함께 돌보도록 한다. 치매 환자는 진단 시점부터 주로 주부양자 한 사람이 전적으로 돌보는 경우가 많고, 주부양자도 치매 환자를 돌보는 부담을 한계 상황까지 전적으로 혼자 짊어지려는 경향이 강하다. 치매 환자를 돌보는 일은 혼자서 전적으로 감당하기에는 부담도 너무 크고, 비효율적이며, 너무 긴 시간이다. 따라서 가족은 주부양자처럼은 못하더라도, 유용한 정보를 대신 찾아서 알려주거나, 정기적으로 전화나 방문을 통해 주부양자의 스트레스를 풀어주거나, 십시일반 경제적인 지원을 함께 해야 한다.

- 치매 환자를 돌보는 가족은 자신의 건강도 잘 챙겨야 한다. 치매 환자를 돌보다 보면 시간이 없고 지쳐 심각한 병을 앓게 되는 가족이 생길 수 있다. 조기에 치료할 수 있는 질병을 키우면 치매 환자를 돌볼 사람이 없어지게 된다. 치매 환자를 돌보기 위해 주부양자의 건강은 중요하다. 치매 환자와 자신을 위해 정기검진, 조기 검사 등을 통해 더욱 적극적으로 관리해야 한다.

4 치매 가족에 대한 이해

고령화시대의 비극 '간병살인' 사건이 잇따르면서 심각한 사회문제로 떠올랐다. 간병살인은 오랜 기간 아픈 가족을 돌보다 지쳐 환자를 죽이거나 동반자살한 경우를 이른다. 치매 환자 간병 가족은 치매 가족을 위해 헌신한다는 '동정'과 가족을 요양원에 보낸다는 '비난'을 동시에 받는다. 2019년 2월 일본에서 80대 치매 아버지를 간병하던 40대 아들이 아버지를 숨지게 한 뒤 스스로 목숨을 끊은 사건이 발생했다. 아들은 10여 년 전 직장을 그만두고 혼자 아버지의 간병을 맡아온 것으로 알려졌다. 아버지의 건강이 악화된 것을 비관해온 아들은 형제들에게 유서를 남기고 극단적인 선택을 했다(주간조선, 2019. 3. 1.).

우리보다 20년 앞서 2005년 초고령사회로 진입한 일본은 이미 1980년대부터 간병살인 등이 사회문제가 됐다. 일본에서는 스스로 일상생활을 할 수 없는 이들을 돌보는 일을 개호(介護)라고 부른다. 개호와 관련된 새로운 용어를 보면 개호로 말미암은 문제가 보인다. 노부부가 서로를 돌보거나 60·70대 자식이 부모를 돌보는 '노노개호', 독신인 자녀가 부모를 돌보는 '독신개호'가 있고, 개호를 받던 환자가 스스로 목숨을 끊는 '개호자살', 개호하던 가족이 환자를 죽이는 '개호살인', 개호에 대한 괴로움을 뜻하는 '개호피로'라는 말도 생겼다. 앞의 사례처럼 동반자살한 경우는 '개호심중(介護心中)'이라고 한다. 마음에 안고 간다는 뜻이다. 개호를 위해 일을 그만두는

'개호이직', 부모 등 여러 명을 개호하는 '다중개호'라는 용어도 등장했다.

일본에서 개호살인 뉴스는 흔하게 접할 수 있다. 2019년 2월 오사카후 기시와다시(大阪府 岸和田市) 경찰은 74세의 남편을 살해한 혐의로 부인(65)을 체포했다. 부인은 경찰에서 남편이 개호를 받으면서도 걸핏하면 불만을 쏟아내 스트레스가 쌓였다고 진술했다. 부인은 이날 새벽 4시에도 남편이 계속 잔소리를 해대자 남편의 얼굴을 베개로 눌러 질식사에 이르게 했다. 이보다 앞선 1월에는 야마가타현 덴도시(山形県 天童市)의 주택에서 여성의 시체가 발견됐다. 81세의 남편이 71세 부인을 목졸라 죽인 사건이었다.

우리나라에서도 2014년 초 인기 아이돌그룹 멤버의 아버지가 치매를 앓던 부모를 숨지게 한 뒤 스스로 목숨을 끊은 사건이 발생했다. 이 사건을 계기로 치매 환자를 돌보는 가족의 고통이 사회문제로 떠올랐지만, 현실은 그다지 바뀌지 않고 있다(한겨레, 2015. 4. 19.). 2018년 12월 경기도 고양시에서도 70대 노모와 40대 딸이 나란히 숨진 채 발견됐다. 노모는 암 수술 후 치매를 앓아왔다. 경찰은 간병을 맡아온 딸이 어머니의 목을 조르고 목숨을 끊은 것으로 판단했다(주간조선, 2019. 3. 1.).

이러한 사건은 배우자가 치매 배우자를 돌보는 경우에 많이 발생한다. 치매 환자의 이상행동에 대한 스트레스, 나아지지 않는 증세, 간병 노동의 신체적 부담, 생활고가 원인이다. 일본은 간병 스트레스에 따른 범죄를 분류하고 있다. 그러나 우리나라는 간병살인에 대한 통계조차 마련돼 있지 않은 상황에서 고민의 흔적이 담긴 대책이 있을 리 만무하다. 이는 평범하고 소심한 간병 가족이 벼랑 끝으로 내몰릴 수밖에 없는 이유다.

간병 가족의 돌봄 스트레스를 덜어주기 위해 '집 밖 활동'을 늘려야 한다. 치매 환자를 돌보는 가족이 육체적으로나 정신적으로 불안정하면 결코 돌볼 수 없다. 치매 환자를 돌보는 가족도 자신의 상태를 점검하고 자기 돌봄을 하여야 한다. 보건복지부·국립중앙의료원·중앙치매센터(2023: 79)에서 제시하는 '가족의 자기 돌봄 수칙'은 다음과 같다.

- 나, 지금 괜찮은 걸까? 치매안심센터에서 돌봄 부담 분석을 받은 후 결과를 상담받으라.
- 나의 몸과 마음 상태를 알려라. 어려움을 치매안심센터 또는 주치의와 상담하라. 가족모임에서 서로 도와주는 방법을 이야기하라. 치매안심센터, 자조모임에서 비슷한 상황에 있는 분들과 이야기를 나누어라.
- 도움을 청하라. 도움 받을 지인, 기관, 국가지원센터를 정리해 두어라. 치매안심센터에서 지역 내 여러 가지 서비스 지원과 목록을 제공받고 활용하라.
- 유익한 정보를 가까이 하라. 치매안심센터의 가족교실, 자조모임을 통해 치매에 대한 정보를 얻어라.
- 미리미리 챙겨두어라. 재정적 · 의료적 대리인 결정 선정, 위임방식 등을 미리 준비하라.
- 나만을 위한 시간 설계를 하라. 자신에게 필요한 시간이 얼마나 되는지 생각하라. 활기를 불어넣을 수 있는 활동을 하라.

5 노인성 치매의 진단검사

노인성 치매 진단에 있어 환자에 대해 가장 잘 알고 있는 보호자의 보고를 통한 정확한 병력 청취가 매우 중요하다. 의사는 이전과 비교해서 기억력을 포함한 인지 기능의 변화가 있는지, 있다면 언제부터 어떠한 양상으로 나타났는지 확인하고, 신체검사와 신경학적 검사, 정신 상태 검사, 일상생활 기능 수준 검사, 혈액 검사 등의 실험실 검사, 뇌영상검사, 심경심리검사 등을 통해 진단을 내린다(http://www.snuh.org/).

1) 신체검사와 신경학적 검사

환자의 인지 기능에 영향을 줄 수 있는 신체 질환 및 뇌신경계 질환의 징후가 있는지 진찰한다.

2) 정신 상태 검사

기억력 등의 인지 기능을 평가하고 섬망(譫妄)[10]이나 혼돈과 같은 의식의 장애가 있는지, 우울증이나 망상, 환각 등의 동반된 정신행동 증상이 있는지를 평가한다.

3) 일상생활 동작 평가

일상생활에서의 기능 수준이 어느 정도인지를 평가한다. 식사하기, 옷 입기, 씻기, 대소변 가리기 등의 기본적인 일상생활과 전화하기, 음식물 만들기, 돈 관리하기 등과 같은 좀 더 복잡한 일상생활 동작에 대해 평가한다. 이러한 검사는 진단을 위한 평가뿐만 아니라 향후 환자 관리에도 도움을 줄 수 있는 기본적인 정보가 된다.

4) 혈액 검사 등의 실험실 검사

노인성 치매를 유발하거나 악화 요인이 될 수 있는 여러 신체 질환 여부를 파악하기 위해 빈혈검사, 간기능검사, 신기능검사(腎機能檢査)[11], 당뇨검사, 비타민검사, 갑상선 기능검사, 지질검사, 흉부 X레이, 심전도, 소변검사 등 다양한 실험실 검사를 시행한다.

10) 섬망은 신체 질환이나, 약물, 술 등으로 인해 뇌의 전반적인 기능 장애가 발생하는 증후군이다. 주의력 저하와 의식 수준, 인지 기능 저하를 특징으로 하며, 그 외 환시와 같은 지각의 장애, 비정상적인 정신운동 활성, 수면 주기의 문제가 동반되기도 한다.

11) 신기능검사(renal function test)란 신장 기능의 정도를 검사하는 방법을 말한다. 요검사나 일반검사에서 신장질환이 의심되는 경우에는 신장 기능의 정도를 알 필요가 있다. 신기능검사에는 좌우 양쪽 신장의 기능을 종합적으로 검사하는 총 신기능검사와 좌우 신장의 기능을 따로따로 검사하는 분리 신기능검사가 있다. 총 신기능검사에는 혈액 중 요소질소 측정, 혈액 중의 크레아티닌 측정, 농축시험, PSP시험, 청소율(clearance)시험 등이 있다.

5) 뇌영상검사

뇌영상검사는 뇌자기공명영상(MRI), 뇌컴퓨터단층촬영(CT) 등 구조적 뇌영상검사와 양자방출단층촬영(PET), 단일광자방출촬영(SPECT) 등 기능적 뇌영상검사로 구분된다. MRI와 CT는 뇌의 구조나 모양을 살펴보기 위한 검사로 노인성 치매의 원인 질환을 감별하는 데 있어 매우 중요한 검사이다. 이러한 검사를 통해 알츠하이머병에서 나타나는 뇌의 위축, 뇌실 확대 등 뇌의 구조적 이상소견을 확인할 수 있고, 혈관성 치매에서 나타나는 대혈관 경색, 전략적 단일 경색, 기저핵과 전두엽 백질의 다발성 소공경색, 광범위한 백질 병변 또는 이러한 소견들의 공존 소견 등 다양한 뇌혈관 질환의 증거를 확인할 수 있다.

정상압 뇌수두증, 전측두엽 퇴행 등에서도 특징적인 구조적 뇌 이상 소견을 발견할 수 있다. 근래에는 CT보다 해상도가 높은 MRI가 널리 사용된다. 방사선동위원소를 이용하여 뇌의 혈류량 또는 뇌의 포도당 대사능력 등을 측정함으로써 뇌의 각 부위의 기능 이상을 확인할 수 있다. 구조적 뇌영상검사에서 별다른 이상이 나타나지 않는 경우 뇌기능의 저하 여부나 저하 부위를 조기에 파악할 수 있어 노인성 치매 원인 질환의 조기 진단에 매우 유용하다. 또한 2000년대 들어서 알츠하이머병의 원인 물질인 아밀로이드 베타의 축적을 측정하는 새로운 방사성 동위원소가 개발되어 이를 이용한 PET 검사가 병리적 원인을 추정하는 데 유용하게 사용되고 있다.

6) 신경심리검사

신경심리검사는 뇌 기능과 관련된 다양한 인지 기능을 객관적으로 정밀하게 평가하는 검사이다. 신경심리검사에는 기억력, 언어 능력, 주의집중력, 판단 능력, 계산 능력, 수행 능력, 시공간 파악 능력 등 다양한 인지 영역에 대한 광범위한 평가가 포함된다. 신경심리검사 결과를 통해 어떤 영역의 인지 기능이 어느 정도 수준으로 저하되었는지에 대한 객관적 정보를 얻을 수 있으며, 이러한 정보는 치매 여부의 진단이나 원인 감별에 참고자료로 활용된다. 또한 치료 시작 전 신경심리검사를 통해 환자의 기저 인지 기능 수준에 대한 정보를 미리 얻어 둠으로써 향후 치료 효과 파악을 위한 기준으로 활용할 수 있다.

표 9-2 치매 자가진단 체크리스트

※ 다음의 문항을 읽으면서 자신의 행동이나 생각 또는 느낌과 일치하는 것에 V 표시를 하십시오.

번호	질 문	예	아니오
1	당신은 기억력에 문제가 있습니까?	□	□
2	당신의 기억력은 10년 전에 비해 저하되었습니까?	□	□
3	당신은 기억력이 동년의 다른 사람들에 비해 나쁘다고 생각합니까?	□	□
4	당신은 기억력 저하로 일상생활에 불편을 느끼십니까?	□	□
5	당신은 최근에 일어난 일을 기억하는 것이 어렵습니까?	□	□
6	당신은 며칠 전에 나눈 대화 내용을 기억하는 것이 어렵습니까?	□	□
7	당신은 며칠 전에 한 약속을 기억하기 어렵습니까?	□	□
8	당신은 친한 사람의 이름을 기억하기 어렵습니까?	□	□
9	당신은 물건 둔 곳을 기억하기 어렵습니까?	□	□
10	당신은 이전에 비해 물건을 자주 잃어버립니까?	□	□
11	당신은 집 근처에서 길을 잃은 적이 있습니까?	□	□
12	당신은 가게에서 사려고 하는 두세 가지 물건의 이름을 기억하기 어렵습니까?	□	□
13	당신은 가스불이나 전깃불 끄는 것을 기억하기 어렵습니까?	□	□
14	당신은 자주 사용하는 전화번호(자신 혹은 자녀의 집)를 기억하기 어렵습니까?	□	□

※ 6개 항목 이상에 '예'라고 표시될 경우 가까운 보건소에 가서 치매조기검진을 받아 보십시오.
점수가 높을수록 주관적 기억감퇴가 심한 것을 의미합니다.

출처: 보건복지부 · 국립중앙의료원 · 중앙치매센터(2023: 7).

제10장

노인과 우울증

1 노인 우울증의 개념

우울증에 걸린 노인은 맛있는 음식을 먹고 싶다는 생각 자체가 없다. 우울증은 노년기에 가장 흔한 정신과 질환의 하나이며, 환자에게 심한 고통을 초래할 뿐 아니라 삶의 질 또한 저하시키는 질병이다. 또 우울증은 심장질환 등 신체질환의 경과에도 영향을 미친다. 그러나 노인에서의 우울증은 숨겨진 질병이 되기 쉬운데, 다른 연령군에서의 우울증과는 달리 비전형적인 증상으로 나타나는 경우가 많기 때문이다. 노인은 우울감을 적게 호소하고 신체 증상과 인지 기능 저하가 두드러지기 때문에 진단이 힘들고, 다른 질병으로 오인되어 부적절한 치료를 받는 경우가 많다.

노인 우울증의 발생 원인은 크게 사회심리학적 요인과 생물학적 요인으로 나눌 수 있다. 노인 우울증의 사회심리학적 요인으로는 무엇보다도 노년기에 겪게 되는 각종 상실을 들 수 있다. 첫 번째로 노년기에 찾아오는 질병과 장애로 말미암은 건강의 상실이 있고, 두 번째로 퇴직 이후 재정적 대비의 부족으로 말미암은 경제적 능력의 상실이 있으며, 세 번째로 배우자나 친지와의 사별, 가족과의 분리 등으로 말미암은 대인 관계의 상실이 있다. 달리 말하자면, 흔히 노인의 삼고(三苦)라고 하는 병고(病苦), 빈고(貧苦), 고독(孤獨)이 노인 우울증의 사회심리적 요인이라 할 수 있다.

노인 우울증의 생물학적 요인 중 대표적인 것으로 신경생화학적 요인과 신경해부학적 요인을 들 수 있다. 신경생화학적 요인으로는 세로토닌과 같이 감정 조절에 작용하는 신경전달물질의 저하가 있다. 신경해부학적 요인으로는 감정을 조절하는 뇌회로 부위의 모세혈관 이상을 들 수 있다. 우리 뇌의 뇌피질(특히 전두엽)과 피질하 영역 사이에는 감정을 조절하는 뇌회로가 존재하는데, 이 회로 부위에 혈액과 영양소를 공급하는 모세혈관이 막히면 우울증에 걸리기 쉬운 상태가 된다.

그런데 대부분의 경우 이러한 사회심리적 요인과 생물학적 요인이 복합적으로 작용함으로써 노인 우울증이 발병하는 것으로 알려져 있다. 때로는 갑상선 질환이나 부신질환과 같은 신체 질환이 우울증의 직접적인 원인이 되기도 하며, 뇌종양의 증상이 우울증과 유사하게 나타나는 경우도 있으므로 주의해야 한다.

간단한 우울증 자가진단을 소개하면, 아래 10가지 문항 중 5가지 이상 부합되고, 2주 이상 계속된다면 일단 우울증을 의심해 보아야 한다.

① 급격한 체중 감소 증상이 나타났다. 반대로 아주 드물게는 증가하기도 한다.
② 항상 피곤하고 에너지가 부족하다는 생각을 한다.
③ 불면증으로 시달리고 있다.
④ 하루 종일 우울한 기분이 든다.
⑤ 우유부단해졌으며 집중력이 감소된 걸 느끼고 있다.
⑥ 거의 모든 활동에 흥미를 느끼지 못하고 즐겁지도 않다.
⑦ 건강에 대해 과도한 걱정을 하고 있다.
⑧ 초조하고 기억이 잘 나지 않고, 정신이 느려짐을 경험하곤 한다.
⑨ 죽음에 대한 생각 또는 자살에 대한 생각이 계속해서 든다.
⑩ 과도한 죄책감에 사로잡히거나, 본인이 가치 없다는 생각이 들기도 한다.

2 노인 우울증의 치료와 상담

사람의 정신생활은 무엇에 기반하고 있을까? 몸과 마음을 따로 구분하는 것이 문제가 있긴 하지만 우리는 마음이 뇌에 기반을 둔다는 것을 이제 알고 있다. 그러나 모든 마음을 뇌로만 설명할 수는 없고, 우리의 마음을 치료하는 데 약물 치료만으로는 충분하지 않다. 마찬가지로 우울증의 치료는 크게 약물 치료와 정신 치료로 구분할 수 있고, 두 가지 치료가 모두 우울증의 치료에 있어 필수적이다(후생신보, 2022. 11. 04.).

우울증 치료의 기본은 환자가 정서적 안정을 취할 수 있도록 유도하는 것이다. 노인 우울증 치료도 이와 다르지 않다. 조기에 발견해 적극적으로 치료하면 치료 효과도 좋고 합병증과 재발을 방지할 수 있다. 노인 우울증은 대부분 사회심리적 요인과 생물학적 요인이 복합적으로 작용하여 발생하므로 이 두 가지 요인에 대한 개입이 동시에 이루어진다. 사회심리적 요인에 대한 개입은 주로 정신 치료를 통해, 생물학적 요인에 대한 개입은 주로 약물 치료를 통해 이루어진다. 만약 신체질환이 우울증의 직접적인 원인이 된 경우에는 신체질환의 치료 또한 이루어져야 한다.

정신 치료는 역동정신의학적 정신 치료, 대인 관계 치료, 인지행동 치료 등 다양한 기법을 통해 이루어지는데, 치료의 초점은 노인 우울증의 사회심리적 요인인 실제적이거나 가상적인 상실(대인 관계의 상실, 건강의 상실, 경제 능력의 상실 등), 그리고 이와 연관된 자존감의 저하에 맞춰진다. 환자 얘기에 귀 기울이고, 세상에 대한 잘못된 인식과 대인 관계 기술을 증진시킨다.

약물 치료는 감정과 관련된 신경전달 물질인 세로토닌(serotonin)[1]의 농도를 정상

1) 세로토닌은 모노아민 신경전달물질(monoamine neurotransmitter)로 5-hydroxytryptamine(5-HT)라고도 한다. 세로토닌은 트립토판(tryptophan)으로부터 생합성되며 위장관, 혈소판, 그리고 중추신경계에서 주로 발견된다. 세로토닌은 잘 살기(well-being)와 행복감 등을 느끼는 데 필요한 것으로 잘 알려져 있다. 우리 몸에 존재하는 세로토닌의 대부분(약 90%)은 위장관의 장크롬친화성 세포(entero-chromaffin cell)에서 생산되어 분비된다. 위장관의 세로토닌은 위장관 운동을 조절하는 등의 생리적 기능을 가지고 있다. 한편, 나머지는 중추신경계에 위치한 세로토닌성 뉴런(serotonergic neuron)에서 생산되어 분비되며, 기분(mood), 식욕(appetite), 수면(sleep) 등의 조절에 관여한다.

화시켜 주는 항우울제를 주로 투여하게 된다. 진료 현장에서 환자들이 항우울제와 같은 약물이 부작용이 심한 것으로 오해하여 약물 복용을 주저하는 경우를 종종 볼 수 있다. 그러나 요즘 처방되는 약물에 대해서는 그런 걱정을 할 필요가 없고, 특히 항우울제는 매우 안전하게 사용할 수 있는 약물이므로 의사와 상의하여 정해진 기간 동안 꾸준히 복용해야 한다.

더욱 신속한 치료가 필요할 경우 전기충격 치료를 시행할 수도 있다. 전기충격 치료는 일반의 통념과는 달리 매우 안전하고 효과가 빠른 치료법이며, ① 자살 가능성이 높은 경우, ② 식사를 거부하는 심한 우울증, ③ 항우울제의 위험성이 크거나 효과가 없는 경우, 그리고 ④ 빠른 임상적 호전이 필요한 경우 등에 적용하게 된다.

우울증 치료 시작 후 1~2주가 지나면 잠을 잘 자게 되고, 식욕이 호전되기 시작하여 한 달을 전후해서는 우울한 기분도 없어지는 등 주요 증상이 호전되어 간다. 이렇게 증상이 없어진 후에도 일정 기간 치료를 계속해 주는 것이 증상 재발을 예방하는 데 도움이 된다.

우울증에 신음하는 농어촌… 진료받을 정신과가 없어요

인구 대비 정신과 치료를 받은 사람 수가 많은 지역 상위 50곳 중 20곳이 인구 5만 명 미만의 농어촌 지역인 것으로 확인됐다. 반면 정신과 진료와 치료를 받을 수 있는 의료기관은 서울 등 대도시에 집중됐다.

실제로 도시와 농촌 간 의료 격차로 농촌 지역의 의료시설은 도시에 비해 현저하게 부족했다. 정신건강에 대한 관심이 늘면서 전국의 정신질환 관련 의료기관은 2018년 1,838곳에서 2023년 9월 기준 2,315곳으로 5년 새 477곳(25.95%)이 늘었다. 하지만 늘어난 의료기관의 대부분은 서울(218곳)과 경기(102곳), 부산(38곳), 인천(19곳), 대구(19곳) 등 대도시에 집중됐다.

정정엽 대한신경정신의학회 이사는 "노인 우울증 등 정신질환을 제때 치료하지 못하면서 나온 결과"라고 말했다. 신 의원은 "대도시와 지방 소도시 간 의료 격차가 정신의료에서도 그대로 나타나고 있다."라면서 "사는 곳과 상관없이 보편적으로 이용 가능한 의료체계를 만들어야 한다."라고 지적했다.

출처: 서울신문(2023. 12. 3.), 김동현 · 장진복 · 서유미 기자.

배우자나 사랑하는 사람을 상실하였거나 신체건강의 문제 등으로 우울 증상을 보이는 노인들처럼 그 증상이 심각하지 않을 때는 누군가에게 이야기하는 것만으로도 우울증이 경감된다. 즉, 섣부른 충고보다는 말을 들어주는 것만으로도 우울증을 겪는 노인에게는 큰 도움이 된다. 따라서 상담자는 노인의 이야기를 충분히 들어주고, 노인이 현재 겪는 일에 대해 이해하려고 노력해야 한다. 날이 춥고 일조량이 감소하는 겨울은 노인들이 '계절성 우울증'에 걸리기 쉽다. 특히 외부 활동이 적고, 거동이 불편한 노인들이 취약하다. 계절성 우울증은 날이 쌀쌀한 가을이나 겨울, 우울 증상이 반복적으로 나타났다가 봄이나 여름이 되면 호전되는 질환이다. 노인은 우울증이 한 번 생겼을 때 치료를 제대로 받지 않으면 재발할 가능성이 높다.

특히 상담자는 슬픔을 잘 다룰 줄 알아야 한다. 내담자가 충분히 자신의 상황과 고통을 슬퍼할 수 있도록, 충분한 애도의 시간을 가질 수 있도록 도와주어야 한다. 애도 과정을 충분히 겪도록 하기 위해서는 시간이 걸린다. 노인은 애도 과정을 거치는 데 더 많은 시간이 걸린다. 그 이유는 노인은 한 번에 몇 가지 상실을 한꺼번에 겪게 될 때가 많기 때문이다. 예컨대 사랑했던 사람의 상실, 독립성의 상실, 재정적인 능력의 상실, 소유의 상실, 역할이나 지위의 상실 등 두세 가지의 상실이 겹칠 때가 많다(이호선, 2012: 254-256).

노인 우울증을 극복하기 위한 대처법 몇 가지를 소개하면 다음과 같다.

- 균형 잡힌 식단을 준비한다. 혼자 사는 사람의 식단은 단출할 수밖에 없다. 그러나 이러한 식단은 신체 기능을 저하시킨다. 영양제도 도움이 되나 본인을 대접한다는 자세의 식단이 매우 중요하다.
- 충분한 수면을 취한다. 낮에 활동하고 밤에는 규칙적인 시간에 충분한 수면 시간을 확보해서 수면에 들어야 한다. 수면은 전체적인 건강과 정신건강에 가장 중요한 요소다.
- 유산소 운동을 한다. 건강에도 좋고 기분 조절 신경전달 물질인 세로토닌 분비를 촉진해 우울감을 떨치는 데 효과적이다. 10~20분 정도의 가벼운 산책도 충분히

도움이 된다.

- 단절된 사회활동을 다시 시작한다. 종교 모임, 문화센터 수업 참여, 경로당 등에서 활동을 시작한다. 소속감이 우울감 및 불안감을 없애는 데 효과가 좋다.
- 대인 관계를 계속해서 이어나간다. 대인 관계 단절의 삶은 우울감을 키울 뿐이다. 가족, 친지, 친구들과의 대인 관계를 유지하려 노력한다.
- 취미활동을 한다. 나와 잘 맞는 취미가 있는지 찾아야 한다. 젊어서 하고 싶으나 하지 못했던 것에 도전도 좋다. 지금? 내가? 이 나이에? 라는 생각은 버려야 한다. 시작이 반이 될 수 있음을 기억하면 된다.
- 질환이 있다면 적극적으로 치료한다. 나이 들었으니 조금만 버티다 가지 뭐 하는 어리석은 생각은 버려야 한다. 백세 시대이며 건강한 삶을 더 오래 살아야 하는 이유는 차고도 넘치기 때문이다.

앞에서 간략히 말한 우울증의 정신 치료에 대해 좀 더 구체적으로 살펴보고자 한다. 정신 치료는 다양한 형식으로 집단, 가족, 부부, 개인에게 제공된다. 그런데 모든 정신치료의 공통점은 환자가 치료자(상담자)와 이야기하는 것이다. 환자를 돕기 위해 우울증에 이바지하거나 이를 유지시키는 요소를 통찰할 수 있도록 다양한 정신 치료가 설계된다. 정신 치료에서 문제는 논의되고, 통찰과 이해, 언어적인 주고받음으로 생기는 정서적 지지를 통해 해결된다. 치료자는 개인의 욕구와 관심에 따라, 다양한 정신 치료적 접근을 통해 원인 요소를 끌어낸다(후생신보, 2022. 11. 04.).

1) 우울증의 정신역동적 치료

여러 가지 심리사회적 요인이 우울증을 악화시킬 수 있고, 우울증의 약물 치료 과정과 효과도 여러 심리사회적 요인으로 말미암아 영향을 받을 수 있다. 의사와 환자의 치료적 관계, 사회적 지지체계, 생활 스트레스, 신경증적이거나 비관적인 인격 성향은 분명히 우울증의 치료를 어렵게 만든다. 전통적으로 정신역동적 치료는 우울증의 치료에 유용하게 이용되었다. 우울증의 정신역동적 치료는 우울증을 일으키는 데 이바지하는 신경증적 성격 특성을 변화시키는 데에 중점을 둔다.

신경증적 성격 특성은 무의식에 있는 욕동이 의식화되지 못하게 하는 방어 기제의 일종으로 굳어져 있는 것인데, 이 방어 기제의 특성이 현실에서의 적응에 문제를 일으켜 우울증을 발달 혹은 악화시킬 수 있다. 정신역동적 치료는 무의식의 내용을 의식화하고 이런 부적응적인 방어 기제의 양상을 적응적인 방어 기제로 대체하는 등의 방식으로 치료적 효과를 나타낼 수 있다. 그러나 전통적인 정신역동적 치료는 현대의 의료 환경에서 적용되기가 어려워지고 있고, 치료 효과에 대한 과학적 근거를 충족시키기 어려운 특성이 있어서 활용하기가 어렵다.

2) 우울증의 인지행동 치료

사람은 어린 시절부터 여러 가지 경험을 하며 성장한다. 이 경험을 통해서 사람들은 세상과 자기 자신을 바라보는 독특한 눈을 갖게 된다고 할 수 있다. 인지 모델에서는 이렇게 경험을 통해 가지게 된 자신에 대한 생각, 세상을 바라보는 관점 중에 가장 근원적이고 중심이 되는 믿음이 있다고 가정하는데 이를 핵심믿음, 또는 도식이라고 하고, 우울증 환자는 오랜 기간 형성된 부정적인 내용의 핵심믿음을 가지고 있다고 본다.

아론 벡(A. Beck)은 우울증 환자는 주로 두 종류의 핵심믿음을 가지고 있다고 했는데, 자신이 무능하다는 주제의 핵심믿음과 자신은 사랑받을 수 없다는 주제의 핵심믿음이 그것이다. 그러므로 우울증 환자는 자신의 깊은 곳에 “나는 무능하기 때문에 절대로 해낼 수가 없어!”, “아무도 나를 사랑해 주지 않아! 난 한심하니까.”와 같은 숨겨진 목소리를 지니고 있다고 할 수 있다. 이런 핵심믿음은 우울증이 발병하기 전에는 활성화되지 않다가, 일에 실패하거나 다른 사람에게 거부당하는 등의 핵심믿음과 연관된 스트레스를 받으면 활성화될 수 있다. 일단 핵심믿음이 활성화되면 그 이후 환자의 경험은 모두 이 도식의 영향으로 인해 부정적으로 평가되고, 환자는 자신의 상황과 경험에 대한 여러 가지 왜곡된 자동적 사고를 만들어 내게 된다. 인지 치료는 왜곡된 자동적 사고의 현실성, 타당성에 문제를 제기하고 오류를 수정하여 이런 악순환을 끊어주는 역할을 수행하고, 이것이 성공하면 우울증의 증상이 호전될 수 있다고 제안한다.

우울증 인지행동 치료의 구성은 행동 활성화를 핵심으로 하는 행동적 접근, 인지재구성을 핵심으로 하는 인지적 접근, 행동실험을 통한 인지행동적 접근의 세 부분으로 크게 나누어 볼 수 있다. 행동 활성화는 주간 활동 계획 만들기, 즐거움·성취감 주는 활동 계획하기, 점진적 과제 적용 등의 전략을 활용하여 무기력증에 빠져 있는 우울증 환자의 활동을 증가시키고 이를 통해 우울 증상 호전을 목표로 하는 전략이다. 인지재구성은 우울한 감정을 불러일으키는 부정적 자동적 사고를 찾아내고 이를 검토하여 더욱 현실적인 대안적 사고로 재구성하는 기법이다. 또한 더 면밀한 탐색을 통해 자동사고 밑에 숨어 있는 부정적 전제와 핵심믿음을 찾아내고 이를 점차 재구성해 나가는 인지 치료의 핵심 요소이다. 그리고 행동실험을 통해 자신의 자동사고가 틀리고 새롭게 재구성한 대안사고가 유용함을 실제로 경험함으로써 합리적 사고를 공고히 할 수 있다.

3) 우울증의 대인 관계 치료

우울증의 대인 관계 치료는 우울증의 주요 원인이 대인 관계와 연관이 되어 있다는 가설 하에 대인 관계와 관련된 여러 주제를 집중적으로 다루는 단기 치료이다. 대인 관계에서 다루는 주요 주제는 첫째 중요한 사람의 상실 이후 애도 반응, 둘째 현재 대인 관계의 불화, 셋째 인생에서의 역할 변화, 넷째 외로움과 사회적 고립 같은 대인 관계 결핍이다.

중요한 사람을 잃은 후 다시 일상으로 돌아와 살아가려면 적절하고 충분한 애도 반응이 필요하다. 일반적으로 남겨진 사람은 한두 달의 애도 반응을 통해 슬픈 감정을 적절히 표출하고, 떠난 사람과의 관계를 재구성하고, 상실한 대상의 대체적 관계를 가질 수 있게 되는데, 적절한 애도 반응이 이루어지지 않거나 너무 오래 애도 반응이 지속되면 일상으로 돌아오지 못하고 우울증이 발병하거나 악화될 수 있다. 대인 관계 치료에서는 내담자가 적절한 애도 반응을 경험할 수 있도록 치료자가 내담자의 감정을 탐색하여 안전하게 표현할 수 있도록 하고 떠난 사람에 대한 이야기들을 나누면서 새로운 관계를 만들 수 있게 돕는다.

현재의 대인 관계 불화는 가장 중요한 스트레스 요인 중 하나이다. 치료자는 내담자의 대인 관계에 어떤 특성이 있는지 파악하고 내담자가 자신의 대인 관계 패턴 중에서 어떤 것이 자신을 힘들게 하는지 검토할 수 있게 하여 대인 관계 불화를 줄이고 정리할 수 있게 해준다. 필요한 경우 효과적으로 대화하는 방법 등을 구체적으로 제시하여 내담자가 다른 사람과의 대화에서 반복적으로 생기는 어려움을 해결하도록 돕기도 한다.

외로움과 사회적 고립은 우울한 기분을 유발하고 우울 증상은 다시 외로움을 심화시키는 악순환을 가져오는데, 대인 관계 치료에서는 내담자가 가지고 있으나 현재 이용하고 있지 않은 대인 관계 네트워크를 재검토해서, 함께 교류하거나 도움을 받을 수 있는 주변 사람들을 찾아보는 작업을 통해 우울증을 극복해 나간다.

4) 마음챙김 기반 인지 치료

동양의 선과 명상은 오랜 세월 마음을 수련하는 방법으로 그 전통을 이어왔고, 최근 서양의 심리학과 접목되면서 보편적인 치료 기법 중 하나로 자리잡기 시작하였다. 물론 선과 명상의 심오한 특성을 모두 간단하게 기법화할 수는 없지만, 위빠사나(Vipassanā)[2] 명상의 태도를 영어로 번역한 마음챙김(mindfulness)이 많은 심리 치료

2) 위빠사나(觀)는 세간의 진실한 모습을 본다, 혹은 분석적으로 본다는 뜻이다. 여기서 분석적이라는 말의 의미는 편견—혹은 욕구—을 개입시키지 않고 현상을 현상 자체로 본다는 뜻이다. 즉, 어느 한 대상에 마음을 집중하여 고요한 상태(samatha, 止)를 얻은 후에 끊임없이 변화하며 생성, 소멸하는 대상을 있는 그대로 관찰하는 수행을 말한다. 이것은 붓다가 궁극적인 깨달음을 얻은 수행법으로서 초기 불교부터 매우 중요시되어 왔다.

의 기법에 이용되어 좋은 효과를 인정받고 있다.

우울증을 대상으로도 마음챙김을 이용한 마음챙김 기반 인지 치료(Mindfulness-based Cognitive Therapy: MBCT)가 개발되었는데, 이 치료의 효과는 급성 우울증보다는 우울증이 나은 이후에 재발을 방지하는 데 우수한 효과가 있는 것으로 나타났다. 우울증은 재발이 흔하고 만성화되기 쉽기 때문에 재발 방지 효과가 있는 것은 매우 중요한 소견이다. 이 치료에서는 자신의 주의집중력을 과거나 미래가 아닌 현재에 두고 모든 생각과 현상을 비판단적으로 관찰하게 하는 연습인 마음챙김 훈련을 주요 치료 기법으로 한다. 이와 더불어 우울증과 관련이 있는 자신의 부정적인 생각은 생각일 뿐 사실이 아님을 강조하여 생각이 자신의 감정과 우울증에 미치는 영향을 변화시키는 데에 초점을 맞춘다.

3 노인 우울증의 주요 증상과 노인우울척도

1) 노인 우울증의 주요 증상

우울증은 다음과 같은 증상으로 나타나며, 다음 증상 중 5가지 이상(이 중에서 하나는 ① 또는 ②의 증상이어야 함)의 증상이 2주 이상 지속될 경우 주요 우울증 진단을 내린다(http://www.health.kdca.go.kr).

① 우울한 기분
② 흥미 또는 즐거움의 상실
③ 식욕 저하
④ 수면 장애
⑤ 정신운동 지체(생각과 행동이 느려짐) 또는 초조

⑥ 피로

⑦ 무가치감 또는 죄책감

⑧ 사고력 또는 집중력의 감소

⑨ 자살 사고

그런데 노인 우울증의 경우는 표면적으로 나타나는 증상이 다소 비전형적이어서 발견이 어렵다. 즉, 전형적인 우울감의 호소가 적고 수면 장애, 불안 증상, 초조감이 더 흔하고, 신체 증상의 호소가 표면에 드러나는 경우도 많으며, 인지 기능 장애도 일반 성인보다 더 흔하게 나타난다.

이처럼 수면 장애, 불안이 두드러지다 보니 단순히 수면제나 진정제만을 처방받으면서 우울증의 치료가 방치되어 우울증이 갈수록 악화되는 경우가 흔히 있다. 또 신체 증상이 표면으로 드러나는 경우를 보자면 소화불량, 복통 같은 증상을 호소하거나 두통이나 각종 관절의 통증을 주된 증상으로 호소하는 경우가 있고, 이런 경우 소화기 약물이나 각종 진통제를 장기 복용하면서 우울증의 치료가 늦춰지기도 한다.

노년기 우울증에서 동반되는 인지 기능 저하가 심할 경우에는 치매와 유사한 상태로 나타나 이런 상태를 우울성 가성 치매라고 하는데, 극단적인 경우 치매로 오인되기도 한다. 그러나 이런 우울증으로 말미암은 인지 장애는 치매보다 기억력 장애가 비교적 급성으로 발생하고 기억력 장애의 유병기간이 짧다. 또한 기억력 문제보다 정서적 문제가 먼저 나타나며, 기억력 장애의 증상이 일정치 않고 동요를 보인다는 점에서 구별이 가능하다.

따라서 원인을 알 수 없는 신체 증상이 장기간 지속되면서 활동 수준이 저하될 경우 혹시 노인 우울증은 아닌지 의심해 보고 올바른 진단과 치료를 받으려는 노력을 해야 한다.

2) 노인우울척도

노인우울척도(Geriatric Depression Scale: GDS)는 처음에 30문항으로 개발하여 사용하였으나, 이후에 좀 더 단순화하여 15문항으로 구성한 단축형 노인우울척도(GDS Short Form)를 사용하고 있다. 우리나라에서는 2004년 이를 15문항으로 구성한 단축형 한국판 노인우울척도(SGDS-K)와 30문항으로 구성한 한국판 노인우울척도(GDS-K)로 번역 및 표준화하여 사용하고 있다. 연구에 따라 차이가 있지만, 임상 현장에서는 주로 최적 절단점수를 SGDS-K는 8점, GDS-K는 18점으로 사용하고 있다. SGDS-K와 GDS-K는 짧은 시간에 노인 우울증 환자를 선별하는 데 효과적이어서 치매 관련 센터나 의료기관에서 널리 사용하지만, 자기 보고형 척도이므로 인지 기능이 저하된 환자에게 사용할 때는 검사의 신뢰도가 낮아질 수 있다는 것을 염두에 두어야 한다.

여기서는 SGDS-K에 대해 좀 더 살펴보고자 한다. 〈표 10-1〉과 같은 SGDS-K는 15문항 중 5개 문항, 즉 2, 7, 8, 11, 12번 문항은 긍정적인 응답 '예'를 한 경우 우울한 것으로 1점으로 채점, '아니오'는 0점으로 채점하고, 나머지 10개 문항, 즉 1, 3, 4, 5, 6, 9, 10, 13, 14, 15번 문항은 부정적인 응답 '예'를 한 경우 우울한 것으로 1점으로 채점, "예'는 0점으로 채점한다. 총점은 15점 만점이며, 절단점 5점을 기준으로 5점 이하는 정상 범위, 6~10점은 경증도의 우울, 11~15점은 중증도의 우울로 판정한다.

표 10-1 단축형 한국판 노인우울척도(SGDS-K)

※ 다음의 문항을 읽으면서 자신의 행동이나 생각 또는 느낌과 일치하는 것에 V 표시를 하십시오.

번호	문 항	예	아니오
1	당신은 요즘 자신의 생활에 만족합니까?	☐	☐
2	당신은 활동과 흥미가 저하되었습니까?	☐	☐
3	당신은 앞날에 대해서 희망적입니까?	☐	☐
4	당신은 대부분의 시간을 맑은 정신으로 지냅니까?	☐	☐
5	당신은 대부분의 시간이 행복하다고 느낍니까?	☐	☐
6	당신은 지금 살아 있다는 것이 아름답다고 생각합니까?	☐	☐
7	당신은 가끔 낙담하고 우울하다고 느낍니까?	☐	☐
8	당신은 지금 자신의 인생이 매우 가치가 있다고 느낍니까?	☐	☐
9	당신은 인생이 매우 흥미롭다고 느낍니까?	☐	☐
10	당신은 활력이 충만하다고 느낍니까?	☐	☐
11	당신은 자주 사소한 일에 마음의 동요를 느낍니까?	☐	☐
12	당신은 자주 울고 싶다고 느낍니까?	☐	☐
13	당신은 아침에 일어나는 것이 즐겁습니까?	☐	☐
14	당신은 결정을 내리는 것이 수월합니까?	☐	☐
15	당신의 마음은 이전처럼 편안합니까?	☐	☐

표 10-2 한국판 노인우울척도(GDS-K)

※ 다음의 문항을 읽으면서 자신의 행동이나 생각 또는 느낌과 일치하는 것에 V 표시를 하십시오.

번호	문 항	예	아니오
1	쓸데없는 생각이 자꾸 떠올라 괴롭다.	☐	☐
2	아무것도 할 수 없을 것처럼 무기력하게 느껴진다.	☐	☐
3	안전부절못하고 초조할 때가 자주 있다.	☐	☐
4	밖에 나가기보다는 주로 집에 있으려 한다.	☐	☐
5	앞날에 대해 걱정할 때가 많다.	☐	☐
6	지금 내가 살아 있다는 것이 참 기쁘다.	☐	☐
7	인생은 즐거운 것이다.	☐	☐
8	아침에 기분 좋게 일어난다.	☐	☐
9	예전처럼 정신이 맑다.	☐	☐
10	건강에 대해서 걱정하는 일이 별로 없다.	☐	☐
11	내 판단력은 여전히 좋다.	☐	☐
12	내 나이의 다른 사람 못지않게 건강하다.	☐	☐
13	사람들과 잘 어울린다.	☐	☐
14	정말 자신이 없다.	☐	☐
15	즐겁고 행하다.	☐	☐
16	내 기억력은 괜찮은 것 같다.	☐	☐
17	미쳐버릴지나 않을까 걱정된다.	☐	☐
18	별일 없이 얼굴이 화끈거리고 진땀이 날 때가 있다.	☐	☐
19	농담을 들어도 재미가 없다.	☐	☐
20	예전에 좋아하던 일을 여전히 즐긴다.	☐	☐
21	기분이 좋은 편이다.	☐	☐
22	앞날에 대해 희망적으로 느낀다.	☐	☐
23	사람들이 나를 싫어한다고 느낀다.	☐	☐
24	나의 잘못에 대해 항상 나 자신을 탓한다.	☐	☐
25	전보다 화가 나고 짜증이 날 때가 많다.	☐	☐
26	전보다 내 모습이 추해졌다고 생각한다.	☐	☐
27	어떤 일을 시작하려면 예전보다 힘이 많이 든다.	☐	☐
28	무슨 일을 하든지 곧 피곤해진다.	☐	☐
29	요즈음 몸무게가 많이 나온다.	☐	☐
30	이성에 대해 여전히 관심이 있다.	☐	☐

제11장 노인과 성

1 노인의 성

노인의 성생활은 꺼릴 것이 아니다. 최근 우리나라에서도 조금씩 노인의 성(性)에 대한 논의가 시작되는 듯하다. 서구사회에서는 이러한 논의가 시작된 지 시간이 조금 지났으나 여전히 활성화되지는 않았다. 스웨덴은 노인복지의 선구자답게 노인의 성생활을 장려하는 분위기를 형성하고 이들의 건강한 성생활을 돕는다(아시아타임즈, 2023. 9. 21.).

스웨덴 남부 브로비(Broby) 마을에 위치한 노인거주시설 '린드가든(Lindgarden)'에서는 거주자 56명이 건강한 성생활을 영위하는 방법을 배울 수 있는 프로그램이 있다. 담당이사는 "성은 단순히 육체적 관계에 관한 것이 아니라 친밀감에 관한 것이다. 우리 시설의 목표는 거주시설에 입주하더라도 개인이 개인으로 남을 수 있도록 하는 것"이라고 말했다. 해당 시설은 거주자에게 성생활 가이드북을 배포해 노인의 성생활을 부끄러워하지 않고 건강한 성생활을 영위할 것을 권장한다. 또, '방해하지 마세요(Do Not Disturb).' 표시, 크림 등 각종 성생활 도구가 담긴 '즐거움 바구니'를 제공한다. 이를 통해 린드가든 거주자들은 건강한 성을 누리며 성과 관련된 문제나 필요가 있을 경우 간병인에게 쉽게 의논한다.

아기 울음소리는 줄어드는데 노인은 늘면서 대한민국이 빠르게 늙어가고 있다. 2023년 65세 이상 고령인구가 950만 명, 서울시 인구를 넘어섰다. 우리나라는

2025년부터 초고령사회에 들어설 전망이다. 인생의 정년은 있어도, 노인의 성은 정년이 없다. 노인들은 몸과 마음이 노쇠하고 여생을 희망 없이 하루하루를 살아가는 존재라는 관념이 팽배하다. 더구나 그들의 성적 욕구는 아예 없는 것으로 간주되고, 조소나 비난의 대상으로 삼아온 것이 우리 사회의 지배적인 풍조이다. 또 생식 시기를 지난 노인의 성 활동은 불필요한 것이며 노인의 이성교제는 성을 떠난 관계만을 바람직한 것으로 여겨 어쩌다가 성 문제가 생기면 '점잖지 못한 노인'으로 낙인 찍는다.

특히 여성의 정절을 중요시해온 역사적 전통으로 말미암아 여성 노인은 남성 노인보다 일찍 성욕 감퇴를 경험할 뿐 아니라 그것을 당연시하고 '성노인(聖老人)'으로 존재하도록 문화적 압력이 가해진다. 따라서 노인은 성에 초연해야 존경받는다는 사회적인 믿음은 노인에게 성을 체면 문제로 치환시킨다(시니어매일, 2019. 7. 22.).

"영감은 밥숟가락 들 힘만 있어도 바람을 피운다.", "시장 좌판 할머니의 웃음 속에는 전날 밤의 비밀이 있는 것"이라는 말도 있다. 삶의 원동력은 건강한 식욕과 성욕으로 시작된다고 해도 과언이 아니다. 병이 들면 가장 먼저 식욕이 떨어지고 성욕이 저하된다. 사람은 성생활을 통해서 자신의 존재를 확인하고 삶의 즐거움을 경험하며 심리적 안정감과 체력을 유지하도록 도움을 준다고 알려져 있다.

우리나라는 안타깝게도 노인에게 금욕을 강요하고, 노인의 성에 대한 관심을 매우 부도덕하며 수치스럽게 여기는 경향이 예로부터 존재했다. 1990년 초, 발기부전치료제 '비아그라'의 판매와 2002년에 개봉된 영화 '죽어도 좋아!'[1]를 통해 노년기의 성에 대한 금기 영역이 서서히 무너지게 됐으며 노인의 성생활에 관한 학문적 연구도

1) 영화가 시작되기 전 화면에는 영화에 대한 설명이 뜬다. "이 영화의 이야기는 실화를 바탕으로 극화한 것이며, 실존 인물들이 직접 연기한 것입니다. 출연해 주신 박치규(73), 이순예(72) 님의 사랑에 진심으로 감사드립니다." 배우자와 사별한 두 노인이 하루하루 외로움을 견디며 살아가고 있다. 그러던 어느 날, 할아버지 박치규는 공원에서 우연히 이순예 할머니를 만나 첫눈에 반해 사랑에 빠진다. 그렇게 할아버지는 할머니에게 바로 고백을 하고, 할머니 역시 그에게 사랑을 느낀다. 그렇게 두 사람은 곧바로 함께 살아가며, 서로의 외로움을 채워준다. 이처럼 외롭게 노년을 보내다가 만난 두 노인이 칠십이 넘은 나이에 사랑에 빠지고 아기자기하게 사랑을 나누는 내용에는 별 문제가 없지만, 실존 인물의 실화를 소재로 하면서 노부부의 실제 성행위 장면을 묘사한 것이 문제였다.

발표되기 시작했다. 나이가 들면서 노인의 성생활은 줄어들지만, 여전히 성은 삶의 일부분이며 중요한 권리이기도 하다. 노인의 성 개방이 고령사회 노인복지의 핵심이라고 강조하지만, 사회적 인식은 여전히 완강하다. 자유로운 성을 즐기는 지금의 20대가 노인층이 됐을 때, 비로소 한국 노인의 성은 그 족쇄가 풀릴 것인가?

출처: 영화 포스터 캡처.

의학적으로 볼 때, 노인의 성 또는 성욕은 노년 건강 및 수명과도 관련성이 높다. 노인의 성과 건강한 성생활이 중요한 것은 삶의 질 및 웰빙에 긍정적인 영향을 줄 수 있기 때문이다. 노년에 성 건강을 잘 유지하려면 규칙적인 운동과 올바른 식습관, 충분한 휴식 및 숙면, 스트레스 관리 등에 신경을 써야 한다. 사실, 그동안 학계에서는 성생활과 수명 사이의 상관관계가 다양하게 확인돼 왔다. 예를 들면 최근 보도된 미국의 어느 연구에서는 노년기의 성생활이 인지 기능 향상(치매 예방)과 뇌 건강에 도움을 줄 수 있다는 결과가 나왔다. 성적 욕구 및 빈도가 저하된 노인의 경우 건강 악화 경향이 높고 행복도가 낮다는 연구 결과도 있다. 그 외에도 규칙적이고 건전한 성생활은 스트레스 호르몬 수치의 감소와 면역력 증대 등에 도움을 주는 것으로 알려져 있다(국제신문, 2023. 12. 4.).

노년층의 성 건강을 위해서는 여러 가지 노력이 있어야 한다. 우선, 노인들도 성교육 및 성 정보에 대한 접근성을 높이는 것이 필요하다. 성에 대한 개방적인 대화와 지원은 노인들이 성적 건강과 웰빙을 유지할 수 있도록 도와준다. 물론 노인의 성 건강은 각 개인의 성격과 문화적 배경, 신념 등에 따라 다를 수 있다. 그런 점을 감안해 서로를 존중하며 열린 대화를 지속하는 것이 중요하다. 의사와의 상담 등으로 필요한 정보와 지원을 얻는 것도 좋은 방법이다.

그리고 노인들도 성폭력이나 성차별로부터 보호되어야 한다. 아울러 성 건강과 관련해 자기 결정권 및 존엄성이 존중되어야 한다. 이를 위해서는 노년층의 성폭력 및 성차별에 대한 인식과 예방, 피해 등을 지원하는 의료 서비스와 정책이 필요하다. 각 노인은 개인적인 욕구와 선호도를 가지고 있다. 이는 성적인 지향성, 성적 활동의 선호도, 성적 관계의 유형 등을 포함한다. 따라서 개인의 욕구와 선호도를 존중하고 상호 동의에 기반한 성적 관계를 유지하는 것이 중요하다고 생각된다. 특히 안전한 성생활을 위해 성병 예방에 대한 정기적인 검사와 예방접종, 콘돔 같은 보호도구 사용 등이 필요하다.

노년층은 사회적 교류와 활동을 유지하는 것이 건강에 좋다. 사회적인 모임, 친구들과의 만남, 관심사에 대한 참여 등을 통해 성적인 만족감과 사회적 지지를 얻을 수 있다. 성과 관련된 걱정과 궁금한 사항들이 있다면 혼자 고민하거나 부끄러워하지 말고 전문의사와의 상담으로 도움 받기를 권한다. 거듭 말하지만, 건전한 성생활은 노년기 건강과 삶의 질 개선 등에 중요한 요소라는 점을 인식하기 바란다.

여기서 잠시 성범죄에 무방비로 노출된 요양보호사들의 목소리를 들어보자. 15년째 방문 요양보호사로 일하는 오○○ 씨는 마음에 멍이 많다. 어르신이 무릎이 아프면 운동을 시키려고 조금씩 (안마를) 하잖아요. 그러면 "아주머니, 다리는 그만두고 중심부를 좀 만져주면 안 되겠냐." 제가 설거지할 때 뒤에서 이렇게 안으려고 하고…. 남성 보호대상자와 있는 집에서 주로 벌어지는 일이라고 했다. 서 있는 자세가 불안정하기 때문에 벽에다 세워놓고 옷을 입히면 그 얘기를 맨날 하는 거예요(15년 차 방문요양보호사 이○○ 씨). "중요 부위를 니가 만져주지 않으면 옷도 못 입는다."

요양보호사 10명 중 3명 이상 성희롱 피해 경험이 있다고 답했고, 그중 절반 가까이 성희롱이 두 번 이상 반복됐다고 했다. 방문 요양보호사들은 대부분 개인 요양기관과 계약을 맺는데, 소속 기관에서 묵살하는 경우가 적지 않다고 했다(이○○ 씨). 센터는 대상자 어르신들을 안 뺏기기 위해서, 줄면 수입이 줄어드니까 적극적으로 개입해서 해결하려고 하지 않는다. 문제 제기를 하면 다른 요양보호사로 바꾼다. 그 사이 공백은 또 다른 부담이 된다.[2)]

결국 요양보호사들은 국회로 가 법을 바꿔달라고 호소했다. 성희롱에 대한 요양기관의 보호조치를 의무화하여 법에 명시하고 위반 시 관리 감독 책임을 물어야 한다. 이대로라면 노인을 돌볼 요양보호사는 점차 사라질 것이라는 경고가 나온다(JTVC 뉴스, 2023. 11. 29.).

한편, 중국 농촌 노인들의 인체면역결핍바이러스(HIV)[3)] 감염 · 진단 건수가 7년 새 50% 넘게 늘어난 것으로 조사됐다. 중국 매체 차이신(財新)에 따르면, 중국질병통제센터 소속 성병 · 에이즈예방통제센터 연구자들은 세계 에이즈의 날(12월 1일)을 맞아 최근 발간한 논문에서 중국의 60세 이상 HIV 감염자 숫자가 2015년 17,451명에서 2019년 37,275명으로 두 배로 늘었다. 2022년에는 27,004명으로 줄었지만, 2015년과 비교하면 7년 사이 54.7%가 늘어났다(연합뉴스, 2023. 11. 29.).

연구자들은 "2019년 이후 노년 HIV 감염자의 신규 보고 숫자와 신규 진단율은 감소 추세를 보였다."라고 하면서도 "자발적인 검사 노력이 줄어든 것일 수 있어 추세는 여전히 모니터링이 필요하다."라고 설명했다. 60세 이상 중국인 10만 명 중 HIV 감염 진단을 받은 이의 비율은 2015년 9.0명에서 2022년 10.2명으로 상승했다. 감염자가 주로 중국 남서부와 화난(華南: 중국 남부의 광둥성, 광시좡족자치구, 하이난성, 홍콩, 마카오 등) 지역 일부에 집중됐다고 설명했다. 또 남성이 감염될 확률이 여성의 3배이며, 주로 교육 수준이 상대적으로 낮고, 농업에 종사하는 경우가 많았다고 했다.

차이신은 최근 몇 년 사이 HIV 감염자 고령화가 세계적으로 주목을 받는 현상이

---

2) 거동이 불편한 노인의 식사부터 목욕, 용변까지 도우며 버는 돈은 시급 1만 2,000원 안팎이다. 최근 한 민간연구원이 나서 성희롱 피해를 입은 요양보호사에게 1주일치 급여를 주기로 했는데, 이마저도 일회성 사업이다.

3) HIV는 에이즈를 일으키는 원인 바이러스다. 인간 체내에서 생존 · 증식하면서 감염인의 혈액이나 체액을 통해 사람에게서 사람에게로 전파된다.

됐다고 짚었다. 치료법이 발달하면서 기대수명이 늘어나고, 감염자의 질병 사망률이 낮아졌기 때문이다. 다만 이런 점을 고려해도 중국 노년층의 HIV 진단율은 미국·유럽보다 높은 편이다. 연구자들은 "일부 노인은 HIV 위험 의식이 약하고, 고위험 성행위를 하는 경우가 많다."라며, "특히 일부 노년 남성들은 상업적인 성 서비스를 찾거나 혼외 성관계를 해 감염 위험이 크게 높아진다."라고 분석했다.

우리나라 노인들은 성 윤리에 대해서는 매우 보수적인 태도를 지녔지만, 성에 대해 솔직히 이야기하고 적극적인 태도를 보이는 것으로 나타나서 다소의 이중성을 드러냈다. 이성 친구에 대해서는 배우자가 없다면 가능하지만, 있다면 안 된다는 의견이 절반인 50.1%로 가장 많았고, 배우자가 있어도 가능하다는 응답은 17.9%, 배우자가 없더라도 만나서는 안 된다는 응답은 11.5%였다. 노인 동거에 대해서는 절반에 가까운 49.0%는 긍정적인 인식이고 부정적인 인식은 이보다 다소 낮은 37.3%였다(시니어매일, 2019. 7. 22.).

연령, 취업 상태, 경제 수준, 건강 상태 등에 따른 성생활 여부를 살펴보면, 연령별로는 여성은 65~69세의 86.1%, 70대의 36.4%가 성생활을 하고 있었고, 80대 기혼자는 한 명도 없었다. 남성 기혼자의 성생활 여부를 살펴보면, 65~69세의 94.4%, 70대의 60.6%, 80~84세의 37.5%가 성생활을 하는 것으로 조사되었다.

경제 수준(월평균 용돈 수준)별 성생활 실태를 살펴보면, 여성은 월평균 용돈 수준이 1~9만 원인 여성의 60.0%, 10~19만 원인 여성의 46.9%, 20만 원 이상인 여성의 75.8%가 성생활을 하는 것으로 나타나, 용돈 수준과 성생활 간에 일관된 관계가 있다고 보기 어렵다. 그러나 남성은 월평균 용돈 수준이 1~9만 원인 남성 중 성생활을 하는 사람은 아무도 없었고, 10~19만 원인 경우 50.0%, 20만 원 이상인 경우, 79.8%가 성생활을 하는 것으로 나타나 용돈 수준이 높을수록 성생활을 할 가능성이 월등히 높았다.

성생활 빈도에 대한 질문은 지난 1년간 배우자와 얼마나 자주 부부 관계를 했는지에 대해, 성별 기혼노인의 성생활 빈도를 살펴보면, 1주일에 한 번 이상이라고 응답한 경우는 여성 노인 중에서는 한 명도 없었고, 남성 노인 중에서는 3.6%가 응답했다. 여성 노인은 3개월에 한두 번 28.6%, 1개월에 한두 번 17.1%, 1년에 한두 번 10.0%, 6개월에 한두 번 5.7%, 하지 않는 경우 38.6%로 나타났다. 남성 노인은 1개월에 한두 번 37.3%, 3개월에 한두 번 16.4%, 1년에 한두 번 10.0%, 6개월에 한두 번 2.7%, 1주일에 한 번 이상 3.6%, 그리고 성생활이 없는 경우가 30%로 나타났다.

2 노인의 성 상담

우리 사회에 노인의 성에 대한 편견이 존재하고 있지만 60대 노인의 절반 이상이, 80대 노인도 20~30%에 달할 정도로 왕성한 성생활을 하고 있는 만큼 노인의 삶의 질 차원에서 성생활에 대한 심도 있는 논의가 필요하다(의학신문, 2021. 4. 5.). 노인의 건강한 성생활을 위한 포인트 중 하나는 남성 노인의 성 문제 중 발기부전은 경구용 발기유발제가 일차적 치료법이며, 여성 노인의 성 문제 중 성교 통증의 문제는 윤활제 사용으로 큰 도움을 받을 수 있다.

노년기 남성은 테스토스테론의 감소, 발기 기능의 어려움, 사정량의 감소, 성관계 지속시간의 감소, 발기를 위해 더 많은 자극이 필요하게 되는데 경구용 발기 유발제로 치료를 시작하여 반응이 없으면 주사제를 쓸 수 있다. 노년기 여성은 에스트로겐, 프로게스테론, 안드로젠의 분비 저하, 질벽이 얇아짐, 질 윤활액이 줄어듦, 질 수축의 강도가 줄어듦, 음순의 변화와 질 입구의 변화가 생기는데, 이 가운데 질 윤활액이 줄어듦으로 말미암아 발생하는 성교 통증이 성생활을 방해하는 주요 원인이다. 이때 글리세린을 주성분으로 하는 수용성 윤활제로 성교 통증을 해결할 수 있다.

상담자는 내담자와의 성 상담을 부담스러워하지 말고 편안한 마음을 갖는 것이 중요하며, 진료실에서 노인 환자에게 쉽게 던질 수 있는 성 상담 질문을 미리 준비하여, 상담자가 먼저 내담자에게 질문하는 것이 도움이 된다. 내담자가 현재의 성생활에 만족하는지, 성 기능 변화로 인해 불편한 점은 없는지, 앓고 있는 질병이나 장애가 성생활에 어떤 영향을 미쳤는지에 관한 질문으로 쉽게 상담을 시작할 수 있다. 또한 성의 문제는 단순히 성교만의 문제가 아니며, 성생활의 질은 부부 사이의 친밀감이 중요하고 서로 다양한 신체적인 접촉을 시도하는 노력이 필요하며, 남녀 모두 중년 이후에는 케겔 운동[4]을 통해 원활한 성생활에 도움을 받을 수 있다.

만성 질환이나 장애를 갖는 노인들의 성 문제는 특별히 다루어져야 하며, 일반적으로 척추 수술 퇴원 후 4주 이후에는 성생활이 가능하며, 심근 경색 및 뇌졸중 이후 성생활이 재발 위험을 높이지 않는다. 안전한 성생활을 위해, 피곤이 덜한 아침, 충분한 전희를 통해 심박동 증가를 서서히, 익숙한 파트너와의 익숙한 체위를 권장하며, 식사 후, 음주 후, 감정적인 스트레스를 받을 때는 성행위를 하지 않도록 하고 암 치료 이후에는 성욕이 생기지 않을 수 있으므로 솔직하게 대화할 필요가 있다.

1) 노인 성 상담을 위한 일반적 지침

갈등이란 무엇인가? 갈등(葛藤)의 한자를 보면 칡(葛)과 등나무(藤)라는 뜻으로, 칡과 등나무가 얽히듯이 일이나 사정 등이 복잡하게 뒤얽혀 화합하지 못하는 모양을 이른다. 더 나아가 서로 상치되는 견해, 이해 따위의 차이로 말미암아 생기는 충돌, 또는 정신적인 세계 내부에서 각기 다른 방향을 지닌 힘들이 충돌하는 상태를 의미한다.

갈등은 여러 장면에서 발생할 수 있고 유형도 다양하기 때문에 하나의 고정된 정의를 사용하는 것은 쉽지 않다. 갈등이라는 말은 다른 대상(또는 집단)들 간의 충돌을

4) 케겔 운동이란 미국의 산부인과 의사 아놀드 케겔(A. Kegel)이 최초로 개발한 골반저근 부위의 운동 방법을 말한다. 출산이나 노화로 인해 늘어진 골반근육을 강화시켜 여성의 요실금을 치료하기 위해 개발되었다. 그러나 이 운동이 성감을 촉진시키는 데 효과가 있다고 밝혀지면서 성기능을 향상시키는 운동으로 널리 퍼지게 되었다. 영어로는 Pelvic floor exercise(PFE)라고도 한다.

나타내는 한편으로 내면에서 발생하는 욕구나 심리적인 상태 간의 충돌을 나타내기도 한다. 일반적으로 갈등은 두 개의 양립할 수 없는 욕구나 기회, 목표 등에 직면했을 때 발생하며, 사회적 대상의 내부 또는 외부에서 일어나는 부조화 상태이다. 이러한 정의를 통해 갈등은 개인뿐만 아니라 부부 관계에서 언제든지 발생할 수 있다. 따라서 갈등을 없애기 위해서는 행동의 주체인 개인이 자신의 행동에 책임을 지는 것이 중요하다.

여기서는 노인의 성 갈등 조정을 위해, 상담자가 알아야 할 노인의 성 상담에서의 일반적 지침에 대해 살펴본다(이호선, 2012: 268-271).

(1) 노인에 대한 잘못된 믿음 점검

노인에 대한 잘못된 믿음을 점검한다. 노인의 성에 대한 잘못된 믿음은 실제 노년의 삶을 살고 있지 않은 상담자에게도 해당하는 문제일 것이다. 이는 우리나라 상담자들이 가진 문화적인 영향에서 기인한 것이다. 그러나 최근의 노인 성생활에 관한 연구를 통해 이는 잘못된 믿음일 뿐 실제가 아니라는 점을 충분히 확인할 수 있다.

블록과 베이코스(Blok & Bacos, 1999)는 50대 이상의 성생활에 관한 다음과 같은 열두 가지의 잘못된 믿음을 소개하고 있다(이호선, 2012: 269, 재인용).

- 나이가 듦에 따라 성생활의 질은 여성과 남성 모두에서 저하된다.
- 여성이 충분히 질 윤활이 안 되거나 남성이 즉시 발기되지 않는다면, 흥분이 안 되는 것이다.
- 남성의 발기 문제는 불가피한 것이며, 의학적 개입 없이는 치유가 불가능하다.
- 여성의 성적 욕망은 폐경 이후 급격하게 감소한다.
- 일단 남성이 아내를 진지하게 쳐다보는데도 흥분이 되지 않는다면, 그 사람은 성생활에 큰 지장을 겪을 것이다.
- 남성은 10대가 최정점이다.
- 여성은 30대가 최정점이다.

- 젊은이들이 느끼는 오르가슴(orgasm)[5]이 더 강렬하다.
- 심근계 질병을 가진 여성과 남성은 성행위를 피해야 한다.
- 성행위는 오르가슴을 느껴야 비로소 이루어지는 것이다.
- 구강성교는 젊은 층에서만 하는 것이다.
- 삽입 성교만이 성교의 영역에 포함된다. 다른 것은 '섹스'라고 할 수 없다.

(2) 성에 대한 상담자 자신의 이해 점검

상담자가 성 상담을 하기 위해서는 성에 대한 상담자 자신의 전반적인 이해 정도를 파악하여야 한다. 이는 성에 대한 개개인 간의 이해의 기준과 판단 기준이 다르기 때문에 상담자 자신에 대한 평가를 통해 상담의 전체적인 질을 향상시키려는 것이다.

특히 성에 대한 상담자의 가치 이해는 성 상담에 매우 중요한 요소다. 맥도널드와 해네이(1998/2003)는 상담자가 인식하는 성의 가치에 대한 감정 항목을 다음과 같이 제시하며, 제시한 항목에 대해 상담자가 가진 가치가 어떠한가에 따라 성 상담의 내용과 결과가 달라질 수 있다는 점을 밝히고 있다.

- 구강성교
- 당신의 의사와 성에 대해 논의하는 것
- 당신의 성적 파트너와 성에 대해 논의하는 것
- 항문성교
- 호모성교

5) 오르가슴은 흥분기, 상승기, 오르가슴기, 쇠퇴기의 4단계 성 반응 주기에서 성적 흥분이 절정에 이르는 세 번째 단계로, 성적 쾌감이 최고조에 오르면서 불수의적인 생리 반응이 나타나는 현상이다. 남녀가 모두 성 반응 주기를 거치지만, 몇 가지 차이가 있다. 첫째, 오르가슴기에 도달하기까지 여성과 남성은 시간적 차이가 있다. 오르가슴 도달까지 여성이 남성보다 준비시간이 더 필요하다. 둘째, 쇠퇴기에서 해결 상태에서도 여성과 남성의 차이가 있다. 남성은 사정 이후 일정 기간 다시 각성하기 힘들지만, 여성은 쇠퇴기에서 계속되는 자극에 오르가슴을 반복해서 경험할 수 있다. 셋째, 오르가슴을 확인하는 데는 남성은 사정으로 명확하게 확인할 수 있지만 여성의 경우는 강도뿐만 아니라 오르가슴 유지시간이나 기간에서도 남성과는 달리 유형이 매우 다양하다. 게다가 여성은 자신들의 경험이 오르가슴인지 아닌지를 판별하지 못하는 경우도 있다.

- 당신이 성관계를 도덕적이고 적절한 것으로 간주하는 기준(당신 자신에 대한 것, 다른 사람에 대한 것)
- 근친상간

(3) 상담자 자신의 세계관 점검

상담자는 과거 남성 중심의 문화적 사고의 틀에서 사고하고 있는지, 혹은 무의식적으로라도 여성차별주의에 젖어 있지는 않은지, 남성 배우자의 강압적 행동이나 폭력을 정당화하는 가부장주의에 젖어 있지는 않은지를 점검해야 한다. 즉, 상담자가 여성의 역할에 대한 자신의 이해로 말미암아 남성 배우자의 폭력을 정당화하거나, 여성의 존재 이유를 정서적 · 직업적 · 성적 필요충분조건(必要充分條件)[6]으로 여기고 있지 않은지를 살펴야 한다.

(4) 노인상담 기본 모델에 충실

노인의 부부 문제는 오랜 결혼생활을 통해 누적된 감정에 대한 부부 상호 간의 노력이 필요한 부분이다. 자신의 문제를 다른 사람에게 쉽게 이야기하거나, 자신의 감정을 쉽게 드러내기를 꺼려하고, 체면을 중시하는 수동적인 문화를 가진 나라가 바로 우리나라이다. 무엇보다 연장자가 연하의 다른 사람에게 자신의 개인적인 약점을 드러내고 상의하고자 하는 기본적인 태도가 대단히 부족하다. 특히 부부의 성 문제일 때는 그 인식이 더욱 견고하다.

이러한 사회문화적 배경은 노인상담에서는 일반 상담이나 여성상담과는 또 다른 맥락에서 접근해야 한다는 점을 보여 준다. 노인 성 상담은 내담자에 대한 세심한 고려와 더불어 상담자의 태도에 각별히 주의를 기울여야 한다. 노인의 삶과 성 문제가 긴밀히 연결되어 있고, 상담의 장이 노인의 삶 전반을 열어 놓을 수 있는 해결의 장

6) 필요충분조건이란 어떤 명제가 성립하는 데 필요하고 충분한 조건을 뜻한다. 두 개의 명제 'A이면 B이다.'와 'B이면 A이다.'가 모두 참일 때, A에 대한 B, B에 대한 A를 이르는 말로 명제 A와 명제 B가 근본적으로 같다는 뜻이다.

이 될 수 있다면, 이는 노인 성 상담에도 그대로 적용해야 한다.

2) 무배우자 노인의 성 상담

앞에서 말했지만, 건강 수명이 늘어나면서 노인의 성 문제가 표면화되고 있다. 생활 수준의 향상과 의학의 발달로 평균수명이 늘어나고 건강하게 오래 사는 노인이 증가했다. 또 비아그라와 시알리스 등 발기부전 치료제의 개발은 그동안 몸이 따라주지 않아서 마음속으로만 간직했던 성 욕구를 이제는 노인들도 충분히 해소할 수 있게 됐다. 이제 노인의 성 문제는 '세상에 그런 일이'라며 놀랄 일도, 망측한 일도 아니다. 정작 문제가 되는 것은 남성 홀몸 노인의 증가에 따른 매춘과 성병의 증가다.

탑골공원은 어떤 곳인가? 탑골공원은 어떤 이미지로 우리에게 인식되어 있는가? 탑골공원의 이미지를 퇴색케 한 것은 성매매를 한다는 박카스아줌마인가? 아니면 이를 거의 방치해 온 경찰인가, 정부인가, 지도자들인가? 더구나 기가 막힌 것은 탑골공원에서 한 번에 1~2만 원을 받고 성매매를 한 사람 중에 84세 할머니가 있다는 사실에 대해, 우리는 어떤 소감을 말해야 하는가? 아무래도 이건 우리들 선량한 시민의 몫은 아닌 것 같다.

서울 도심 탑골공원 등지에서 박카스 등 피로회복제를 권하며 성매매를 유도하는 이른바 박카스아줌마들 얘기가 아직도 이 도시의 어둠에 대해서 증언하고 있는 것 같다. 박카스아줌마라고 하는 이름을 들으면, 성매매라는 범법행위의 심각성보다는, 공연히 웃음이 나오려고 하는 서울시민의 이 증세는 무엇인가?

지금은 갈 곳 없는 노인들이 소일하는 곳처럼 되어 있지만, 탑골공원은 어떤 면에서 3 · 1운동의 상징이라고 민족정신을 얘기할 때마다 빠지지 않고 인용되는 곳이기도 하다. 이런 탑골공원에 일어나고 있는 일, 84세 할머니 등 노인 성매매…. 참으로 부끄럽다. 서울 혜화경찰서는 종로구 탑골공원, 종묘공원 등 일대에서 성매매를 해온 A(84 · 여) 씨 등 37명을 적발해 검찰에 송치했다고 밝혔다. 이 중에는 80대인 A씨 외에도 70~80대가 일부 있었고, 대다수는 60대였다. 집중 단속은 유네스코 세계문화

유산인 종묘공원에서 성매매와 음주 폭행 등이 만연한다는 지적이 끊이지 않는 데 따른 것이라고 한다(브레이크뉴스, 2015. 7. 8.).

이런 현실에서, 공원 등지에서 하루를 보내며 성매매를 시도하는 대다수 노인 중 상당수가 성병에 노출될 수밖에 없다. 특히 의약분업으로 경제적인 상황이 어려운 노인들은 성병이나 전립선염을 앓고 있더라도 병원을 찾지 않아 성병의 통계나 치료를 막는 주요 요인으로 작용한다. 사회적 이목 또한 노인의 성병 통계나 치료를 막는 주요 요인이다. 최근 늘어나는 노인 성병은 노인이 가진 성적 욕구를 무시하는 사회적 분위기를 반영하고 있다(이호선, 2012: 272-276).

3) 노인 부부의 성 상담

노인의 평균수명 연장과 더불어 유배우자율도 함께 늘어나고 있다. 이는 부부 간 가족주기가 늘어나고 있으며, 그만큼 부부가 함께 살아야 할 시간이 길어지고 있다는 것을 말한다. 노년기가 늘어나고 의학의 지원을 받으면서 노인의 건강 조건 역시 이전과는 비교할 수 없을 만큼 갈수록 좋아지고 있다.

성생활은 노인 부부에게 중요한 요소로 드러나고 있다. 노년기 부부에게 성생활은 인생에서의 새로운 기간의 시작과 매우 비슷하다. 남성 노인은 은퇴를 통해 사회의 주도적 역할에서 떠나 가정으로 돌아온다. 여성 노인은 노년기가 되어 자녀들이 출가하면서 빈 둥지 기간을 경험하게 된다(이호선, 2012: 276-280).

자녀를 모두 출가시키고서 배우자가 사망할 때까지 노인 부부가 함께 보내는 기간은 1979년 이전에는 12.05년이었지만, 2000년 이후에는 16.7년으로 조사됐다(천지일보, 2014. 6. 7.). 4년 6개월 정도 증가한 셈이다. 부부만의 생활기간이 길어지면서 부부 관계의 중요성이 증대되고 있다. 노년기를 행복하게 지내도록 하려면 가부장적 가족문화를 개선하고 평등하고 민주적인 가족 모델을 발굴하는 등 사회 전반적으로 양성평등적 부부 관계를 확립하고자 하는 정책적 노력을 펼쳐야 한다.

노년기는 보통의 부부가 결혼 이후 하루에 함께 있는 시간이 가장 많은 기간이라고 할 수 있다. 이처럼 함께 있는 시간이 많은 만큼 부부 갈등 역시 수면 위로 떠오른다. 특별히 이러한 갈등은 부부간 성 갈등에서 두드러지게 나타나는 경향이다. 이러한 부부간 성 갈등은 부부의 의사소통 유형과 밀접하게 관련되고, 이는 노년기 부부생활에 부정적인 영향을 미치는 요인으로 작용한다.

섹스리스 부부, 이혼 가능할까? 한 여성 노인의 사연을 다음과 같이 소개하니(이데일리, 2023. 7. 1.), 여러분들이 판단하기 바란다.

> "60대 초반 결혼 35년 차입니다. 장성한 아이들은 각자 독립해 살고 있고, 저는 얼마 전 정년퇴직 후 친구들도 만나고 운동도 하면서 지내고 있습니다. 요즘 60대가 예전 같지 않다는 말 많이들 하죠. 아직 정신적 · 육체적으로 건강한 친구들이 많습니다. 저 역시도 그렇습니다. 하지만 부부생활만큼은 늙을 대로 늙어 전혀 힘을 쓰지 못합니다.
>
> 저는 남편과 10년째 잠자리를 한 적이 없습니다. 남편이 관계를 점점 피했고, 잘 되지도 않는 것 같고요. 제가 요구하면 피하기 급급합니다. 남편에게 '우리 부부관계에 문제가 많다.'라고 이야기했습니다. 그러자 저를 무슨 동물 취급을 하면서 '60대 대부분이 섹스리스'라며 오히려 저를 '이상한 사람'이라고 합니다. 자연스러운 성관계는 중년에도 필요하다고 했더니, '다 늙어서 주책이다, 나이 들어 성관계 없는 건 이혼 사유도 되지 않는다.'라고 되레 큰소리를 칩니다. 남편의 말이 맞는 건가요? 정말 우리 부부는 아무 문제가 없는 건가요?"

제 12 장
노인과 학대

1 노인 학대의 개념

한국 사회에서 증가하고 있는 노인 학대는 노인에 대한 사회의 편견과도 무관하지 않다. 우리 모두는 언젠가 노인이 된다. 지금 그들의 장래가 밝지 않다면, 나와 우리의 노후도 밝지 않다는 의미다. 노인을 향한 비하, 혐오, 폭력이 우리에게 그대로 돌아올 수 있다. 초고령사회를 목전에 둔 한국 사회에서 '나이 들면 쓸데없다'는 노인 혐오, 노인 학대는 풀어야 할 과제다. 노인을 한 사람으로 존중하며 바라보는 시선과 세대 공감이 절실하다.

노인 학대란 노인에 대하여 신체적 · 정신적 · 정서적 · 성적 폭력 및 경제적 착취 또는 가혹행위를 하거나 유기 또는 방임을 하는 것을 말한다(「노인복지법」 제1조의 2 제4호). 노인 학대는 이미 옛날부터 이루어져 왔지만 1970년대 중엽 이후 다시 사회 문제로 드러나게 되었다. 미국에서는 1981년에 「연방노인학대법」이 만들어졌으며, 현재는 모든 주에서 노인 학대 통보제도를 시행하고 있다. 노인 학대가 통보되면 사례에 대한 조사가 행해지고 사건에 대한 평가 및 개입이 이루어진다.[1)]

노인 학대를 의미하는 용어로는 학대, 유기, 방임, 부적절한 처우, 착취 등을 사용한다. 그런데 상위 개념으로서의 학대와 하위 개념으로서의 학대를 반복 사용함으로

1) 그러나 각 주마다 학대에 대한 정의나 개입 방법이 상당한 차이를 보인다. 미국 이외에 영국, 캐나다, 일본 등에서도 노인 학대에 대한 다양한 대책이 시행되고 있다.

써 초래되는 혼란을 방지하기 위하여 부적절한 처우라는 용어를 사용하는 것을 선호하는 학자도 있다. 그러나 아직은 상위 개념의 학대는 노인 학대라는 용어로, 하위 개념으로서의 학대는 특정 학대 유형을 지칭하는 말과 함께 사용하는 경향이다.

앞서 말한 「노인복지법」 조항을 근거로 노인 학대의 개념을 좀 더 구체적으로 알아보자. 가족 혹은 불특정인이 노인을 대상으로 신체적 · 정신적 · 정서적 · 언어적 · 성적 · 경제적으로 고통이나 장해를 주는 행위 또는 노인에게 최소한의 인간다운 삶을 영위할 수 없는 적절한 보호를 제공하지 않는 유기 및 방임을 노인 학대라고 하겠다. 다른 말로 표현하면, 노인 학대는 노인 스스로 자신을 돌보지 않거나, 노인 부양이나 수발을 담당하는 부양자가 의도적 · 비의도적으로 노인에게 신체적 · 정신적 · 정서적 · 성적 · 재정적인 손상을 주거나, 부양의무를 소홀히 하는 것이라 할 수 있다(서윤, 2007: 227-229).

표 12-1 2022년 노인 학대 신고접수 현황

구 분	학대사례	일반사례	계
건 수	6,807	12,745	19,522

출처: 보건복지부 · 중앙노인보호전문기관(2023).

2 노인 학대의 유형

노인 학대에 대한 구체적 유형은 "누구든지 65세 이상의 사람(노인)에 대하여 다음의 어느 하나에 해당하는 행위를 하여서는 아니 된다."라는 「노인복지법」 제39조의 9(금지행위)를 통해 알 수 있다.

- 노인의 신체에 폭행을 가하거나 상해를 입히는 행위
- 노인에게 성적 수치심을 주는 성폭행 · 성희롱 등의 행위

- 자신의 보호 · 감독을 받는 노인을 유기하거나 의식주를 포함한 기본적 보호 및 치료를 소홀히 하는 방임 행위
- 노인에게 구걸을 하게 하거나 노인을 이용하여 구걸하는 행위
- 노인을 위하여 증여 또는 급여된 금품을 그 목적 외의 용도에 사용하는 행위
- 폭언, 협박, 위협 등으로 노인의 정신건강에 해를 끼치는 정서적 학대 행위

여기서는 노인 학대 유형을 크게 노인 학대 발생공간에 따른 분류와 노인 학대 형태적 분류로 나누어 살펴보면 다음과 같다.

1) 노인 학대 발생공간에 따른 분류

(1) 가정 학대

가정 학대는 노인과 동일가구에서 생활하고 있는 노인의 가족 구성원인 배우자, 성인 자녀뿐만 아니라, 노인과 동일가구에서 생활하지 않는 부양의무자 등 그 밖의 친족에 의한 학대를 말한다. 학대 발생장소가 노인복지 생활시설이라도 학대 행위자가 가족 구성원일 때에는 가정 학대로 분류한다.

(2) 시설 학대

시설 학대란 노인에게 비용(무료 포함)을 받고 제공하는 요양원 및 양로원 등의 시설에서 발생하는 학대로서 시설 관련 종사자 등에 의해서 발생하는 학대를 말한다.

(3) 기타

가정 및 시설 외의 공간 및 기타 학대행위자에 의해 발생하는 학대를 말한다.

2) 노인 학대 형태적 분류

(1) 신체적 학대

신체적 학대란 물리적 힘 또는 도구를 이용하여 노인에게 신체적 혹은 정신적

손상, 고통, 장애 등을 유발시키는 행위를 말한다.

◇ 노인을 제한된 공간에 강제로 가두거나, 노인의 거주지 출입을 통제한다.

- 노인을 집 안의 제한된 공간에서 나가지 못하게 통제한다.
- 노인을 집 밖으로 나가지 못하게 통제한다.
- 노인을 제한된 공간에 장치(자물쇠 등)를 설치하여 출입을 통제한다.
- 노인을 집 밖으로 끌어낸다.
- 노인을 집 밖으로 쫓아낸다.
- 노인을 집에 들어오지 못하게 한다.
- 노인의 거주지 주변 출입을 통제한다.

◇ 노인을 폭행한다.

- 노인을 밀치거나 넘어뜨린다.
- 노인을 발로 찬다.
- 노인을 주먹으로 폭행한다.
- 노인의 몸을 벽에 박거나 바닥에 내리치는 행위 등을 가한다.
- 노인의 머리나 목 또는 몸을 강하게 잡거나 흔든다.
- 노인의 목을 조른다.
- 노인을 손 또는 몸으로 강하게 억압하며 짓누른다.
- 노인의 몸을 발로 밟는다.
- 노인을 질질 끌고 다닌다.
- 노인의 머리채를 잡아당기거나 움켜잡아 뽑는다.
- 노인을 할퀴거나 꼬집는다.
- 노인을 입으로 물어뜯는다.
- 몽둥이, 빗자루 등의 도구로 노인을 폭행한다.
- 물건을 던져 노인에게 상해를 입힌다.

- 칼이나 흉기를 사용하여 노인에게 상해를 입힌다.
- 담뱃불 또는 도구를 이용하여 노인에게 화상을 입힌다.

◇ **노인의 신체를 강제로 억압한다.**
- 노인을 침대 등에 묶어 움직이지 못하게 한다.
- 노인의 신체 일부 또는 모두를 사용하지 못하게 장치(예: 끈으로 묶어두기, 수갑 채우기, 손·발목 묶기 등)를 설치한다.

◇ **신체적 해를 가져올 위험성이 큰 행위로 노인을 협박하거나 위협한다.**
- 칼이나 가위 등 흉기를 사용하여 노인을 협박하거나 위협한다.
- 물건을 던지거나 기물 파손을 하는 등의 행위로 노인을 협박하거나 위협한다.

◇ **노인의 신체적 생존을 위협할 수 있는 행위를 한다.**
- 노인을 기본 생존 유지에 필요한 장치(가스, 난방, 전기, 수도)로부터 단절시킨다.
- 노인을 기본 생존 유지에 필요한 식사 또는 음료를 보관하는 물품(밥통, 냉장고)으로부터 단절시킨다.
- 노인을 기본 생존 유지에 필요한 식사 또는 음료로부터 단절시킨다.
- 노인을 치료 및 생존 유지에 필요한 약물(심장 관련, 당뇨, 혈압 등)로부터 단절시킨다.

◇ **노인이 원하지 않거나 수행하기 어려운 노동을 하게 한다.**
- 노인이 원치 않는 의사를 보였음에도 불구하고 일(노동)을 하도록 강요한다.
- 노인을 강제로 수감하거나 위협하여 일(노동)을 강요한다.
- 노인이 일을 수행하기 어려운 정신 및 신체적 상황임에도 불구하고 일(노동)을 하도록 강요한다.
- 노인에게 정신 및 신체적 악화를 가져올 수 있는 일 또는 조건에서 일(노동)을

하도록 강요한다.

◇ **약물을 사용하여 노인의 신체를 통제하거나 저해한다.**

- 노인에게 의료적으로 불필요한 약물이나 주사를 강제로 복용·투입하게 한다.

(2) 정서적 학대

정서적 학대란 비난, 모욕, 위협 등의 언어 및 비언어적 행위를 통하여 노인에게 정서적으로 고통을 유발시키는 행위를 말한다.

◇ **노인과의 접촉을 기피한다.**

- 노인을 쳐다보지 않고 무시한다.
- 노인에게 말을 걸지 않거나 대화를 하지 않는다.
- 노인의 말과 행동을 지속적으로 무시하고 반응을 보이지 않는다.
- 노인의 일상생활(식사, 일상물품 사용 등)을 타 가구원과 별도로 하게 한다.

◇ **노인의 사회 관계 유지를 방해한다.**

- 노인이 친구나 친지들과 만나거나 연락하는 것을 방해한다.
- 노인의 친구나 친지 등이 방문하는 것을 싫어한다.
- 비방이나 폭력적 행동 등으로 타인이 노인과의 관계를 유지하는 것을 싫어하게 만든다.
- 노인의 일상적인 사회활동이나 종교활동을 노골적으로 방해한다.
- 비방이나 유언비어로 노인의 경제활동을 저해한다.
- 노인의 이성교제를 방해한다.

◇ **노인을 위협·협박하는 언어적 표현이나 감정을 상하게 하는 행동을 한다.**

- '죽이겠다.'라고 협박한다.

- '시설로 보낸다.' 또는 '집에서 나가라.' 등의 위협 · 협박을 한다.
- 노인의 요구를 무조건 무시한다.
- 노인에게 고함을 지르거나 욕을 한다.
- 노인에게 혐오스러운 말을 한다.
- 노인이 수치심을 느끼게 하는 모욕적인 말을 한다.
- 자존심을 상하게 하는 말을 한다.
- 노인에게 창피를 준다.
- 노인을 비웃거나 조소를 한다.
- 노인을 재앙을 가져오는 사람으로 취급한다.

◇ 노인과 관련된 결정사항에 대해서 의사결정 과정에서 소외시킨다.

- 노인의 거취 결정에서 노인을 배제시킨다.
- 노인의 소지품 처분을 결정할 때 노인의 의사를 반영하지 않는다.
- 노인을 집안 경조사에 참여시키지 않는다.

(3) 성적 학대

성적 학대란 성적 수치심 유발 행위 및 성폭력(성희롱, 성추행, 강간) 등의 노인의 의사에 반하여 강제적으로 행하는 모든 성적 행위를 말한다.

◇ 노인에게 성폭력을 행한다.

- 노인이 원치 않음에도 불구하고 강제적으로 성관계를 갖는다.
- 노인이 원치 않음에도 불구하고 강제적으로 성관계를 강요 또는 시도한다.
- 노인이 원치 않음에도 불구하고 입맞춤, 애무 등을 요구한다.
- 노인이 원치 않음에도 불구하고 가슴이나 엉덩이 등 신체 일부를 만진다.
- 판단 능력이 없거나 의사표현을 할 수 없는 노인을 성폭행한다.

◇ **노인에게 성적 수치심을 주는 표현이나 행동을 한다.**

- 노인의 신체를 빗대어 혐오감을 주는 언행을 한다.
- 성적 언행 등으로 노인에게 굴욕감이나 협오감을 느끼게 한다.
- 사람들이 보고 있음에도 불구하고 노인의 성적 부위를 드러내고 옷 또는 기저귀를 교체한다.
- 사람들이 보고 있음에도 불구하고 노인을 알몸으로 목욕시킨다.
- 원하지 않거나, 판단 능력이 부족한 노인임에도 불구하고 성적 신체 부위를 몰래 촬영한다.
- 노인이 원치 않음에도 불구하고 학대행위자의 성기 및 자위행위를 보게 한다.
- 노인이 원치 않음에도 불구하고 포르노 잡지나 비디오를 보게 한다.
- 원하지 않거나, 판단 능력이 부족한 노인임에도 불구하고 노인의 성적 신체 부위 전체 또는 일부를 노출시켜 놓는다.

(4) 경제적 학대

경제적 학대란 노인의 의사에 반(反)하여 노인으로부터 재산 또는 권리를 빼앗는 경제적 착취, 노인 재산에 관한 법률 권리 위반 등 경제적 권리와 관련된 의사결정에서 통제하는 행위를 말한다.

◇ **노인의 소득 및 재산, 임금을 가로채거나 임의로 사용한다.**

- 노인의 허락 없이 임금, 연금, 임대료, 재산 등을 가로챈다.
- 의사표현 능력이 없는 노인의 연금, 재산 등을 가로챈다.
- 노인의 허락 없이 저축, 주식 등을 임의로 사용한다.
- 공적 부조(예: 국민기초생활보장 수급자 생계비) 급여를 가로채거나 임의로 사용한다.
- 노인의 허락 없이 노인 명의의 은행계좌로부터 현금을 인출하여 사용한다.
- 노인의 허락 없이 노인 소유의 귀중한 물건을 빼앗는다.

- 노인 소유의 귀중한 물건을 파괴하는 등 재산적 피해를 준다.
- 노인에게 빌린 돈을 갚지 않거나 귀중한 물건을 돌려주지 않는다.
- 노인의 노동에 대한 대가를 정당하게 지급하지 않는다.

◇ 노인의 재산에 관한 법률적 권리를 침해하는 행위를 한다.

- 노인 소유의 부동산을 노인의 동의 없이 임의로 사용하거나 강제로 명의 변경한다.
- 노인의 허락 없이 수표 및 기타 금융·법적 서류에 서명을 날조한다.
- 노인의 허락 없이 노인의 신용을 이용하여 이익을 취한다(명의 도용).
- 노인의 허락 없이 노인 명의로 은행 등에서 대출을 받는다.
- 노인의 허락 없이 노인 명의의 은행계좌, 보험 등을 해약한다.
- 사기나 강압, 부당한 위력으로 유언장, 계약서, 위임장 등에 서명을 허위로 작성하거나 변조한다.
- 대리권을 노인이 원하지 않는 방법으로 악용한다.
- 노인 부양을 전제로 재산 상속을 약속 또는 증여하였으나, 부양의무를 이행하지 않는다.

◇ 노인의 재산 사용 또는 관리에 대한 결정을 통제한다.

- 노인이 희망하는 재산 사용을 이유 없이 제한하거나 강요한다.
- 노인 자신의 돈을 일상생활에서 마음대로 사용하지 못하게 한다.
- 노인의 재산을 노인이 원하지 않는 방법으로 사용하도록 강요한다.
- 노인의 재산관리 관련 결정을 제한하거나 강요한다.
- 노인 명의의 재산을 불법적으로 소유하려고 협박한다.
- 수표 및 기타 금융·법적 서류에 서명을 강요한다.

(5) 방임

방임이란 부양의무자로서의 책임이나 의무를 거부, 불이행 혹은 포기하여 노인의 의식주 및 의료를 적절하게 제공하지 않는 행위(필요한 생활비, 치료, 의식주를 제공하지 않는 행위)를 말한다.

◇ **거동이 불편한 노인의 의식주 등 일상생활 관련 보호를 제공하지 않는다.**

- 스스로 식사하기 힘든 노인을 방치한다.
- 스스로 배변처리가 어려운 노인을 방치한다.
- 노인 스스로 청결유지(목욕, 빨래 등) 또는 환경관리(청소 등)가 불가능함에도 불구하고 이를 방치한다.
- 심각한 질환(치매 등)이 있는 노인을 홀로 거주하게 한다.
- 노인에게 안정된 주거공간을 제공하지 않고 떠돌게 한다.
- 노인이 부적절한 주거공간(컨테이너 등)에 거주하는 것을 방치한다.

◇ **경제적 능력이 없는 노인의 생존을 위한 경제적인 보호를 제공하지 않는다.**

- 경제적 능력이 없는 노인의 기본적 생존을 위한 생활비를 지원하지 않거나 중단한다.
- 경제적 능력이 없는 노인의 생활 관련 업무(세금 및 각종 요금납부)를 방치한다.
- 경제적 능력이 없는 노인의 사회적 활동(용돈, 종교활동비, 경조사비 등)을 위한 경제적 지원을 제공하지 않는다.

◇ **의료 관련 욕구가 있는 노인에게 의료적 보호를 제공하지 않는다.**

- 노인에게 필요한 보장구(틀니, 보청기, 돋보기, 지팡이, 휠체어 등)를 제공하지 않는다.
- 노인에게 필요한 의료적 처치를 제공하지 않거나 거부·방해하거나 혹은 소홀히 한다.

- 질병으로 인해 거동이 불편한 노인의 간병을 소홀히 한다(악취, 욕창, 염증 등 발생).

(6) 자기 방임

자기 방임이란 노인 스스로가 의식주 제공 및 의료 처치 등의 최소한의 자기 보호 관련 행위를 의도적으로 포기 또는 비의도적으로 관리하지 않아 심신이 위험한 상황이나 사망에 이르게 하는 행위를 말한다.

◇ 자신을 돌보지 않거나, 돌봄을 거부함으로써 노인의 생명이 위협받는다.

- 노인 자신이 의료처치 또는 약복용 등 의사의 지시에 따른 치료 행위를 거부한다.
- 건강, 생활, 환경 등의 위험한 상황에서 노인이 도움을 요청하지 않거나 거부한다.
- 노인 스스로 생존을 위해 필수적인 의식주 관련 행위를 거부함으로써 생명이 위협받는다.
- 일상생활 수행을 위한 신체적 · 정신적 능력을 상실한 노인이 돌봄을 거부함으로써 생명이 위협받는다.
- 건강에 치명적임에도 불구하고 노인이 약물이나 알코올 남용을 지속한다.
- 노인이 자살을 시도한다.

(7) 유기

유기란 보호자 또는 부양의무자가 노인을 버리는 행위를 말한다.

◇ 의존적인 노인을 유기한다.

- 노인과 연락을 두절하거나 왕래를 하지 않는다.
- 노인을 시설, 병원에 입소시키고 연락과 왕래를 두절한다.
- 인지 기능을 상실한 노인(치매, 약물중독, 알코올중독, 정신질환 등)을 고의적으로

가출 또는 배회하게 한다.

- 노인을 낯선 장소에 버린다.
- 배회하는 상태에서 발견된 노인에 대하여 부양의무자가 부양의무 이행을 거부한다.

3 노인 학대와 상담

요즘 젊은이들은 '노인'을 일컬을 때 단어의 뒤에 '벌레 충(蟲)'자를 붙이는 경향이 있다. 어른을 벌레에 비유하는 것이 대한민국의 현실이다. 연금만 타 먹는다고 '연금충'이라고 하며, 입에서 틀니가 딱딱거리는 소리가 난다고 '틀딱충'이라고 부른다. 그만큼 사회 저변에, 노인에 대한 부정적인 인식이 만연하다는 것을 드러낸다. 이런 세태에서 노인 학대 예방을 위해서는 세대 공감 및 존중 문화 정착과 노인에 대한 부정적인 인식 개선 등이 기본적인 해결 방안으로 꼽힌다. 세대 공감과 존중 문화를 위해서는 어린이 · 청소년 교육 과정에 이를 반영하는 노력이 나와야 한다.2)

현대 사회는 정보의 신속한 전달이 요구되기 때문에 대중매체의 중요성이 더욱 커지고 있다. 전통적인 대중매체는 대중에게 일방적으로 정보를 전달하는 매체로서 정보생산자와 정보소비자의 경계가 뚜렷하고 정보소비자인 대중은 수동적이고 무비판적으로 정보를 수용할 수밖에 없었다. 그러나 최근 정보 통신 기술이 발전하면서 인터넷 · 스마트폰 · SNS 등과 같은 뉴미디어가 등장하게 되었는데, 이를 통해 대중은 정보를 선별적으로 수용할 수 있고, 쌍방향으로의 의사소통이 가능해졌으며, 대중이

2) 공무원들은 연금을 타기 위해서 힘든 젊은 시절의 박봉을 견뎌 왔고, 40년 가까이 기여금이라는 이름으로 나라 살림에 기여하였다. 그들이 낸 기여금을 어디에 어떻게 썼는가는 묻고 싶지 않다. 다만 40년간 기여금을 내고 늙어서 연금으로 타 먹는 것을 무슨 죄인 양 취급해서는 안 된다는 말이다. 오랜 세월 기여금을 내고 세금을 많이 낸 것이 죄일 수는 없다.

정보생산자의 역할도 할 수 있게 되어 여론 형성이나 정책 제안 등 사회활동에 적극적으로 참여함으로써 대중의 역할이 증대되는 결과가 나타났다.[3)]

이처럼 대중매체의 엄청난 파급 효과와 그 영향력의 신속성 때문에 대중문화나 가치관은 다양성을 잃고 천편일률적으로 흘러간다는 우려의 목소리도 있다. 그럼에도 불구하고 대중매체는 노인의 삶에 대한 긍정적 이미지를 제공하여 노인 학대에 대한 대중적 자각을 높여야 한다. 노인과 노인의 가족이 사회적 자원과 지지집단을 쉽게 이용할 수 있어야 하고, 노인을 돌보는 가족에게 상담과 치료가 제공되어야 한다. 정신적 · 의료적 지지체계의 정기적인 활동은 노인 학대의 잠재적 가능성을 찾아내는 데 중요한 역할을 한다.

노인 학대 피해자를 위한 상담에서는 우선 학대에 대한 비밀을 약속하면서 신뢰관계를 충분히 형성해야 한다. 노인의 개별성을 이해하고 수용하며, 학대에 대한 내담자의 반응을 확인한다. 만약 학대에 대한 자책감, 모욕감, 수치심을 지니고 있다면 생각해 볼 시간을 충분히 갖도록 해 준다. 무기력감을 극복할 수 있도록 지지해 주고 사회적 지지망을 형성하도록 하며, 필요한 서비스를 스스로 선택할 수 있는 자율성을 갖도록 도와준다. 노인 학대를 예방하거나 치유하기 위하여 피해자뿐만 아니라 학대행위자를 상담하는 것도 중요하다. 학대행위자에게 학대를 한 이유를 먼저 확인한 다음, 그에 적절한 상담전략을 적용해야 학대 행동을 개선시킬 수 있다.

노인 학대 개입 절차는 ① 신고(1577-1389 또는 노인 학대 신고앱을 통해 신고, 24시간 상담), ② 접수(학대피해노인의 이름, 주소, 연락처, 학대 상황 등 파악), ③ 현장조사(학대피해노인 및 학대행위자를 만나 구체적인 상황과 정보 수집), ④ 학대 사례 판정(노인 학대 여부 판정 및 서비스 계획 수립), ⑤ 서비스 제공(개입계획에 따라 상담, 법률, 의료 서비스 연계 및 쉼터 입소 등의 보호 서비스 제공), ⑥ 평가 및 종결(학대 피해 노인 안전 확인 후 종결), ⑦ 사후관리(종결 이후 지속적 안전 확인을 통해 노인 학대 재발 방지)로 이루어진다.

3) 그러나 대중매체는 지나치게 선정적이거나 상업화된 정보 또는 편파적이거나 거짓된 정보를 제공하기도 하여, 사람들의 비판적 사고 능력을 약화시키거나 건전한 가치 판단을 어렵게 만들기도 한다.

표 12-2 2022년 학대 피해 노인 및 학대행위자 상담 서비스 현황 (단위: 건, %)

<table>
<tr><th colspan="2">구분</th><th>횟수</th><th>비율</th><th colspan="2">구분</th><th>횟수</th><th>비율</th></tr>
<tr><td rowspan="8">학대 피해 노인</td><td>학대피해노인 개별상담</td><td>62,586</td><td>26.9</td><td rowspan="8">학대 행위자</td><td>학대행위자 개별상담</td><td>19,923</td><td>40.0</td></tr>
<tr><td>학대피해노인 집단상담</td><td>223</td><td>0.1</td><td>학대행위자 집단상담</td><td>108</td><td>0.2</td></tr>
<tr><td>가족상담</td><td>17,011</td><td>7.3</td><td>가족상담</td><td>2,060</td><td>4.1</td></tr>
<tr><td>관련자 상담</td><td>47,691</td><td>20.5</td><td>관련자 상담</td><td>5,144</td><td>10.3</td></tr>
<tr><td>심리 및 기타 검사</td><td>838</td><td>0.4</td><td>심리 및 기타 검사</td><td>154</td><td>0.3</td></tr>
<tr><td>위기개입기술</td><td>562</td><td>0.2</td><td>—</td><td>—</td><td>—</td></tr>
<tr><td>강점 관점 및 기술</td><td>898</td><td>0.4</td><td>—</td><td>—</td><td>—</td></tr>
<tr><td>소계</td><td>129,809</td><td>55.8</td><td>소계</td><td>27,389</td><td>55.0</td></tr>
</table>

출처: 보건복지부 · 중앙노인보호전문기관(2023).

제13장

노인과 자살

1 노인의 자살

자살(自殺)의 영어 단어인 'suicide'의 어원은 "자기 자신(sui)을 죽인다(caedo)."라는 라틴어에서 비롯됐다. 세계보건기구(WHO)에 따르면, 자살은 자살 행위로 말미암아 죽음을 초래하는 경우로, 죽음의 의도와 동기를 인식하면서 자신에게 손상을 입히는 행위다. 여기서 알 수 있듯이, 자살이란 그 원인이 개인적이든 사회적이든 당사자가 자유의사(自由意思)에 의하여 자신의 목숨을 끊는 자기 살인(自己殺人) 행위를 말한다.

그런데 이러한 정의는 일견 명백하기는 하나 실제로는 여러 문제가 있다. 예컨대 음독(飮毒)은 일반적으로는 자살의 한 형태인 것으로 되어 있지만, 그것이 처벌(處罰)의 형식으로서 이루어졌을 때[1] 과연 자살이라 할 수 있는지, 그리고 전쟁에 의한 사망은 일반적으로 자살이라고 하지 않으나 과거 일본 군대의 '가미카제(神風)'[2]나 이른바 '육탄용사(肉彈勇士)'처럼 스스로 자진해서 죽음으로 뛰어드는 경우를 자살적 행위라고 할 수 있는지 그 한계는 모호하다.

1) 왕족 또는 사대부가 죄를 지었을 때 임금이 내리는 사약(賜藥)이 그것이다. 사약은 옛날부터 사용되어 왔으나 형전(刑典)에 인정된 제도는 아니다. 형전에는 교수(絞首)·참수(斬首)만을 사형제도로 명시하고 있었다. 왕족 또는 사대부는 그들의 신분을 참작하여 교살시키는 대신에 사약을 내렸던 것이다.

2) 가미카제(kamikaze)는 제2차 세계대전 말기에 전투기에 폭탄을 싣고 적함에 충돌하여 자살 공격한 일본 제국의 결사 특공대를 말한다. '가미'는 일본어로 '신'이라는 뜻이고 '카제'는 '바람'이라는 뜻으로, 가미카제란 '신이 일으키는 바람'이란 의미다.

사전적으로 자살은 스스로 자기의 목숨을 끊는 것을 뜻한다. '존버'의 창시자인 이외수(李外秀, 1994)[3] 작가는 그의 책 『감성사전』에서 자살을 다음과 같이 정의하고 있다. "자살은 자신의 목숨이 자기 소유물임을 만천하에 행동으로 명확히 증명해 보이는 일이다. 자살은 피조물로서의 경거망동(輕擧妄動)이다. 자살은 생명체로서의 절대 비극이다. 그러나 자살은 가장 강렬한 삶에의 갈망이다."

모든 자살은 소중한 생명을 상실하는 자살자 자신의 비극이요, 세상에서 가장 불행한 죽음이다. 이러한 자살은 가족과 주변 사람들의 삶을 황폐화시키고, 그들에게 형언할 수 없는 고통과 충격을 주는 비극이다. 더 나아가 자살은 사회 구성원들에게 삶의 의미와 가치를 혼란스럽게 한다. 이는 사회 전체에 생명경시 풍조를 조장하고, 엄청난 후유증을 남기는 참극이다. 무엇보다도 자살로 말미암은 심각한 해악은 사회의 도덕적 규범을 흔들고, 사회적 통합(결속력)을 와해시킴으로써 사회 존립에 중대한 위기를 초래한다.

따라서 자살은 그 어떠한 명분으로도 합리화하거나 미화해서는 절대로 안 된다. 그렇다 하더라도 한을 품고 스스로 목숨을 끊은 이들을 불쌍히 여기는 마음을 품는 것은 살아남은 우리가 가져야 할 최소한의 인간적 도리다. 중요한 것은 자살자들을 이해한다고 해서 잘못된 모든 것을 옳다고 정당화하는 것이 아니라는 사실이다. 사실 모든 수단과 방법을 동원하여 일단 자살을 결행하려는 사람을 막아야겠지만, 이미 고인이 된 사람들을 앞에 두고는 그들이 남긴 죽음의 숙제를 함께 풀어보려고 고민하는 것이 살아 있는 자들의 의무다. 자살한 개인에게 죄가 있는지의 여부를 판단하기에 앞서, 스스로 목숨을 끊도록 등 떠민 사회구조의 문제를 되짚어 보는 것이 남아

3) 1972년 강원일보 신춘문예에 단편소설 『견습 어린이들』로 당선됐고, 1975년 중편소설 『훈장』으로 《세대》지 신인문학상을 수상하며 정식 등단했다. 이후 장편소설 『들개』, 『칼』, 『장수하늘소』, 『꿈꾸는 식물』, 『괴물』, 『장외인간』 등을 비롯해 시집 『풀꽃 술잔 나비』, 『그리움도 화석이 된다』, 에세이 『내 잠 속에 비 내리는데』, 『하악하악』, 『청춘불패』 등을 발표하며 활발한 집필활동을 이어갔다. 특히 그의 소설 대부분은 40~50만 부가 넘는 판매고를 기록하며 베스트셀러이자 스테디셀러로 자리하고 있다. 또한 에세이 『하악하악』에서 '존버'라는 표현을 사용하며 화제를 모았는데, '존버'는 '존재하기에 버틴다.'의 줄임말로 대국민 문화캠페인 운동으로 이어지기도 했다.

있는 자들의 마땅한 도리다(곽혜원, 2011; 강희성 외, 2021: 225-226).

늦었지만 정부가 '정신건강 정책 비전 선포대회'를 열었다. 범정부 차원의 정신건강 혁신방안도 발표했다. 윤 대통령은 정부 초청을 받은 정신장애인과 가족들 앞에서 "정신건강 문제를 더는 개인 문제로 두지 않겠다."라고 약속했다. 국가가 나서 국민의 정신건강 문제를 챙기고 직접 관리하겠다는 것이어서 의미가 크다. 그동안 정부의 국민 건강관리 목표가 육체건강에 치우쳤던 만큼 올바른 정책 방향이 아닐 수 없다. 잇단 '묻지마식' 흉기 난동과 높은 자살률 등을 감안하면 오히려 늦은 감이 없지 않다.

대한민국 국민 정신건강에 적신호가 켜진 것은 오래전이다. 국립정신건강센터의 '국가 정신건강현황 보고서 2021'에 따르면, 성인 10명 중 3명(27.9%)꼴로 평생 한 번 이상 정신장애를 경험했다. 우리나라 자살률은 2020년 기준으로 인구 10만 명당 24.1명으로 경제협력개발기구 회원국 중 가장 높다. 2016년과 2017년을 제외하고 2003년 이후 부동의 1위다. 정신질환에 대한 사회의 그릇된 시각과 인식으로 오롯이 개인과 가족에 책임이 주어져 온 탓이다(세계일보, 2023. 12. 6.).

정신질환은 빨리 발견해 치료할수록 상태를 더 낫게 할 수 있다. 상담 치료와 적절한 약물 복용을 지속하면 일상생활을 하는 데에 전혀 문제가 없다. 정부가 정신장애인의 조기 발견과 조기 치료, 치료 지속을 통해 일상회복을 돕는 체계 구축에 정책의 초점을 맞춘 건 긍정적이다. 정부는 2024년 정신질환 중고위험군 8만 명을 대상으로 심리상담을 제공하고, 2027년까지 대상자를 50만 명으로 늘리기로 했다. 20~34세 청년 정신건강 검진 주기를 10년에서 2년으로 줄이고 대상 항목에 조현병, 조울증 등도 추가하기로 했다. 관건은 정부가 얼마나 정책을 일관성 있게 추진해 가느냐다. 최근 법원도 2019년 진주 방화 살인사건과 관련해 중증정신질환자 관리를 소홀히 한 정부에 40% 배상책임을 묻지 않았던가!

이제 국민 정신건강 관리를 위한 첫 발걸음을 뗐을 뿐이다. 이번 대책에서 다소 미흡하다는 지적을 받는 청소년과 노인 정신건강 관리체계를 더욱 촘촘히 하여야 한다. 누구나 가까운 동네 정신과의원을 찾아 상담을 받고, 중증질환자가 입원하는 게 어렵지 않게끔 인프라를 갖추고 제도를 마련하는 것도 중요하다. 정신과 상담을 부정적으로 보는 사회의 시선이 이제 바뀌어야 함은 두말할 필요가 없다. 우리나라가 언제까지 '자살률 1위'의 오명을 쓰고 있을 수만은 없는 일이 아니겠는가!

특히 우리나라 노인 자살률(39.9명, 2022년 기준)은 세계 1위로, 경제협력개발기구 회원국 평균(17.2명, 2020년 기준)의 두 배를 훨씬 웃돌아 충격적이다. 정부도 자살이 개인의 문제가 아니라 사회의 문제란 인식을 정확히 갖고 있고 단계적으로 신뢰를 쌓기 위해 노력하고 있다. 각 부처도 정책 제안에 대해 적극적이고 빠르게 대처하는 상황이다. 자살예방에서 가장 큰 장애물 중 하나가 인식이다. 자살자가 낙오자가 아니라 같이해야 할 국민이고 우리가 함께 살아가는 친구이자 가족이란 인식으로 전환돼야 한다. 사회적 합의와 설득도 중요하다. 자살예방 예산과 인력 확충이 중요한데, 우리가 일본만큼 확 늘렸을 때 과연 국민이 동의할 것인가! 국가가 자살 문제에 접근한다는 건 자살률이라는 숫자에 접근하는 게 아니라, 사회 전체를 보고 국가가 움직이겠다는 의지가 아닐까!

1) 자살에 관한 허구와 사실

우리는 자살에 관해서 얼마나 알고 있는가? 혹시 내가 알고 있는 자살 관련 지식이 사실이 아닐 수도 있다는 생각을 해 본 적이 있는가? 다음은 자살에 관한 허구와 사실이다.

(1) 자살에 관한 허구

① 자살에 대해서 언급하는 경우 실제 자살 시도를 하지 않는다.

② 자살 시도자는 절대적으로 죽을 의도를 가지고 있다.

③ 자살 위기 이후의 회복은 곧 모든 상황의 회복을 의미한다.

④ 모든 자살이 예방될 수 있는 것은 아니다.

⑤ 한 번 자살 생각에 빠지게 되면 항상 그러하다.

(2) 자살에 관한 사실

① 자살자는 경고 사인을 준다. 자살에 대해 언급하는 경우 자살 시도를 하는 경우가 많다.

② 자살에 대해 대개는 양가적이다. 즉, 자살을 실행에 옮기기 직전까지도 죽을까 말까 고민을 계속하며, 한편으로는 죽고 싶어 하지만 다른 한편으로는 살고 싶어 하는 마음이다. 꼭 죽을 의도를 갖지 않아도 자살 시도를 할 수 있다. 본인이 양가감정을 가진 경우도 있고 또는 보이기 위한 의도로 자살을 시도하는 경우도 있기 때문이다.

③ 많은 경우 자살은 파괴적 생각을 행동으로 옮길 만큼 충분한 에너지를 가지고 있을 때, 즉 회복기에 일어난다. 자살 위기 이후에는 사회적 · 개인적으로 모든 영역에서 주의 깊은 관찰과 회복이 필요하다.

④ 모든 자살이 예방될 수는 없다. 하지만 대다수는 예방 가능하다.

⑤ 자살 생각은 다시 올 수 있다. 자살 생각이 다시 올 수도 있고, 경우에 따라서 다시 오지 않을 수도 있다.

2) 무엇이 노인의 자살을 부르는가?

세대를 막론하고 자살의 원인은 절망감이다. 젊은이든 노인이든 희망이 보이지 않을 때 자살을 생각한다. "더 살아서 뭐 하겠나" 혹은 "이제 살 만큼 살았다."라는 노인들의 말 속에는 후회스러운 과거, 참혹한 현실, 암담한 미래가 모두 들어 있다. 좀 더 구체적으로 살펴보면, 노인들은 몸이 병 들었을 때, 우울증에 걸렸을 때, 궁핍해졌을 때, 그리고 가정에 불화가 있을 때 자살을 생각하게 된다. 노인에서 자살 시도의 가장 큰 원인은 바로 자신의 병든 몸이다.[4)] 젊은이들이 "늙으면 다들 쇠약해지고 병에 걸린다."라며 병든 노인을 무심히 대해서는 안 되는 이유다(https://www.hidoc.co.kr).

4) 노인 자살의 원인을 다른 연령대와 비교해 보자. 10대 청소년들이 자살을 시도하는 가장 큰 원인은 부모와의 갈등이다. 20대 이후로는 연인 혹은 배우자와의 갈등이 자살 시도의 가장 큰 원인이다.

'노인은 많은 일을 경험했기 때문에 어지간한 일에는 상심하지 않는다.'라는 말은 틀린 생각에서 나온 말이다. 우리 인생은 결코 익숙해지지 않는다. 분석심리학의 창시자인 칼 구스타프 융(C. Jung)의 말을 빌리자면, 인간이 성장기를 거쳐 중년에 이르는 동안 가장 큰 과제가 세상으로 당당히 나아가는 것이며, 중년에서 노년으로 가는 동안 가장 큰 과제는 늙음과 죽음에 직면하는 것이다. 노인은 자신의 노쇠한 육체, 지친 마음을 감당해야 하며, 가까운 지인들과 가족이 떠나가고 벗이 죽어가는 것을 견뎌내야 한다. 이런 일이 쉽게 익숙해질 리가 없다. 게다가 우울증까지 걸리면 절망의 나락으로 떨어지는 느낌이 드는 것은 어쩌면 당연하다.

노인의 자살을 막는 데에는 많은 노력이 필요하다. 우선 사회적으로는 노인이 경제적인 궁핍에서 벗어날 수 있도록 제도적인 지원이 있어야 한다. 홀로 사는 노인에 대한 지역사회와 이웃들의 관심도 큰 힘을 발휘한다. 주기적으로 방문을 하고 이야기를 들어드리는 것만으로도 그들의 고독감을 덜 수 있고, 새로운 활기를 찾아드릴 수 있다. 노인과 떨어져 사는 가족은 자주 연락하고, 가족의 행사에 노인을 포함시키며 소외감을 느끼지 않도록 신경 써야 한다. 자신이 가족에게 사랑받고 존중받는 존재임을 자주 일깨우는 것도 좋은 방법이다.

노인이 감당해야 할 문제를 해결해 주는 것도 매우 중요하다. 예를 들어 현재 많은 노인성 치매 환자는 다른 보호자 없이 배우자로부터 돌봄을 받고 있다. 이럴 경우 모든 가족 구성원이 그 부담을 나누어 지거나, 효과적인 치매지원시스템을 활용해야 한다. 치매에 걸린 배우자를 돌보는 것은 상상할 수 없을 만큼 힘든 일이어서 건강한 사람도 쉽게 우울증에 걸리곤 한다. 하물며 쇠약한 노인에게는 심리적인 부담이 매우 크다.

무엇보다 가장 중요한 것은 자살을 생각하고 있는 노인에게 우리가 따뜻한 공감을 보내주는 것이다. 당연히 노인 스스로의 노력도 중요하다. 자신의 쇠약해진 심신에 집착할 것이 아니라 자신의 인생을 돌아보고 삶의 의미를 찾기 위해 노력해야 한다. 친목모임 등의 사회활동, 봉사활동, 종교활동 등도 우울증을 예방하는 데 도움이 된다. 우울한 기분이 계속해서 이어지거나, 자살에 대한 생각이 자주 든다면 정신건강

전문의를 찾아 상담을 받아야 한다.

3) 자살하려는 노인이 보내는 신호

우리 모두는 언젠가 노인이 된다. '자살은 막을 수 없다.'라는 생각은 잘못된 통념이다. 자살 사망 전에 자살을 암시하는 경고 신호를 보내준 사망자는 94% 정도라고 한다. 그러나 암시 경고 신호를 유족들이 인식한 것은 고작 17%라고 한다. 자살 직전 보내는 사인은 주변인들이 아무리 가깝다고 해도 알아차리기는 어려운 게 사실이다. 그렇지만 소중한 누군가를 잃지 않기 위해, 자살을 예방하기 위해서는 가족을 포함하여 주변인들이 자살 경고 신호를 잘 인식하고 대처해야 한다. 지금 우리의 조부모님, 어머니, 아버지는 과연 괜찮으실까?

(1) 자살하려는 마음을 감정으로 표현

① 근심과 슬픔이 가득한 얼굴 표정을 짓는다.

② 자주 눈물을 흘린다.

③ 감정을 잃어버린 듯 멍한 표정으로 지낸다.

(2) 자살하려는 마음을 말로 표현

① "더 살아서 뭐하나."

② "이만큼 살았으면 됐지."

③ "살 만큼 살았다."

④ "너희들에게 부담되기 싫다."

⑤ "나는 아무 짝에도 쓸모가 없다."

(3) 자살하려는 마음을 행동으로 표현

① 자꾸만 혼자 있으려고 한다.

② 옷차림이나 위생에 신경을 쓰지 않는다.

③ 술을 많이 마신다.

④ 병에 걸려도 약을 먹지 않는다.

⑤ 재산이나 신변을 정리한다.

⑥ 소중히 여기던 물건을 나누어준다.

⑦ 약을 구입하여 모은다.

4) 노인이 자살 신호를 보낼 때 어떻게 대처해야 할까?

노인이 자살 신호를 보낼 때는 자살을 어떻게 생각하는지, 자살에 대해 적극적으로 물어보아야 한다. 전문가의 처치가 있기 전까지는 극단적 선택을 시도하지 못하게 막는 것이 우선이다. 순간적으로 발생하는 충동을 스스로 조절하지 못할 때 주변인들은 그들에게 다음과 같은 도움을 주어야 한다.

- 노인의 자살 신호를 감지했다면, 자살에 대해 생각하고 있는지 직접적으로 물어야 한다. 왜 죽으려고 하는지 묻고, 그 마음을 이해하고 공감해 주어야 한다.
- 노인의 말을 귀 기울여 주의 깊게 경청한다.
- 입장을 바꾸어 생각해 본다.
- 말의 내용뿐만 아니라 감정에 주의를 기울인다.
- 옳고 그름을 섣부르게 판단하지 않는다.
- '죽고 싶다.'라는 말은 곧 '도와달라.'라는 말이라는 것을 명심하고, 문제를 해결하려는 자세를 가진다.
- 자살 신호를 보내는 노인이 특히 위험하다는 것을 알아야 한다.
- 아래와 같은 증상을 보이는 노인들은 전문기관에 도움을 요청해야 한다.
  - 과거에 정신질환, 특히 우울증을 앓았던 노인
  - 병에 걸린 노인
  - 치매에 걸린 배우자를 돌보는 노인

- 가족 간에 갈등이 있는 노인
- 친구가 적은 노인
- 경제 상황이 악화된 노인
- 부부 사이가 안 좋은 노인
- 최근에 배우자와 사별한 노인
- 최근에 퇴직한 노인
- 과음하는 노인

2 노인 자살의 상담 기법과 자살위험성 척도

1) 주변에서 자주 하는 질문과 답변

(1) 주변 사람이 자살하려는 의도를 보이면 처음에 어떻게 말해야 할까?

구체적으로 단도직입적으로 묻는 것이 좋다. '설마'라고 생각하지 말고 '혹시 자살을 생각하고 있냐?'라고 구체적으로 질문하는 것이 중요한 첫걸음이 된다. 괜히 자살에 관해 언급하였다가 도리어 화를 내거나 자살을 유도하게 되는 것은 아닌지 걱정하지 않아도 된다. 수많은 임상 경험에 따르면, 실제로 이런 경우보다는 자살에 관해 질문해 준 것에 대하여 고맙게 생각하는 경우가 많다. 상대가 그것을 인정한다면 천천히 조심스럽게 얼마나 자주 생각을 하는지, 구체적인 방법이나 시기를 생각해 놓았는지 등에 대하여 질문하는 것이 좋다.

(2) 자살 생각이 실제로 있는 사람의 자살을 어떻게 막을 수 있을까?

우선 자살 생각이 있다는 것을 알게 되면 가족이나 친지들에게 알려야 한다. 그 이유는 가족의 격려와 후원 등이 든든한 방패가 될 수 있기 때문이다. 또한 절대 혼자 있게 해서는 안 된다. 자살은 철저하게 혼자서 하는 행동으로 주변에 누군가 있다면 시도하기가 어렵다. 자살을 시도할 수 있는 위험한 물건이나 상황 가까이에 있지 않게 한다. 자살의 구체적인 방법을 생각해 놓았는지 묻고, 위험한 물건은 가급적 가까운 가족이나 친지들이 치우도록 돕는다. 그리고 전문가의 도움을 받게 한다. 정신질환에 대한 약물 치료를 시작할 수도 있고, 더욱 효과적인 상담을 받을 수 있도록 연결해 주는 것이 중요하다.

2) 치료와 상담

우울이라는 선글라스를 벗어야 한다. 여름철 강한 태양과 자외선으로부터 우리의 눈과 피부를 지키기 위해서, 또는 패션 소품의 하나로서 우리는 선글라스를 착용한다. 그런데 선글라스를 끼게 되면 자외선은 차단되지만, 우리가 보는 세상은 선글라스 색의 강도에 따라서 조금 어둡게 혹은 아주 어둡게 보이게 된다. 하지만 인간의 눈은 조리개의 기능이 있어서 홍채를 평상시보다 더 많이 열게 되고, 조금의 시간이 지나게 되면 우리의 눈은 새로운 색깔과 명도에 적응하게 된다. 그래서 때로는 내가 선글라스를 끼고 있다는 사실을 잊기도 한다. 그러다가 우연찮게 선글라스를 벗게 되는 경우를 생각해 보자. 세상이 훨씬 밝게 느껴진다. '아, 세상이 이렇게 밝았었구나!', 선글라스를 끼고 쇼핑을 했는데 나중에 집에 와서 물건을 보면 당시와 색감이 차이가 나는 경험을 해 본 사람도 있을 것이다(http://health.kdca.go.kr).

이처럼 우울은 선글라스와 같다. 우울이라는 선글라스는 자기 자신과 미래, 그리고 살고 있는 이 세상에 대한 우리의 인식을 왜곡시킨다. 우울의 강도에 따라서 그렇다. 그리고 곧 그것에 적응하게 돼서 마치 그것이 사실인 양, 그것에 영향을 받으면서 인간 관계를 맺고, 공부하고 직장생활을 하고 있으며, 그것에 준해서 판단하게 된다.

부부 사이의 불화는 우울을 일으키고, 결국 관계를 더욱 악화시켜 파국으로 치닫게 한다. 이렇게 파국으로 만드는 주범이 누구인가? 그 주범은 바로 우울이다. 남편과의 갈등으로 우울에 빠진 주부에게 항우울제를 처방하면, "내가 잘못한 것이 아닌데 왜 나에게 이런 처방을 하느냐?"라고 묻는다. 이는 우울증 약을 먹는다는 것이 마치 처벌이라도 되는 듯한 반응이다. 하지만 이유야 어찌되었건 우울이라는 선글라스를 끼게 된 사람은 자신이며 결국 상황이 파국으로 가지 않게 하기 위해서, 그리고 상황을 있는 그대로 판단할 수 있는 힘을 찾기 위해서는 선글라스를 벗어야 하며, 이는 우울증을 치료하는 것과 같다.

상황을 있는 그대로 객관적으로 판단하는 것, 바로 이것이 우울증 치료의 목적이라고 할 수 있다. 사업에서 부도를 맞은 사람이 우울해졌는데, 치료와 상담을 받는다고 무너진 사업이 다시 정상화되는 것은 결코 아니다. 하지만 미래와 세상과 자신에 대한 판단을 훨씬 비관적으로 생각하는 것은 막을 수는 있다. 선글라스를 끼고 고른 옷의 색깔은 원래의 색과 비슷하기는 하지만 다르다. 따라서 판단은 선글라스를 벗고 해야 한다. 이처럼 우울증이 좋아질 때까지 판단을 미루어야 한다. 특히 삶의 중요한 판단은 더더욱 그렇다. 가장 극단적인 것이 바로 자살이다(http://health.kdca.go.kr).

(1) 노인 자살의 상담 기법

노인의 자살 상담 기법으로 인지도 그리기 기법, 회피 기법, 도움 요청 기법, 최소화 기법, 비난하기 기법, 그리고 전환 기법을 소개하면 다음과 같다(이호선, 2012: 337-339).

① 인지도 그리기 기법

인지도 그리기는 노인이 본래 가진 지적 능력과 호기심을 사용하여 자살 문제에 대한 정보를 얻는 기법이다. 내담자는 인지도 그리기를 통해 자신의 신체적 증상, 느낌, 바라는 것을 표현하고, 무엇이 문제인지를 검토하여 그 원인과 나름대로의 해법을 모색한다. 상담자는 정보의 전반적인 형태를 그림으로 표시하여 내담자가 자신의 사고 과정을 살피게 한다. 내담자는 상담자가 보여 주는 그림을 점차 정교화해 가면서 자신이 가진 문제에 대한 그림을 수정하고 확장해 가면서 문제를 스스로 해결한다.

② 회피 기법

회피 행동은 도피(escape)와 회피(avoidance)로 구분하여 설명하는 것이 이해하기 쉽다. 도피란 혐오 자극을 감소시키거나, 제거하는 반응을 획득하는 것을 말한다. 어떤 사람을 만나면 기분이 상하기 때문에 모임에 나가지 않는 것도 도피이다. 그런데 현재 혐오 자극이 존재하지는 않지만 미리 특정 행동을 함으로써 혐오 자극이나 상황이 발생하지 않게 되는 경우를 회피라고 한다(한광희 외, 2000). 회피 기법은 노인을 문제와 분리시킴으로써 문제가 일으키는 구체적인 갈등과 스트레스를 중단시키고 심리적인 안정을 도모한다.

③ 도움 요청 기법

도움 요청은 몸이 아프면 의사의 도움을 받듯이 노인의 직면한 문제에 대해 다른 사람의 도움을 요청하는 기법이다. 상담자는 노인이 가장 믿을 만하고 도움을 받을 수 있다고 생각하는 사람에게 노인 스스로 도움을 요청하도록 하거나 혹은 상담자가 도움을 요청한다.

④ 최소화 기법

최소화는 노인이 자신에게 발생한 문제의 심각성이나 중요성을 의식적으로 최소화하도록 하는 기법이다. 상담자는 노인이 당면한 문제를 지나치게 심각하게 받아들이거나, 실제보다 과장하여 이해하지 않도록 한다. 이를 통해 노인은 심리적인 안정은 물론 처한 상황에 대해 희망적인 해석을 하게 된다.

⑤ 비난하기 기법

비난하기는 노인 자신이 가진 문제나 문제를 유발했다고 생각하는 상황 혹은 사람에 대해 신랄하게 비난하도록 하는 기법이다. 비난하기 기법은 노인이 자신의 문제를 분명하게 하여 문제에 대한 자책감을 줄이고, 그 문제로 말미암은 분노를 표출할 수 있게 한다.

⑥ 전환 기법

전환은 노인이 가진 개인적·환경적 특성을 적극적·긍정적인 방향으로 전환하여 사용할 수 있도록 하는 기법이다. 상담자는 내성적이고 우울한 노인에게 밖에 나가 햇볕을 쬐게 하거나 사회활동을 통해 사람들과의 접촉을 원활히 하도록 한다. 이는 노인 스스로 느끼는 무능감이나 무기력감을 개선할 수 있으며, 자신의 약점을 강점으로 변환·대치할 수 있다.

(2) 자살위험성 자가진단척도

국립정신건강센터 국가트라우마센터에서 사용하는 자살위험성 자가진단척도는 〈표 13-1〉과 같으며, 그 내용은 자살위험성 질문지와 결과지로 구성되어 있다. 이 척도는 자살에 관한 생각과 시도 가능성에 대한 검사이다. 결과는 자기 보고 형식으로 측정되며, 정신과적 진단을 의미하는 것은 아니다.

표 13-1 자살위험성 자가진단척도

자살위험성 질문지				
당신 자신을 정말 해치겠다는 생각을 했던 적이 있습니까?			○ 있다	○ 없다
'있다'에 체크한 경우에만 아래 문항 1번~4-1번 문항까지에 답변하세요. '없다'에 체크한 분은 답변하지 않으셔도 됩니다.				
1	이전에 당신을 위험에 빠뜨리는 행동을 한 적이 있습니까?		○ 있다	○ 없다
2	당신 자신을 정말 해칠 방법에 대해 지금도 생각을 하고 있습니까?		○ 있다	○ 있다
2-1	있다면, 어떤 식으로? ( )			
3	생각하는 것과 생각을 행동에 옮기는 것은 큰 차이가 있습니다. 앞으로 한 달 내에는 어느 때라도 당신 자신을 해치거나 당신의 삶을 끝내겠다는 그 생각을 행동으로 옮길 것 같습니까?	○ 전혀 아니다	○ 약간 그렇다	○ 매우 그렇다
4	당신 자신을 해치려는 당신의 행동을 멈추게 하거나 하지 못하게 막는 것이 있습니까?		○ 있다	○ 없다
4-1	있다면, 무엇입니까? ( )			

출처: 1. Dube P., Kurt K., Bair MJ., Theobald D., Williams LS. The p4 screener: evaluation of a brief measure for assessing potential suicide risk in 2 randomized effectiveness trials of primary care and oncology patients. Primary care companion to the Journal of clinical psychiatry. 2010;12(6).
2. 박주언, 김원형, 노대영, 원성두, 김하경, 강석훈, 홍나래, 박성용, 김대호, 채정호. 재난정신건강평가 워크북. 대한불안의학회, 정신건강기술개발사업단. 2016.

자살위험성 결과지	
□ 자살위험성 거의 없음	'당신 자신을 정말 해치겠다는 생각을 했던 적이 있습니까?'라는 문항에 '없다'라고 응답한 경우 또는 아래 기준에 해당되지 않는 경우
□ 자살위험성 낮음	1, 2번 문항 중에 하나라도 '있다'라고 응답하고, 3, 4번 문항에는 해당되지 않는 경우
	자살 과거력이 있었거나 자살 계획에 대한 생각을 보고하였지만, 우발적인 자살 시도를 보일 가능성은 낮습니다.
□ 자살위험성 높음	3번 문항에 '약간 그렇다' 혹은 '매우 그렇다'라고 응답하거나 4번 문항에 '없다'라고 응답한 경우
	자살 가능성이 있다고 보고하였거나 자살 사고나 행동을 저지할 수 있는 보호 요인이 없다고 보고하였습니다. 추가적인 평가나 정신건강 전문가의 도움을 받아보시기를 권해드립니다.

출처: www.nct.go.kr›distMental

제14장 노인의 황혼이혼과 고독사

1 황혼이혼율과 원인

오랜 세월 함께 살다가 헤어진 노부부가 이혼 도장을 찍고 난 뒤 어떻게 삶이 바뀔까? 이웃나라 일본의 연구(그림 14-1 참조)를 살펴보면, 황혼이혼 3년 뒤 여성은 이혼 쇼크를 극복하지만 남성은 좀처럼 이혼 전과 같은 상태로 돌아가지 못했다.

일본도 황혼이혼이 하나의 빅트렌드로 자리 잡은 지 오래다. 일본에선 황혼이혼을 숙년이혼(熟年離婚)이라고 부르는데, 70% 이상은 여성들이 제기하고 있다고 한다. 여성의 사회 진출이 활발해지고 생활력이 강한 여성들이 늘어나면서 생긴 변화다.

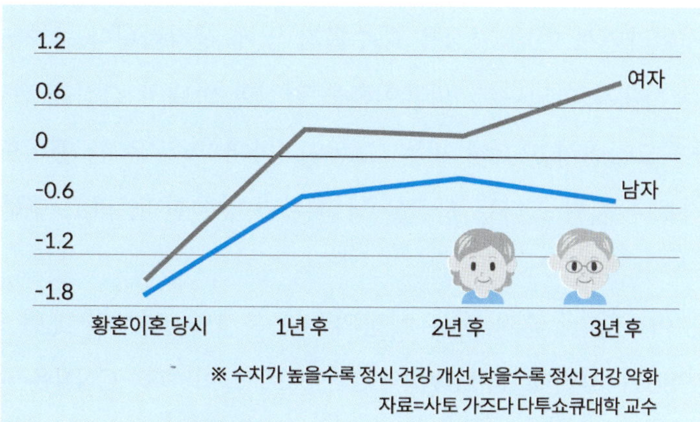

그림 14-1 황혼이혼 후의 정신건강 변화

출처: 조선일보(2023. 9. 12.).

일본에서 코로나19가 한창이던 2020년 이혼 부부 가운데 20년 이상 동거한 '황혼이혼'의 비율이 21.5%에 달해 통계가 있는 1947년 이후 최고치를 기록했다고 후생노동성이 공표했다. 후생노동성이 2020년의 인구 동태 통계를 기초로 집계한 자료에 따르면, 동거 기간이 20년 이상인 부부의 이혼 비율은 약 70년간 상승세다. 1990년의 13.9%와 비교해도 배 가까이 증가했다. 사실 황혼이혼은 일본이 원조 국가다. 버블경제가 급격히 무너진 1990년대 중반 일본에서 유래했다. 남편이 은퇴하고 퇴직금을 받은 뒤 부인이 이혼을 요구하는 경우가 급증해 사회문제로 자리잡았고, 일본은 한국 등 세계적으로 황혼이혼 유행을 선도하는 국가가 됐다(오피니언뉴스, 2022. 8. 25.).

일본의 1급 노후 설계사인 요코테 쇼타(横手彰太) 씨는 "남성은 은퇴 후에 편안한 생활을 보내길 기대하지만 그런 경우는 극히 드물다."라면서 "남편을 오랜 기간 뒷바라지해온 아내도 '그동안 수고했어요, 이제 푹 쉬세요.'라고 선뜻 말하진 않는다."라고 말했다. 오히려 아내가 '내 인내심이 바닥났다.'라면서 갑자기 이혼을 선언할 가능성이 높다고 했다.

"의외로 많은 남편들이 전업주부 혹은 아르바이트를 하는 아내가 감히 이혼을 생각하겠냐고 착각을 하죠. 이혼하겠다고 해봤자 먹고 사는 문제를 (내 도움 없이) 해결하지 못할 것이라면서 아내 결심을 대수롭지 않게 생각합니다. 하지만 유감스럽게도 지금은 그런 시대가 아닙니다. 황혼이혼을 결심한 아내의 결정을 뒤집을 가능성은 거의 없습니다." 그러면서 요코테 씨는 "그동안 (아내가) 말은 안 했어도 오랫동안 쌓인 미움이 생각보다 훨씬 크다는 사실을 남편은 알아야 한다."라고 덧붙였다(조선일보, 2023. 9. 12.).

미국 상황은 어떠할까? 혼자 사는 사람의 비율은 1940년부터 매년 증가해왔으며, 특히 1970~1980년 사이에 17.6%에서 22.7%로 늘어났다. CNN은 이러한 자료를 바탕으로 2022년 65세 이상 혼자 사는 사람은 1,600만 명으로 1960년대와 비교하면 3배나 늘어났다고 보도했다. 혼자 사는 사람들이 증가한 이유는 여러 가지가 있지만 독거노인 증가의 주요 원인은 '황혼이혼(gray divorce)[1]'이라고 분석했다.

50세 이상의 이혼율은 1990~2010년 사이에 두 배가 늘었으며, 2010년 이혼한 4건 가운데 1건은 50세 이상, 그리고 2020년에는 3건 가운데 1건으로 늘어났다. 한 대학(Bowling Green State University)의 연구 보고서에 따르면 이혼율이 늘고 있지만, 모든 연령에 해당되는 것은 아니며 중장년층 이상에서 두드러지는 것으로 나타났다. 이는 결국 혼자서 여생을 보내야 하는 독거노인 증가를 의미한다(미주한국일보, 2023. 8. 24.).

이제 우리나라 형편을 살펴보자. 실제로 국내에서 황혼이혼은 매년 늘어나고 있다. 우리나라는 2019년 황혼이혼(혼인 기간 20년 이상)이 전체 이혼의 28.7%를 차지했고, 2021년에는 부부 3만 9,700쌍이 갈라섰다. 2022년에는 3만 4,211쌍이 부부의 연(緣)을 끊어 전체 이혼의 34.3%를 차지했다. 이는 일본의 사회적 현상을 따라가는 전형적인 사례로, 황혼이혼율에서 일본을 넘어선 이혼강국(?)으로 도약했다.

"남편이 퇴직하면 이혼 얘길 꺼낼 생각이에요. 아이들만 보고 살았고 앞으로도 별반 다를 것 같지 않은데 (퇴직 후) 온종일 같이 있을 것이라 생각하니 못 견딜 것 같아요. 저는 지금 뭘 준비해야 하나요?" 서울에서 활동 중인 보험 설계사 A 씨는 요즘 50대 여성 고객들에게 이런 질문을 많이 받고 있다. 남편의 정년퇴직이 얼마 남지 않았고 결혼한 지 오래됐지만 부부 사이는 썩 좋지는 않다고 솔직히 털어놓는 주부들이다.

"주택 대출은 다 갚았고 애들은 졸업 후 취업해서 독립해 나갔고, 남은 걱정은 (남편과 갈라선 이후) 본인의 노후 자금이라고 말해요. 남편 보험이나 노령 연금, 퇴직금 같은 것을 이혼 후에 나눠 가질 수 있느냐고 궁금해 합니다." 은퇴는 황혼에 접어든 부부 사이를 흔들 수 있는 중요한 인생 전환점이다. 그런데 행복할 것이라고 꿈꿨

1) 한 대학(Bowling Green State University)의 연구 보고서에 따르면, 최근 이혼한 사람들의 3분의 1 이상이 50세 이상인 것으로 나타났다. 과거에는 할리우드 연예인들에게나 해당됐던 노년의 이혼이 이제는 평범한 일반인들 사이에서도 두드러지고 있다. 1990년부터 2010년 사이에 결혼했던 사람들의 이혼이 최근 급증하게 되면서 어느덧 중년이 된 이들의 이혼을 '황혼이혼'이라고 부른다(미주한국일보, 2023. 8. 24.).

던 인생 후반전에 아내가 갑작스럽게 이혼 선언을 하고 부부가 갈라서게 될 가능성이 생긴다. 바로 황혼이혼이다.

황혼이혼에 대한 사회 인식은 어떨까? 조선닷컴이 SM C&C 설문조사 플랫폼인 '틸리언 프로(Tillion Pro)'에 의뢰해 50대 남녀 227명을 대상으로 조사해 봤다. "주변의 황혼이혼에 대해 공감하느냐?"라는 질문에 응답자의 57%가 그렇다고 대답했고, "살면서 이혼을 생각해 본 적이 있느냐?"라는 질문에는 응답자의 65%가 그렇다고 답했다. 더 이상 함께 하는 앞날을 생각하고 싶어 하지 않는 노부부에 대해, 세상 사람들의 생각은 그리 부정적이지 않다(오피니언뉴스, 2022. 8. 25.).

황혼이혼과 재혼이 점차 늘어나는 이유에 대해 개인 가치관과 인식 변화가 큰 영향을 미쳤다는 분석이 설득력을 얻고 있다. 과거에는 전통적 의미의 가정을 지키기 위해 불편하고 애로사항이 있더라도 참고 살았지만, 현대에는 개개인 생활이 우선시되는 분위기가 형성되고 있기 때문이다(https://www.smartkoh.tistory.com/590).

드라마틱하게 연장된 기대수명은 베이비부머 세대를 역사상 가장 긴 결혼생활을 하게 된 첫 번째 인류로 만들었다. 20세에 결혼해 기대수명까지 산다면 평균 60년, 길면 70~80년간 결혼생활을 하게 된다. 80년간의 행복한 결혼생활(?)이건 그 자체로 형용모순 아닐까? "검은 머리가 파뿌리 될 때까지" 함께 하겠다고 결혼서약을 했는데, 파뿌리가 되고도 20~30년의 계약기간이 이렇다 할 합의 절차도 없이 자동 연장되는 것이다. 장성한 자녀가 떠나고 나면 더는 '함께'라는 단어로 부부를 묶어줄 수 있는 것이 거의 없다. 게다가 베이비부머는 경제적 기반이 그 어느 세대보다 비교적 탄탄하고, 건강 상태 또한 대체로 좋은 편이다.

'자식 때문에 함께 산다.'라는 결혼의 기조는 부부 관계가 급작스레 적대적으로 돌변하거나 흔들리지 않는 이상 대부분의 부부에게 아주 늙을 때까지 유효하다. 하지만 은퇴 후 주 7일, 24시간씩 함께 지내게 되는 새로운 생의 사이클은 부부 사이의 갈라진 틈을 크레바스 수준으로 벌려놓기 쉽다.

특히 직장에서의 일과 자기 정체성이 밀접하게 연관돼 있는 남성들이 이 새로운 삶에 적응하는 데 어려움을 겪는다. 두 사람이 전업 은퇴자로서 함께 집안에 머물기 시작하면 두 사람의 관계와 책임, 역할, 업무가 재조정돼야 하건만, 가부장적 문화가 공고한 우리나라에서는 쉽지 않은 얘기다. 가정은 이미 아내(어머니)라는 태양을 중심으로 형성된 하나의 소우주인데, 새로운 태양이 들이닥쳐 궤도를 뒤흔드는 형국이다. 이 과정에서 명확히 깨닫게 되는 것은 부부 사이의 정서적 거리다. 한 공간에 접점 없이 평행하는 두 개의 삶이 펼쳐지는 것이다(https://www.smartkoh.tistory.com/590).

2 분할연금제도

분할연금(分割年金)이란 노령연금 수급권자의 이혼한 배우자가 노령연금 수급권자의 가입기간 중 혼인기간 동안에 해당하는 연금액의 1/2을 받는 제도를 말한다. 분할연금 수급 요건은 ① 가입기간 중 혼인기간이 5년 이상일 것, ② 배우자와 이혼하였을 것, ③ 배우자였던 자가 노령연금 수급권자일 것, ④ 분할연금을 청구하려는 자의 연령이 만 60세(1953년 출생자부터는 출생연도별로 1세~5세의 연령을 상향 조정함)에 도달할 것이다.[2)]

분할연금 수급권의 제척기간은 5년으로, 그 권리가 발생한 때로부터 5년 동안 청구하지 않으면 소멸된다. 제척기간 내 분할연금을 청구하지 않거나 청구하기 전에

2) 「국민연금법」 제64조(분할연금 수급권자 등) ① 혼인 기간(배우자의 가입 기간 중의 혼인 기간으로서 별거, 가출 등의 사유로 인하여 실질적인 혼인 관계가 존재하지 아니하였던 기간을 제외한 기간을 말한다. 이하 같다)이 5년 이상인 자가 다음 각 호의 요건을 모두 갖추면 그때부터 그가 생존하는 동안 배우자였던 자의 노령연금을 분할한 일정한 금액의 연금(이하 "분할연금"이라 한다)을 받을 수 있다.
1. 배우자와 이혼하였을 것
2. 배우자였던 사람이 노령연금 수급권자일 것
3. 60세가 되었을 것
② 제1항에 따른 분할연금액은 배우자였던 자의 노령연금액(부양가족연금액은 제외한다) 중 혼인 기간에 해당하는 연금액을 균등하게 나눈 금액으로 한다.
③ 제1항에 따른 분할연금은 제1항 각 호의 요건을 모두 갖추게 된 때부터 5년 이내에 청구하여야 한다.
④ 제1항에 따른 혼인 기간의 인정 기준 및 방법 등에 필요한 사항은 대통령령으로 정한다.

미리 포기(당사자 간 포기의 의사표시가 아니라 포기의 의사표시를 공단에 한 경우를 의미)한 경우에는 공단은 노령연금수급권자에게 노령연금액 전액을 지급한다.

분할연금은 이혼의 효력이 발생한 때로부터 3년 이내에 미리 선청구할 수 있는 특례[3])를 인정하고 있다.[4]) 분할연금 수급권자에게 노령연금 수급권이 발생한 경우 두 급여는 중복조정하지 않는다. 분할연금과 노령연금을 제외한 다른 급여(장애연금, 유족연금, 반환일시금)가 동시에 발생하는 경우 중복급여 조정 대상이 되며 2개 이상의 분할연금 수급권을 취득한 자에게 다른 급여가 발생한 경우에는 2개 이상의 분할연금을 하나의 급여로 보고 다른 급여와 중복급여조정을 한다.

분할연금은 배우자였던 자의 노령연금액(부양가족연금액 제외) 중 혼인기간에 해당하는 연금액을 균등하게 나눈 금액을 지급하는 것이 원칙이나, 이혼한 당사자가 분할연금의 분할비율에 관하여 협의 또는 법원의 재판을 통해 분할연금 분할비율을 별도로 결정된 경우에는 그 분할비율 등을 공단에 신고하고 해당 분할비율에 따라 연금을 지급받는다. 이 경우 '혼인기간·연금 분할 비율 신고서'와 협의서 또는 법원재판서 사본을 제출해야 한다. 연금분할비율 신고는 1회에 한하며, 공단은 연금분할비율 별도결정일이 속하는 다음 달부터 신고된 연금분할비율을 적용하여 지급한다.[5])

3) 「국민연금법」 제64조의 3(분할연금 청구의 특례) ① 제64조 제3항에도 불구하고 제64조 제1항 제3호의 연령에 도달하기 이전에 이혼하는 경우에는 이혼의 효력이 발생하는 때부터 분할연금을 미리 청구(이하 "분할연금 선청구"라 한다)할 수 있다. 이 경우 제64조 제3항에 따른 청구를 한 것으로 본다(선청구를 하고 제2항에 따른 선청구의 취소를 하지 아니한 경우에 한정한다).
② 제1항에 따른 분할연금 선청구는 이혼의 효력이 발생하는 때부터 3년 이내에 하여야 하며, 제64조 제1항 제3호의 연령이 도달하기 이전에 분할연금 선청구를 취소할 수 있다. 이 경우 분할연금 선청구 및 선청구의 취소는 1회에 한한다.
③ 제1항에 따라 분할연금을 선청구한 경우라고 하더라도 제64조 제1항 각 호의 요건을 모두 갖추게 된 때에 분할연금을 지급한다.
④ 제1항 및 제2항에 따른 분할연금 선청구 및 선청구 취소 방법·절차 등 시행에 필요한 세부사항은 보건복지부령으로 정한다.

4) 분할연금 선청구란 「국민연금법」 제64조의 3(분할연금 청구의 특례)에 따라 분할연금수급권 취득 예정자가 이혼 시 향후 발생할 분할연금의 지급을 미리 청구하는 것을 말한다. 분할연금 선청구는 1회에 한하여 이혼의 효력이 발생한 때로부터 3년 이내에 청구해야 한다. 분할연금 선청구를 한 경우에는 추후 추가적인 별도의 청구가 없더라도 분할연금 수급요건이 모두 충족된 경우 분할연금이 지급된다.

3 고독사

1) 고독사의 개념

고독사(孤獨死)란 사람이 주위에 아무도 없는 상태에서 혼자 죽는 것을 말한다. 「고독사 예방 및 관리에 관한 법률(약칭: 고독사예방법)」 제2조에 따르면, 고독사란 가족, 친척 등 주변 사람들과 단절된 채 홀로 사는 사람이 자살·병사 등으로 혼자 임종을 맞고, 시신이 일정한 시간이 흐른 뒤에 발견되는 죽음을 말한다.

고독사란 단어는 1990년대 이후 일본에서 나홀로 죽음이 급증하면서 생긴 신조어로, 2011년부터 방송으로 알려지게 되었다. 영어권에서도 신조어로 취급하여 Kodokushi (こどくし)라는 일본어 발음을 번역 없이 그대로 쓰고 있으나[6], 2022년 CNN 기사에서 보듯이 "lonely death(s)"라는 명칭도 사용하는 추세이다. 일본은 세계적인 고독사 대국으로, 수십 년간의 경제 위기를 겪으며 독신자와 비혼자, 무연고자가 급증했다. 게다가 2006년 세계에서 가장 먼저 초고령사회에 진입한 영향도 크다(https://www.namu.wiki/).

일본은 1990년 거품경제의 붕괴로 이어진 소위 잃어버린 20년 이후 고독사가 증가했다. 처음에는 비정규직, 장기적 경제 침체, 구직 단념 등의 경제적 영향이 원인이었다. 거기에다 이혼, 사별 외에도 만혼, 독신, 비혼, 개인주의, 외동자녀 등의 가정환경 변화 이외에도 성격 차이, 인간 관계 문제, 그 밖에 혼자서도 생활할 수 있는 각종 편의 시설과 자동화 시스템의 구축으로 고독사는 점차 눈에 띄게 증가해 갔다. 고독사에 대한 대비책으로 일본에서는 고령자들이 사는 집에서 집의 대문에 흰 수건

5) 「국민연금법」 제64조의 2(분할연금 지급의 특례) ① 제64조 제2항에도 불구하고 「민법」 제839조의 2 또는 제843조에 따라 연금의 분할에 관하여 별도로 결정된 경우에는 그에 따른다.
② 제1항에 따라 연금의 분할이 별도로 결정된 경우에는 분할비율 등에 대하여 공단에 신고하여야 한다.
③ 제2항에 따른 신고 방법 및 절차 등 신고에 필요한 세부사항은 보건복지부령으로 정한다.

6) 과로사(過労死)를 'Karoshi(かろうし)'로 표기하는 것과 같은 맥락이다.

을 걸어둔다고 한다. 만약 안 걸렸으면 신변에 무슨 일이 생겼으니 봐달라는 뜻이다.

우리나라에서도 하나 낳기, 둘 낳기 정책으로 외동자녀가 많아졌고, 80년대 이후에 이혼율 급증과 민주화 이후로는 점차 개인주의적 가치관이 확산되었으며, 1998년 IMF 경제 위기로 직장, 금전 문제 발생으로 결혼, 연애 포기 및 개인주의적 사고 방식 보편화 또는 가치관 대립 등으로 인간 관계 단절이 심화되었고 2000년대 이후 독신자, 이혼, 독거노인, 실직자, 구직 포기자 등의 증가로 같은 문제가 발생하게 됐다.

독거노인의 고독사와 장애인의 고독사는 가끔씩 방송과 언론의 조명을 받지만 일자리를 잃거나 사회에 적응하지 못한 독신 30~50대 중장년 남성의 고독사 문제에 대해 상대적으로 신경을 덜 쓰기도 한다. 경기 불황이 장기화되면서 30~40대 사회부적응자들의 고독사도 점점 늘고 있다.

이전에는 고독사에 관한 명확한 정의가 없는 신조어에 불과했고, 자살과 타살은 보통 제외하는 경우도 있었으나, 우리나라에서는 2021년 4월 「고독사 예방 및 관리에 관한 법률(약칭: 고독사예방법)」이 제정 · 시행되면서, 법적으로도 정의되기에 이르렀고, 이에 따르면 자살도 포함된다.[7)]

7) 비슷한 개념으로 무연고 사망이 있다. 그 경우에는 통상적인 장례나 사망신고가 불가능하므로, 무연고 시신은 「장사 등에 관한 법률」에 따라 지방자치단체에서 처리하고서 무연고 사망자를 가족 관계의 등록 등에 관한 법률에 따라 가족관계등록관서에 통보하도록 하고 있다.

2) 고독사의 원인

외동자녀 증가, 장기간 경제 침체, 실직자 증가, 평생 무직 등장, 개인주의 문화 확산, 독신 증가, 이혼 증가, 비혼 증가, 인간 관계 미숙, 각종 정신질환 증가, 장기간 직업을 구하지 않는 구직 단념자 및 사회성 결여 젊은이들이 증가하는 등 포괄적인 이유들이 나타났기 때문이다.

고독사하는 사람들이 어딘가 이상하거나 특이한 사람들만 있는 것은 아니다. 2000년대까지는 그러한 편견도 있었지만 점점 평범한 직장인, 학생, 고시생 중에서도 고독사하는 경우가 증가하면서 그러한 편견은 옅어진 상태, 심하면 몇 년 동안 발견되지 않아서 백골만 남은 경우도 있었다. 대체로 봄과 여름철 시체가 부패하면서 나는 역겨운 냄새가 나기 때문에 주변에서 약간의 관심과 후각이 있다면 그래도 조기에 발견할 수는 있다(https://www.namu.wiki/).[8)]

(1) 가치관 갈등

과거 가부장제 시대나 농경 시대 혹은 전체주의 사회의 위계질서 가치관처럼 한쪽이 갑질을 하더라도, 한쪽이 순응하거나 참는다면 억지로나마 인간 관계가 유지가 되겠지만, 점차 권리 의식과 인권에 대한 인식이 향상되면서 그러한 손해 보는 인간 관계에 대한 거부감이 서서히, 점진적으로 확산되었다. 손해 보는 인간관계나 일방적 양보를 거부하는 것은 다른 사람에서 친구, 가족으로도 확산되었고, 그 결과 자신에게 감정적 · 정서적 · 물질적 스트레스나 소모를 하게 하는 인간 관계를 거부하게 되었다. 또한 점차 시간이 흐르거나, 나이를 먹게 되면서 체력적 소모나 귀찮은 인간 관계를 비롯하여 귀찮은 것을 회피하려는 습성도 점차 증가하고 있다.

8) 아무래도 무관심 속에서 홀로 죽은 상태이므로 발견이 늦어지는 경우가 일반적이며 이 때문에 대부분 시체 상태도 비교적 좋지 못하다 하는데 이때 신체의 구멍(항문 등)을 천 등으로 막는다. 안 그러면 부패한 내용물이 흘러나오기 때문이다. 겨울인 경우 난방이 안 되어 온도가 낮다면 그나마 낫지만 여름, 그것도 장마철에 사망한 경우 상상을 뛰어넘는 끔찍한 광경이 펼쳐진다. 이렇기 때문에 발견한 사람이나 수습하는 사람, 심지어 수습 이후 특수청소를 담당하는 사람과 청소 현장 녹화 영상을 시청하는 시청자까지 적잖은 정서적, 심리적 트라우마가 남을 수 있다(https://www.namu.wiki/).

(2) 경제적 이유

고령자와 장애인, 여성뿐만 아니라 30~50대 남자 실직자, 기술이 없는 청년층 남성 역시 향후 고독사의 확률이 높다. 30대 중반 이후의 남성들은 특별한 재주나 기술이 없는 이상 단순 일용직, 지방 중소기업 생산직, 택배 상하차 등 몇몇 힘든 육체노동 업종 이외에는 할 수 있는 일이 거의 없다. 간혹 그러한 일을 하다가 다쳐서 병원비로 돈이 지출되는 악순환이 반복되기도 한다. 또한 빈민층이 많은 쪽방촌이나 원룸가, 달동네, 그리고 고시원 밀집 지역에서도 고독사가 많이 발생한다. 그 밖에도 임시 거처인 모텔(여관, 여인숙 등)에서도 고독사가 발생할 가능성이 있다.

30~40대가 재취업에 실패하여 단순 육체노동직에 종사하거나 자영업에 뛰어드는 일은 주변에서 꽤 자주 일어나고 있다. 특별한 학력과 경력이 필요한 일에 종사하지 않는 남성 대부분에서 일어날 수 있는 일이다. 사실 더 큰 문제는 50대 이후인데, 그나마 30~40대까진 취직해서 일할 수 있지만, 50대 중반이 넘어가면 이나마도 없어진다. 그리고 국민연금 수급까지는 거의 5~10년 가까이 공백기가 생기는 셈이다. 여기에 2020년부터는 코로나19 사태가 터지면서 정규직은 물론이고, 비정규직과 아르바이트 자리조차 감소하고 있다. 게다가 폐업하는 업체가 많아지고 있어서 이미 채용되어 일하고 있는 정규직의 경우라도 구조조정 및 해고되는 경우가 증가하고 있는 실정이다. 이는 결국 돈을 벌 수 있는 사람이 줄어든다는 뜻으로 향후 민생경제에도 하향평준화를 일으키고 있다.[9)]

(3) 독신으로 지내도 크게 상관이 없어진 현대사회

근대까지만 해도 가족들은 서로에게 강하게 의지하지 않으면 살아남기 어려운 상황이었다. 지금처럼 음식을 파는 곳이 흔치도 않았으므로 집에서 밥을 해먹는 것이

9) 사실 고학력 인구의 증가로 말미암아 사무직 혹은 필기구만을 접하던 사람이 어느 날 갑자기 하루아침에 육체노동을 하는 것은 당연히 쉬운 일은 아니다. 우선 순발력 면에서도 문제가 될 것이고, 체력과 근력부터 되지 않는다. 이런 사무직들이 바로 육체노동에 종사할 경우 근력 부족으로 인해 부상당할 가능성이 크다. 만약 건설 현장이었다면 단순 부상을 넘어서 목숨조차 위험할 수 있다.

거의 유일한 식사 방법이었기 때문이다. 그러나 현대사회에서는 반찬과 식사는 편의점과 마트에서 해결이 가능하다. 각종 반찬과 밥 · 면류 등은 즉시 섭취가 가능하거나, 전자레인지 · 가스레인지에 3~5분 정도 돌리거나, 냉동제품은 10분가량이면 해동해서 조리가 가능하다. 요리를 못해도 이러한 인스턴트 식품 등 가공식품, 냉동식품을 마트나 편의점에서 구매해서 빨리 섭취할 수 있다. 굳이 요리를 못한다고 해서 생존에 지장이 있는 것은 아니다.

빨래는 세탁기가 처리하거나 세탁소에서 해결해 준다. 특히 웬만한 세탁소에서는 다림질이나 옷 특유의 관리도 해준다. 신발 빨래 역시 원룸이나 고시원의 눈치가 보인다면 세탁소, 빨래방에서 해결 가능하다. 서울까지 가지 않더라도, 심한 오지 수준 시골이나 지방이 아닌 대도시나 신도시의 번화가는 치안 상태도 좋아서 범죄율도 낮으며, 각 자동차의 블랙박스나 CCTV, 각종 카메라 등도 범죄율을 낮추게 된다. 이는 코로나 사태를 통해 자가 격리 차원에서 집에만 있어도 그럭저럭 생활이 가능하다는 점에서 극적으로(?) 증명되었다.

이렇게 혼자 살아도 충분한 각종 인프라와 시설이 갖추어진 것 역시 비혼, 미혼, 만혼에 영향을 주면서 굳이 결혼이나 연애를 할 필요성을 못 느끼게 된다. 동시에 이혼에 대한 두려움, 이혼 후의 편견과 사회적 시선, 이혼 직후의 생활고 등에 대한 걱정과 염려에서도 상당부분 해방되었다. 개인주의 가치관과 인권, 권리 의식과 정보를 쉽게 접하게 된 것도 이혼에 대한 편견을 점차 희석시켰다.[10)]

우리나라는 1997년 IMF 구제금융 이전, 일본은 1980년대 경제위기 이전, 미국 · 프랑스 · 독일은 68 혁명과 히피문화 이전에는 주로 경제적 문제, 경제적으로 무능력하거나 일자리가 없는 남성 위주로 혼자 살다가 홀로 죽는 일이 늘어났다면, 그 이후의 나라들은 경제적인 문제와는 상관없이 혼자 살다가 고독사하는 사례가 늘어나게 되었다. 이전과는 다르게, 혼자 생활하다 홀로 죽는 일을 경제적 문제나 성격 문제로

10) 여기에 각종 복지제도도 시간이 갈수록 점차적으로 개선되고 있어, 딱히 조명 받지 못하는 30~50대 남성을 제외하고는 복지 사각지대가 점차적으로 구제되는 추세에 있다.

만 판단하는 것은 어려워지게 되고 있다.[11)]

(4) 사회적 고립

개인주의적인 성격, 인간 관계를 중요시 여기지 않거나, 인간 관계의 상처, 스트레스, 사회적 매장, 은둔형 외톨이 등으로 이런저런 연락이 단절되어 살아가는 일이 증가하게 되었다. 설혹 인간 관계의 폭이 넓다고 해도 나이가 들어가면서 일부 절친한 사람들을 제외하고는 복잡한 인간 관계에 대해 귀찮아하게 되면서 대부분 연락이 끊어진다. 절친이라고 해도 결혼 혹은 자기 생활 등으로 서서히 연락이 뜸해지다가 나중에는 연락이 끊어지게 된다. 결국 친척이나 자식이 있더라도 장기간 연락하지 않고 살았을 경우는 무연고자와 다를 바 없어서 역시 고독사를 할 수도 있다.

재력과 상관없는 고립과 고독사도 증가하고 있다. 일본에서는 유명 여배우 오하라 레이코(大原麗子)가 도쿄 번화가에 있는 자신의 고급 자택에서 고독사하면서 일본 사회에 충격을 주고 큰 이슈가 되기도 했다. 게다가 이혼 또는 사별한 전직 교사, 정년퇴직한 교수, 전직 운동선수, 대기업 직원, 공직자들같이 사회적인 직업군이 있는 사람들도 고독사하는 사례가 보도되면서 "고독사는 단지 돈과 사회적 지위의 문제가 아니다."라는 사실이 현실화되고 있다.

(5) 가족 간 갈등

고독사가 발생하는 과정은 경제적, 개인적인 문제 외에도 가족 간의 갈등도 상당히 많은 편이다. 특히 과거의 성 역할을 강요하는 부모 세대와 자녀들의 갈등, 과거 가부장제 아래의 남편/아내의 역할을 현대에도 상대에게 기대하는 배우자 및 그것을 힘겨워하는 이들의 갈등은 심심찮게 드러나고 있다. 이는 나이가 많다고 해서 고독감을 덜 느끼고, 나이가 적다고 해서 더 많이 느끼는 것도 아니며 자신이 처한 상황과는 관계없이 크게 괴로워한다.

11) 근데 사실 고독사는 요즘 많아진 딩크족 무자녀 부부한테도 똑같은 문제다. 평균적으로 여성이 남성보다 더 오래 사는데 그러면 말년에는 부인이 부양해 줄 자녀 없이 고독사하는 것이다.

가족 간의 갈등 및 가치관 대립의 원인으로는 다양하지만 부모의 유산을 놓고 다투는 형제자매, 아동 학대, 자식들에게 기대감을 더욱 원하는 부모 세대와 개인의 권리를 포기하기를 거부하는 자녀 세대 사이의 가치관 충돌, 남성들에게 경제력과 가족 부양을 요구하는 여성들과 여성들에게 맞벌이는 물론 가사노동에 양육까지 떠넘기는 남성들 사이의 갈등이 원인이 되고 있다.

게다가 막장 부모들에 대한 자녀들의 강한 반감과 거부감도 눈에 띄게 급증했다. 우리나라는 유교의 영향력이 강하게 남아 있던 1980년대까지만 해도 어려서 학대를 하든, 푸대접을 하든 그래도 부모는 나를 낳아준 사람이라고 공경하는 사회적 분위기가 있었으나, 1990년대 이후 한국은 군사독재정권의 몰락과 동시에 인권에 대한 의식도 향상되었으며, 매스미디어와 인터넷 등이 발전되고 여러 가지 대처가 가능해진 정보가 공개되면서부터는 이제는 어림없는 일이 되었다.

사실 가족 간 갈등 중에서 가장 최악의 사례가 바로 아동 학대이다. 아동 학대는 한 번이라도 당한다면 정신적으로 피폐해진다. 그래서 어른이 되는 즉시 절연해버리는 경우가 많다. 가족과 친척에게 일절 연락하지 않기 때문에 고독사를 해도 가족과 친척이 이 사실을 알게 되는 것은 경찰로부터 사망 소식을 들을 때나 알게 되는 경우가 많다. 심지어 유언장에 "가족과 친척은 장례식 참석 및 진행 불가"를 써버리는 경우도 있다. 이럴 경우 유언장의 내용이 진실이라는 법원의 확인이 나오면 그저 멀리서 바라보는 것 외에는 방법이 없다. 그런 의미에서 아동 학대가 한국의 고독사 빈도를 더 늘리고 있다는 것은 어느 누구도 부정할 수 없는 사실이다.[12)]

이처럼 가족과의 연을 끊었을 때는 주민센터나 구청에서 사망신고를 하도록 연락을 해도 거부하거나 시신 인수를 포기하는 경우도 있다. 그래도 차라리 시신 인수를 포기하면 양반인 축에 속하고, tvN에서 방송 중인 텔레비전 프로그램 '유 퀴즈 온 더 블록'에서 나온 특수청소 전문가 김○○ 씨의 인터뷰에서, "부모가 죽었는데 집문서랑 재

12) 그 밖에 경제적 문제와 성격 차이, 가치관 차이, 종교 문제 등으로 형제, 부모와도 연락을 끊거나 의절하고 남남처럼 살아가는 사례는 물론 최근에는 정치적 이념 차이로 부모자식 간에 관계를 단절하는 경우도 상당히 많아졌다.

물 찾기만 급급한 가족들이 있다."라며, "청소하러 집에 왔는데 집안이 도둑이 든 것처럼 뒤집어져 있는 경우가 있는데, 이때는 유족들이 먼저 온 거예요."라며 씁쓸함을 감추지 못했다.

점점 늘어나는 고독사에… 유품정리업체, 씁쓸한 호황기

최근 고독사가 늘어나면서 특수청소업체 · 유품정리업체는 때 아닌 호황기를 맞았다. 국내 한 유품정리업체에 근무하고 있는 최 씨는 요즘 바쁜 나날을 보내고 있다. 최근 들어 의뢰가 점점 늘고 있기 때문이다. 그런데 최 씨는 마냥 기뻐할 수 없었다. 업무 특성상 일이 많아졌다는 것은 곧 씁쓸한 사회의 현실을 나타내기 때문이다.

현장에 나가 보니 20대부터 90대까지 남녀노소를 불문하고 고독사로 뒤늦게 발견되는 1인 가구가 허다하다. 고독사가 증가하는 배경 요인에는 '1인 가구 증가'가 있다. 통계청에 따르면, 2021년 기준 국내 1인 가구는 전체 가구의 33.4%를 차지했다. 10가구 중 3가구가 1인 가구인 격이다. 보건복지부 '2022년 고독사 실태조사' 결과, 국내 고독사 수는 2017년 2,412명에서 2021년 3,378명으로 증가하는 등 최근 5년 동안 연평균 8.8%의 증가율을 보였다. 고독사 증가에 따라 고독사한 고인의 유품을 정리하고 유체 처리, 실내 청소, 소독 등 뒷수습을 담당하는 특수청소업 · 유품정리업의 수요가 함께 늘고 있다.

2025년부터 우리나라도 초고령사회 진입이 예정된 상태다. 자녀가 없는 부부, 배우자와 사별한 독거노인 가구의 고독사 · 무연고 사망 사례는 앞으로 더 늘어날 것으로 전망된다.

출처: 여성경제신문(2023. 12. 7.), 김정수 기자(essence@seoulmedia.co.kr).

제15장

노인의 삶과 웰다잉

1 후회 없는 삶

인생이란 무엇인가? 인생이란 인간의 삶, 인간이 생명으로서 생을 받고 희비의 과정을 거쳐 사로 마무리되는 것을 말한다. 사자성어로는 생로병사(生老病死)라고도 한다. 과학적인 관점에서 물리적 · 화학적인 분자의 정밀하고 간단한 화학 작용에서부터 출발하여, 세포, 기관, 기관계로 이루어진 거대한 유기체이며, 스스로 사고 및 자각, 자신의 삶을 논할 수 있는 수준의 고등한 인격체, 즉 인간의 태어남과 죽음을 아우르는 전반적인 삶을 말한다.

인생은 공평하지 않지만 기회는 누구에게나 찾아온다. 과연 그런가? 사회에서는 누구나 기회는 찾아온다고 낙관적으로 가르치고 있지만 실상은 논란의 여지가 있다. 속된 말로 왕으로 태어날 운명은 현실에서도 정해져 있다고 볼 수 있으며, 기회라는 개념보다는 운의 개념으로 보는 것이 타당하다고들 말한다. 아무리 준비를 하고 있어도 기회가 오지 않아 좋은 시절을 다 날려먹은 사람들은 세상사 부지기수가 아닌가!

그런데 이런 인생이 누구에게나 단 한 번뿐이다. 전생과 내생이 있다고들 하고, 천국과 지옥이 있다고도 한다. 하지만 우리가 현재의 의식을 가지고 살 수 있는 인생은 단 한 번뿐이라는 것을 누구나 알고 있다. 그래서 인생을 그렇게 치열하게 살고 있는지도 모른다. 결국 치열하게 사는 인생의 목적은 성공이라는 것을 목표에 두고, 성공했을 때 인생에서 커다란 목표를 달성했기 때문에 그것이 최선이라고 생각하기 때문이다. 그런데 문제는 '인생의 목표가 과연 성공일까?'에 대한 회의다. 일반적으로 돈과 명예와 권력과 같은 것을 성공이라고 말하기도 하고, 자신이 목표로 삼은 것을 달성했을 때도 성공이라는 말을 쓴다.

과연 인생의 목표가 성공일까? 우리 주변에 성공한 사람은 더러 있다. 좋은 집에 살면서 좋은 차를 타고, 명예와 권력을 한 손에 쥐고 호의호식하는 사람들을 볼 수 있다. 그런데 아이러니한 것은 그들 중에 자살하는 사람이 생겨나고, 자식들 때문에 고생하는 부모도 생기고, 결국 범죄와 연루되어 죗값을 받는 사람도 생기는 것을 본다. 그들 중에 자살하는 사람들의 마지막 말을 보면, 대부분 인생을 후회하는 글귀가 적혀 있다. 왜 이런 일이 생길까? 아마도 그들의 인생에서 방향을 잘못 설정했거나 주변의 영향으로 자기의 삶을 살지 않아서 그런 것일 수도 있다(조원규, 2018: 251-252).

후회란 무엇인가? 후회란 과거에 잘못한 일을 두고두고 생각하면서 한탄하는 행위를 뜻한다. 중대한 사건뿐만 아니라, 사소한 사건에 대해서도 강렬하게 후회할 수 있다. 오직 인간만이 알고 있는 감정이라는 것이 정설이다. 그러나 유인원, 앵무새를 비롯해 감수성과 지능이 높은 동물들도 후회를 느낀다는 주장이 있으며, 심지어 쥐를 이용한 실험에서도 쥐가 후회라는 감정을 아는 것 같다는 보고가 있다. 하지만 인간이 느끼는 후회의 감정은 인간이 느끼는 다양한 감정 중에서 자기 자신을 죽음으로 몰고 갈 수 있는 몇 안 되는 부정적 감정으로 매우 독특하며, 정신과의 심리 상담 등 비약물적 치료법에서 중요하게 다루는 감정 중 하나다.

상담에 오는 많은 사람도 후회를 한다. "아이가 처음 사고를 쳤을 때 상담을 받게 했더라면, 그때 혼을 낼 것이 아니라 상담을 받게 했더라면 지금은 다른 인생을 살고 있었을 텐데…." 후회는 나쁜 것일까? 후회하는 삶은 잘 못 사는 삶일까? 시간이 지나고, 나이를 먹고, 지식이 많아지고, 권력이 생기고, 힘이 생기고, 돈이 생기고 나면 사람들은 어떤 부분에서건 후회를 한다. 누구도 미래를 내다볼 수 없음에도 오리무중 같던 그 미래를 현재로 살고 있다 보니 과거의 선택에 대한 아쉬움을 후회하게 된다.

고등학교 2학년인 ○○이는 분노조절과 산만함으로 신경정신과 약을 2년째 복용했지만, 증상이 나아지지 않아서 지푸라기라도 잡는 심정으로 상담실을 찾아왔다. 전화상으로 딸의 상태를 설명하는 어머니의 진술로만 보자면, ○○이는 안하무인에 분노 조절 곤란으로 누구라도 걸리면 물어뜯을 기세였지만 실제로 만난 ○○이에게서는 우울과 무기력이 주요 증상으로 탐색되었다.

알고 보니 증상이 나아지지 않아서 상담실을 찾은 것도 있지만 2년간의 약물 치료에도 불구하고 최근에는 자해까지 하고 있는데, 가족 누구도 ○○이가 자해를 한 이유에 대해 알지 못했고 아무리 설득을 해도 ○○이 역시 가족 구성원 누구에게도 왜 자해를 했는지 말하지 않았다.

○○이의 정서 상태는 굉장히 불안했다. 우울하고 무기력한 모습도 있지만 한 번 화가 나면 집안의 모든 물건을 던지고 부수는 파괴적이고 공격적인 행동도 서슴지 않았다. 그 모든 것을 증상으로 보이고 있지만, ○○이의 문제 원인은 다른 데 있었다. 하지만 ○○이 엄마는 증상을 보이는 ○○이 자체를 문제라고 지적하고 낙인찍어 버렸다.

"너만 바뀌면 돼!"

자신이 바뀌어야 한다는 걸 알지만 ○○이는 억울했다. 자신의 모든 행동에는 다 이유가 있는데 이유는 물어보지 않고, 어쩌다 대답을 하려고 해도 말대꾸한다고 혼만 났기 때문이다. 이처럼 자녀들이 문제행동을 보일 때 부모들은 주로 처벌을 사용해서 문제행동을 제거하려고 한다. 하지만 처벌은 그 순간 문제행동을 억누를 뿐이다. 내성이 생기고 나면, 당시의 처벌보다 더 강한 처벌이 아니면 그 다음 문제행동은 제거할 수가 없다.

그럼에도 그 방법이 빠르다고 생각한다. 자녀가 행동을 멈추고, 입을 다물고, 잔뜩 주눅든 모습에서 묘한 승리감과 쾌감을 느끼기 때문이다. 하지만 그 순간 아이가 배우는 것은 '자신의 잘못'이 아니다. 힘이 없으면 당하게 된다는 약육강식의 원리를 배우고, 힘에 대한 갈망을 배우게 된다. 초등학교 때까지 죽으라면 죽는 시늉까지 하던 아이가 키가 커지고, 힘이 세진 뒤 부모와 똑같은 방식으로 부모를 제압하고, 친구를 제압하는 것이 바로 그런 원리이다.

○○이는 자신의 말을 들어주지 않은 채 공부만을 강요하던 엄마, 그리고 자신을 무시하면서 수시로 자신의 공간을 침범하는 동생, 문제 상황에서 화부터 내는 아빠를 보면서 자신을 지키기 위해 분노와 침묵이라는 방법을 찾은 것이다.

청소년을 상담할 때는 부모면담이 10분 정도 이뤄진다. ○○이의 경우에도 관계형성이 충분히 된 이후에 비밀보장의 한계를 벗어나지 않는 범위 내에서 부모면담이 이뤄졌는데 그때 알게 된 사실은 ○○이의 경우에는 집안에서 물리적·심리적으로 안전하지 못했다. 이 부분에 대해 이야기했을 때 어머니의 반응은 "상황이 안 되면 지가 적응을 해야죠."였다.

아이 방을 따로 줄 수 없는 상황이라는 것이다. 물론 공간이 따로 있으면 좋겠지만 ○○이의 문제는 단순히 공간이 아니라, 모든 부분에서 ○○이가 원하지 않는 간섭 때문이었다. 부모의 역할 중 자녀를 이기는 역할은 없으며, 대신 자녀가 사회에 나가기 전 충분히 연습하는 대상이 되어 주어야 함을 거듭 설명했다.

과연 그런 간단한 방법으로 문제가 해결될까? 하는 의구심 가득한 눈빛은 3주를 넘지 않았다. 자신이 왜 자해를 했고, 언제부터 했는지를 ○○이가 얘기할 수 있도록 ○○이에게 용기를 준 건 엄마의 달라진 태도 때문이다.

후회는 ○○이 엄마의 입에서 터져 나왔다. "선생님 말씀처럼 집 안에서 경계를 지키고, 존중해 주고, 아이가 말할 때까지 기다려주기만 했는데, ○○이가 달라졌어요. 잘 웃고, 화도 안 내고, 어쩌다 화날 일이 있어도 제가 위로해 주면 화를 안 내더라고요. 진즉에 아이를 여기로 데려올 것을…. 다 제 잘못인데 아이만 잘못했다고 혼내고, 윽박지르고 여기저기 데리고 다니면서 힘들게 했으니…."

○○이 엄마는 나에게 고맙다고 말을 했지만 정작 어머니가 고마워할 대상은 언제나 눈앞에 있었던 ○○이였으니 ○○이에게 더 고마워하시라고 말씀 드렸다. 그동안 기다려줘서 고맙고, 참아줘서 고맙고, 버텨줘서 고맙고, 엄마를 이해해줘서 고맙다고….

상담에 오는 분들은 상담만 받으면 문제가 해결될 거라고 기대한다. 하지만 상담은 문제를 해결해 주는 대신 해결에 필요한 방법과 원인을 같이 찾아준다. 그리고 되돌릴 수 없는 과거에 발목 잡히지 않고 선택할 수 없는 미래에 불안해하지 않으면서 '지금-여기'에서 가장 행복한 것, 의미 있는 것을 찾도록 돕는다.

아직 세상에 대한 경험치가 충분하지 않은 자녀들의 행복한 삶을 위한 선택에서 부모의 안일함과 무관심, 다 알고 있다는 자만으로 말미암은 후회는 결국 자녀들의 인생에 내내 주홍 글씨처럼 남을 수밖에 없다. 비단 ○○뿐만 아니라 많은 부모가 자녀를 진즉 돌보지 못한 것에 대한 후회를 한다. 하지만 그 후회 중에 공부를 더 시킬 걸…, 더 좋은 것을 먹일 걸 하는 후회보다는 위로해 주지 못했고, 공감해 주지 못했고, 아이 편을 들어주지 못한 후회가 참 크다. 그러니 내 아이가 힘들다고 할 때 '누구나 그래!'라며 묵살하지 말고 꼭 귀를 기울여서 아이가 원하는 도움을 주길 바란다. '그때'만 그리워하기에는 앞으로 살아야 할 인생이 훨씬 의미 있고, 설레기 때문이다(http://www.netongs.com).

나는 지금 후회 없는 삶을 살고 있는가?

2 죽음준비교육

1) 죽음의 개념

죽음(死)이란 무엇인가는 삶(生)이란 무엇인가와 마찬가지로 어려운 명제이며, 법률적인 정의도 존재하지 않는다. 그런데 죽음은 누구도 피해갈 수 없는 자연적 현상이며, 노년기의 중요한 발달과업 중 하나다.

노인이라면 누구나 편안하고 고통 없이 잠자듯 죽는 것처럼 좋은 죽음을 기대하고 소망한다. 그러나 어떤 노인은 죽음에 대하여 부정하거나 두려움과 불안 등으로 죽음을 회피하려는 태도를 취하고, 어떤 노인은 죽음을 자연스러운 현상으로 여기며 죽음을 받아들이는 태도를 취한다. 죽음을 수용하는 노인은 자신의 삶을 긍정적으로 평가하고 자아통합을 이루려는 사람이며 죽음을 당연하게 받아들인다(김춘경 외, 2016, http://www.hakjisa.co.kr).

배우자 사별은 노년기에 가장 큰 상실감과 슬픔을 가져오고, 고독감이나 또 다른 신체적 · 경제적 상실이 더해져서 자살을 할 가능성도 있다. 배우자를 사별한 노인에게는 사별에 대한 슬픔을 충분히 애도하고 용서하는 시간을 갖도록 하며, 배우자를 좀 더 일찍 사망하게 했다는 죄책감과 살아 있을 때 좀 더 잘해 주지 못한 죄책감에서 벗어나도록 도와준다. 사별 후 신체적 · 정서적 변화를 관찰하여 변화된 환경에 적응할 수 있도록 생활계획을 구상하고, 주변인과의 관계를 계속할 수 있도록 해 준다. 그리고 사별한 배우자와의 즐거웠던 시간과 좋은 추억을 기억하고 회상하도록 한다. 사별한 사람들에게 죽은 사람에게서 분리되도록 죽은 사람에게 하고 싶은 말이나 행동을 자세하게 하여 상실의 감정에 직면함으로써 감정을 정화시켜 살아 있는 다른 대상에게 에너지를 쏟을 수 있도록 도와주는 정서적 재경험이 있다.

이외에 병리적 사별을 한 배우자에게는 긴장이완, 체계적 둔감법, 최면심상, 뇌파훈련, 홍수법, 심상훈련 등의 행동주의적 기법을 적용한다. 이완훈련, 둔감법, 최면심상은 상실과 관련된 내면의 갈등을 없애고, 체계적 둔감법과 뇌파훈련은 충분한 애도과정을 거치도록 하며, 홍수법은 죽은 사람과 관련된 것과 접촉함으로써 슬픔을 이끌어 내고 심상훈련도 내담자가 표현하지 않은 생각과 감정을 충분히 표현하는 데 효과적이다.

2) 죽음준비교육

죽음이란 단어에는 왠지 모를 부정적인 선입견이 있다. 비관적 혹은 고통스러운 느낌 때문에 죽음을 생각하는 걸 기피하기도 한다. 특히 암 환자는 죽음이라는 단어를 머릿속에서 떨쳐내려 애쓴다. 하지만 죽음도 삶의 과정 속 하나다. 현재의 삶, 지금 이 순간을 더욱더 건강하고 윤택하게 살기 위해서는 오히려 죽음과 친근해져야 한다.

죽음을 인지하고 직면해야 삶이 간결해진다. 죽음준비교육이란 죽음의 과정과 죽음과 관련된 정보를 제공하여 죽음이 곧 삶이라는 사실을 알도록 도와주는 것을 뜻한다. 일반적인 죽음에서는 죽음과 관련된 모든 측면(예컨대 죽음, 죽음의 과정, 사별 등)에 관한 교육과 죽음에 대한 지식, 지역 정보, 태도, 기술 등을 학습하는 제도적 프로그램인 죽음준비교육 프로그램에 참여하여 행복한 죽음을 맞이하는 데 도움을 받을 수 있다.

무엇보다 배우자와 사별한 노인에게는 환경을 재구성하고 사회적 지지체계를 증가시키고 적절한 행동을 유지하는 것이 도움이 된다. 또한 긴장이완이나 더욱 긍정적인 태도로 자기를 강화시키고 죄책감이나 미래에 대한 두려움 등을 줄이기 위한 스트레스 감소 훈련을 하는 것도 도움이 된다. 배우자와 사별한 노인을 상담하기 위해서 상담자는 심리적 영역뿐만 아니라 경제적 · 의료적 · 지역 복지와 관련된 영역까지 확대하여 접근하는 봉사정신이 필요하다.

최근에는 이러한 죽음준비교육의 필요성이 강조되고 있다. 그 이유는 죽음에 임박한 환자가 증가하고, 죽음을 맞이하는 기간이 장기화되며, 점차 노년 인구가 획기적으로 증가하고 있기 때문이다. 죽음에 대해 어떻게 준비하고, 대처해 가는가에 관해서 새삼 교육이라는 차원에서 생각하게 된 것은 대단히 중요하다.

이 생각에 앞서 우선은 죽음을 금기(taboo)에서 해방하여 그것을 하나의 생활사건(life event)으로 여기며, 일상생활에서 다루어 나가는 교육의 주제로 받아들이는 태도가 바람직하다. 따라서 죽음준비교육은 죽음에 임박한 노인뿐만 아니라 청소년의 건강한 삶에도 큰 공헌을 할 수 있다. 즉, 죽음준비교육으로 청소년이나 젊은 사람들에게 죽음에 대한 긍정적 가치와 태도를 갖추게 함으로써 생명에 대한 소중함과 의미를 되새기는 기회를 가질 수 있다. 그리고 노인에게는 죽음을 편안하게 맞이하도록 이끌어 주며 우울이나 죽음, 불안과 같은 부정적 감정을 감소시켜 삶의 만족도를 향상시키고, 현재의 삶을 더욱 건강하고 가치 있게 영위하도록 도와준다.

데켄(Deeken, 2002)은 죽음준비교육이 다학제적 접근으로 다루어져야 한다고 주장하면서, 3단계로 이루어진다고 보았다. 첫째는 지식전달 단계이며, 이 단계에서는 죽음과 관련된 정보를 전달한다. 둘째는 가치관 단계이며, 이 단계에서는 삶과 죽음에 대한 가치를 확인하고 탐색한다. 셋째는 이러한 과정을 거쳐 죽음준비교육과 관련하여 교육 방법을 가르치는 교수법 단계에 이른다. 이외에 죽음준비교육을 지식, 가치관, 감정, 기술의 네 가지 수준에서 생각하는 견해도 있다. 이러한 죽음준비교육은 상담자가 네 가지 수준에 대해 자신을 교육하는 것에서 시작되어야 한다(김춘경 외, 2016, http://www.hakjisa.co.kr).

3 죽음에 관한 다양한 이해

1) 죽음에 관한 의학적 이해

현재 의학계에서 죽음의 판정기준으로 널리 공인된 학설은 심폐기능설과 뇌사설이다. 심장과 폐장, 그리고 뇌의 활동 정지가 죽음의 판정기준으로 언급되는 이유는 이 세 가지 기관이 인간의 생명 현상을 특정짓게 하는 데 주된 역할을 하고 있기 때문이다. 심폐기능설에 대한 사망은 호흡이 먼저 정지되고 나중에 심장박동이 정지되는 폐장사(lung death)와 심장박동이 먼저 멈춘 후 호흡이 정지되는 심장사(heart death)로 다시 구분한다. 뇌사설은 뇌 기능의 영구적인 정지를 인간 죽음의 최종 판단기준으로 보는 견해로서, 뇌가 완전히 파괴되어 다른 모든 장기의 기능적 중지가 절박하고 불가피한 상태를 말한다(조계화 외, 2006, 이미나, 2020: 200-203, 재인용).

2) 죽음에 관한 심리적 이해

엘리자베스 퀴블러로스(Elizabeth Kubler-Ross)는 스위스 출신의 미국의 정신과 의사이자 임종 연구 분야의 개척자로, 인간의 죽음에 대한 연구에 일생을 바쳤다. 그녀는 자신과 똑같은 모습의 다른 두 자매를 바라보며, 일찍부터 자신의 정체성에 대해 고민을 시작하였다. 그녀는 '진정한 나는 누구인가? 어디서 와서 어디로 가는 존재인가?'라는 질문을 평생 놓지 않았다.

퀴블러로스는 1969년 『죽음과 임종에 관하여(On Death and Dying)』를 출간하였고, 분노의 5단계(five stages of grief) 이론을 처음으로 주장하였다. 이 책에 따르면, 죽음을 맞이하는 사람들은 부정, 분노, 타협, 우울, 그리고 수용의 5단계 정서적 변화를 보인다. 이와 같은 정서적 변화 단계는 개인의 특성이나 사회문화적 배경에 따라 다르게 나타날 수 있으며, 연령과 죽음의 방식 등에 따라서도 각기 죽음의 형태가 다르게 나타난다.

한 사람이 큰 병에 걸렸다는 소식을 듣는 등 큰 충격을 받았을 때 제일 먼저 자신의 상황을 부정한다. "아니야, 그럴 리 없어!"와 비슷한 말을 입에 달고 다니며, 검사가 잘못된 것 아닌가 하는 의심으로 수많은 병원을 돌아다니고, 다른 사람이 자신에 대해 물어보면 "별 일 아니야!"라는 식으로 얘기한다. 상태가 심해지면 다른 환자와 결과가 바뀐 것 아닌가 의심하며, 자신은 나을 수 있다며 치료를 거부하기도 한다. 이 단계에서 다른 사람은 당사자가 사실을 받아들이도록 해야 한다. 다만 성급하게 당사자의 상태를 말했다가는 당사자가 더 부인할 수 있으니 충분한 시간적 여유를 가진 후에 말해 줘야 한다.

분노의 단계에서는 자신 주변의 모든 것이 분노의 대상이 된다. "왜 그 수억 명의 사람 중에 하필이면 나지?", "나는 1년 365일 하루도 빠지지 않고 매일 그렇게 열심히 새벽기도를 다녔는데…."라는 식의 말을 하며 돌봐주는 가족, 친구, 의사나 간호사, 심지어 하나님에게까지 분노를 표출한다. 이 시기 환자는 감정 기복이 심하고 무슨 행동을 해 주든 그게 분노로 연결되어 굉장히 다루기 어렵다. 넓게 보자면 이 단계는 자신이 갖지 못한 여생을 가진 일반 사람들에 대한 질투로도 볼 수 있다.

상황도 받아들였고 분노도 충분히 표출했으면, 더는 상황이 나아지지 않을 것이라는 걸 깨닫고 상황을 미루려 한다. 이것이 타협이라는 형태로 나타난다. 가장 익숙한 예로는 "이번 한 번만 살려주시면 앞으로 정말 착하게 살게요!" 이런 식이다. 죽음을 앞둔 사람의 경우 생명의 연장이라는 목적을 이루기 위해 신에게 맹세하는 경우가 많다. 나아가 무신론자가 종교에 귀의하는 경우도 있다. 간혹 이 단계에서 장기기증을 약속하는 경우도 많다. 환자들의 절박함은 상상을 초월한다. 이 소망은 무시할 수도 있고, 무시하지 않을 수도 있다. 다만 무시하든, 무시하지 아니하든 이 단계에서 환자가 다음 단계를 준비하고 있다는 것을 알아차려야 한다. 이 단계는 짧게 지나간다.

결국 타협도 되지 않는다는 것을 깨달으면, "틀렸어, 이제 꿈이고 희망이고 없어!" 극심한 우울증 증세가 나타난다. 이 단계에선 증상이 더욱 확실하게 나타나 환자도 알아차릴 수 있다. 모든 일에 초연해지고, 하루 종일 멍한 표정으로 있기도 한다. 이 단계의 우울함은 크게 두 종류로 나뉘는데, 자기가 죽으면 남겨질 사람들에 대한 걱정으로 발생하는 반작용적인 우울증과 친구, 가족, 애인이나 소중한 물건들을 잃는다는 생각에 발생하는 예비적 우울증으로 나뉜다. 이 단계에서 환자는 별말을 하지 않지만, 가끔 슬픔을 표현할 때 옆에 있어 주는 것은 큰 도움이 된다. 우울함을 예민하게 받지 말고, 최대한 부드럽게 받거나 혼자 감정을 표현하도록 하는 것이 좋다.

모든 감정이 지나가면 이젠 피할 수 없는 것을 깨닫고 "이대로 조용히 아침을 맞이하자." 현실을 받아들이게 된다. 이 단계에선 우울하지도 않고 활기차지도 않으며, 차분하게 자신의 감정을 정리하는 시간이다. 그렇다고 결코 좋은 기분인 것은 아니고, 이때까지 겪었던 모든 감정 때문에 지친 것이다. 환자는 눈에 띄게 약해지고, 뭔가 의미 있는 일을 하려 한다. 사람을 만나는 것을 그렇게 반가워하지 않고 말수가 줄어들며, 침묵이 소통을 대신하게 된다. 이 단계를 거친다는 것은 그 전 단계들을 거쳐왔다는 것인데, 그 과정에서 환자는 자신이 끝까지 버려지지 않았다는 것을 깨닫고 위로를 받기도 하며, 역으로 자신이 죽은 후 남겨질 사람들의 슬픔을 재발견하기도 한다.

죽음을 맞이한 내담자를 상담하는 상담자는 그들의 욕구를 충분히 고려하여 반응해야 한다. 자신의 질병 상태를 알고 싶어 하지 않는 환자에게는 현재 상태를 굳이 알릴 필요가 없으며, 통증을 호소할 때는 즉각적인 반응을 보여 심리적인 안정을 도모한다. 그리고 삶에 대한 희망을 갖도록 하며 진실하게 대하고 끝까지 옆에서 지켜줄 것이라는 말과 태도를 보여 준다(김춘경 외, 2016, http://www.hakjisa.co.kr).

패티슨(Pattison, 1977)은 퀴블러로스의 죽음의 단계적 과정과는 다르게 사람들은 죽음에 관해 반응한다고 믿는다. 죽어 가는 과정이 사람마다 개인차가 있고 다양한 정서적인 반응을 보이는 것에 초점을 두어, 죽음의 궤도 모델을 제시하여 죽음의 과정을 설명하였다. 인간은 자신의 생활을 설계하고 자신의 활동을 조절하기 위하여 자신의 수명을 예견하는데, 죽음의 위기에 직면하면 잠재적 죽음의 궤도와 실제적 죽음의 궤도로 크게 두 부분으로 나누어진다. 실제적 죽음의 궤도는 다시 급성 위기 단계, 만성적 생과 사의 단계, 최종 단계로 구분된다.

잠재적 죽음의 궤도는 충분히 인생을 산 이후의 적응에 대하여 예상할 수 있다. 하지만 실제적 죽음의 궤도에 이르면, 죽음에 대한 위기의식을 느낀다. 급성 위기 단계에 이르면, 죽음에 대한 불안이 최고조에 다다른다. 만성적 생과 사의 단계에 이르면, 불안이 점차 감소하여 통합된 죽음을 맞이하게 된다. 그리고 죽음의 시점에 이르는 최종 단계에서는 불안이 거의 소멸되고 죽음을 맞이한다.

3) 죽음에 관한 학문적 이해

(1) 법학적 측면

죽음의 책임을 법학에서는 의미나 가치보다 더 우선한다. 즉, 노화 또는 질병 등에 의한 자연적인 죽음보다 외부 자극인 살인으로 말미암은 죽음을 더 논한다. 법학에서 말하는 죽음에 관한 세 가지 설은 호흡을 멈추는 호흡 종지설, 맥박이 뛰지 않는 맥박 종지설, 뇌파가 멈추는 뇌파 종지설이다.

(2) 철학적 측면

철학을 '아는 것을 사랑하는 학문'이라 이해하여 고차원적인 학문으로 여기지만,

죽음을 알기에는 철학도 부족한 부분이 많다. 죽음 문제를 이야기하는 학문 자체도 이상하지만, 생각할수록 미궁으로 빠지기 때문에 철학에서는 대체로 죽음에 관한 이야기를 하지 않는다.

4) 죽음에 관한 기독교적 이해

17세기의 데카르트가 마음(psyche)과 몸(soma)을 이분법적으로 나누기 시작하면서 소위 기계론적 생명 이해로 말미암아 오늘날 생명을 상대화하는 경향이 나타나게 되었고, 의학적으로 생명 현상을 조작하는 기술이 발전되면서 생명의 존엄성은 훼손되고 있다. 그러므로 생명의 존엄한 가치를 찾아보는 일은 생명의 본래적 의미를 되찾는 일이 될 것이다. 구약성서는 인간의 생명에 대하여 하나님의 영과 하나님의 입김(혹은 숨)은 별개의 것이 아니라, 동일한 실재라는 사실을 말하며 인간의 생명이 철저하게 하나님의 것이라는 사실과 영혼과 육체가 하나라는 사실을 주장하고 있다.

오늘날 생명의 문제는 의료 기술에 의한 연명 치료와 관련하여 소위 존엄사에 대한 논의로 귀결되고 있는데, 존엄사의 권리를 주장하는 데는 대체로 두 가지 요소를 포함하고 있다. 하나는 본인의 자발적인 의지에 의하여 죽음을 선택하게 하라는 주장이며, 다른 하나는 식물인간 상태가 되면 인간으로서의 존엄한 가치가 사라진다는 주장이다. 그러나 기독교는 생명을 하나님으로부터 부여받은 것으로 보기 때문에 인간이 자의적으로 접근해서는 안 된다는 입장에 서 있다.

먼저, 보수적인 입장의 목회자들은 인간의 생명은 하나님만이 결정할 수 있는 것으로 인간의 접근이 불가하며, 자연사 외에는 대안이 없다고 주장한다. 뇌사 상태라도 다른 신체 기능이 살아 작동하고 있다면 영혼이 머물러 있다고 보는 것이다. 다음으로, 진보적인 목회자들은 생명의 신성성의 원리를 넘어 현실에 맞는 새로운 존엄사 담론을 시작해야 한다고 주장한다. 연명 치료를 통하여 얻어지는 생명의 기간까지 신성성의 범주에 넣는 것은 재고해야 한다는 것이다. 마지막으로, 기독교계의 중도적인 입장의 목회자들은 연명 치료 중단에 따른 위험성을 경고하면서 남용의 방지를 담보

할 장치가 필요하다고 주장한다. 한편, 세브란스병원의 사건을 통하여 대법원이 내린 최종 결론에는 연명 치료 중단을 용인하면서 그 요건과 절차를 제시하였다. 즉, ① 의식의 회복 가능성이 없고, ② 생명과 관련된 중요한 생체 기능의 상실을 회복할 수 없으며, ③ 환자의 신체 상태에 비추어 짧은 시간 내에 사망에 이를 수 있음이 명백한 경우에 회복 불가능한 사망 단계라고 할 수 있기 때문에 연명장치를 제거할 수 있다는 것이다.

세브란스병원은 대법원의 판결에 따라 환자의 인공호흡기를 제거하였다. 그러나 환자의 상태가 사망 단계에 진입하였다고 판단한 대법원의 예상과는 달리 인공호흡기를 떼어 낸 후에 환자의 자율호흡이 회복되어 일반환자의 수준으로 돌아가게 됨으로써 생명의 강인함을 보여 주었고, 생명에 대한 신중한 취급의 필요성을 깨닫게 되었다. 세브란스병원 측은 존엄사라는 미명하에 단 한 사람의 생명이라도 희생되어서는 안 된다는 신념에 기초하여 존엄사는 매우 신중하고도 엄격하게 적용하여야 한다고 주장하였다. 세브란스병원의 고뇌는 인간의 생명이 하나님에게 속한다는 기독교적 생명 이해에 따라 생명의 존엄성을 지키면서도 환자와 가족의 요청을 외면할 수 없는 병원의 입장을 반영한 것이라고 할 수 있다.

세브란스병원의 경우에서 본 바와 같이 의료 현장에서 존엄사에 대한 기독교의 입장을 적용하기는 쉽지 않다. 그럼에도 의료 현장에서 말기 환자를 비롯하여 많은 환자와 가족이 의료진과 함께 품위 있고 존엄한 죽음을 맞이하는 일에 대한 고민을 하지 않을 수 없다. 우리 사회가 인간의 죽음에 이르는 삶을 충분히 케어할 수 있는 마음과 제도가 준비된다면 기독교가 주장하는 생명의 존엄성은 지켜질 것이라고 생각한다. 좀 더 현실의 문제와 관련하여 생명과 죽음의 의미를 정밀하게 분석하고, 고령사회에서 인간의 마지막 삶의 여정을 품위 있게 보존할 수 있는 환경과 제도를 정비하는 것이 앞으로의 과제라고 생각한다(조재국, 2010: 143).

제16장
노인과 돌봄

1 노인 돌봄의 개념

노인 돌봄이란 경제적 자립이 어렵거나 신체적 노화로 혼자서 생활하는 데 어려움을 겪는 노인을 보살피는 일을 일컫는다. 가장 가까운 곳에 사는 주변인이 노인을 보살피는 역할을 담당하는데, 이처럼 노인을 보살피는 책임에는 순서가 있다. 일차적으로 보살핌에 대한 책임은 배우자에게 있으며, 배우자가 없는 경우에는 성인 여성 자녀가 책임을 지고, 그다음으로 성인 남성 자녀, 다른 가족 구성원의 책임으로 이어진다.

노인을 보살피는 일은 자기 가치감과 자기 확신감을 향상시키지만, 때로는 자신을 쓸모없는 사람으로 여기거나 분노, 좌절, 불안, 우울과 같은 부정적 정서를 나타내기도 한다. 돌보미의 부정적 정서를 감소시키기 위한 접근 방법에는 지지집단 참여, 이완훈련, 문제 해결 기술, 일상의 유쾌한 경험 증가시키기, 분노 다루기와 같은 자기 관리 기술 훈련 등이 있다. 우울증 등의 심한 고통을 겪으면서 노인들을 학대하거나 유기하는 돌보미들은 개인상담 및 심리 치료를 해야 한다. 또한 노인의 문제행동을 효과적으로 다루는 원리와 기법에 대한 교육 및 훈련과 같은 심리사회적 접근 방법을 시행하여 노인의 문제행동을 대신하여 새로운 행동 반응을 가르치며 문제행동을 유발하는 선행 사건을 관리하도록 도와준다.

이러한 부정적 정서를 감소시키기 위해서 돌보미는 경제적 안정이 필요하며, 주변의 인적 자원, 지지체계, 여가활동 등에 대한 사회적 자원과 지지가 도움이 된다. 그리고 문제 해결 전략, 대안 찾기, 스트레스 해소 등 개인 내적인 대처 전략도 돌보미의 정서에 큰 영향을 미친다. 이와 같은 정신적, 심리적 고통뿐만 아니라 면역체계의 약화와 같은 신체적 건강도 심각한 문제를 지니고 있을 수 있다.

노인 돌봄 서비스란 일상생활이 어려운 노인과 독거노인에게 안전 확인, 생활교육, 서비스 연계, 가사지원, 활동지원 등 맞춤형 복지를 제공하는 서비스를 말한다. 독거노인에 대한 종합적 사회안전망 구축을 목적으로 「노인복지법」 제27조의 2 제1항에 "국가 또는 지방자치단체는 홀로 사는 노인에 대하여 방문요양과 돌봄 등의 서비스와 안전 확인 등의 보호 조치를 취하여야 한다."라고 명시되어 있다.

노인 돌봄 서비스는 「사회서비스 이용 및 이용권 관리에 관한 법률(약칭: 사회서비스 이용권법)」에 따라 시·군·구에 등록한 제공 기관에서 서비스를 제공한다. 노인맞춤돌봄 서비스의 신청 자격은 만 65세 이상 국민 기초생활수급자, 차상위계층 또는 기초연금 수급자로 독립적 일상생활에 어려움이 있는 것이 확인된 경우이다. 관련 대상자는 거주지 읍·면·동 주민센터를 방문하거나 전화·우편 등으로 신청이 가능하며, 대상자 선정은 신청 후 수행기관의 서비스 대상 선정 조사, 시·군·구 승인을 통해 이뤄진다.

2 노인복지법

「노인복지법」은 노인의 질환을 사전 예방 또는 조기 발견하고 질환 상태에 따른 적절한 치료·요양으로 심신의 건강을 유지하고, 노후의 생활 안정을 위하여 필요한 조치를 강구함으로써 노인의 보건복지증진에 기여함을 목적(같은 법 제1조)으로 하며, 법의 기본이념은 다음과 같다(제2조).

- 노인은 후손의 양육과 국가 및 사회의 발전에 기여하여 온 자로서 존경받으며 건

전하고 안정된 생활을 보장받는다.

- 노인은 그 능력에 따라 적당한 일에 종사하고 사회적 활동에 참여할 기회를 보장받는다.
- 노인은 노령에 따르는 심신의 변화를 자각하여 항상 심신의 건강을 유지하고 그 지식과 경험을 활용하여 사회의 발전에 기여하도록 노력하여야 한다.

1) 안전사고 예방

국가와 지방자치단체는 노인의 안전을 보장하고 낙상사고 등 노인에게 치명적인 사고를 예방하기 위하여 필요한 시책을 수립·시행하여야 한다. 이 경우 안전사고 예방 시책은 「재난 및 안전관리 기본법」에 따른 국가안전관리기본계획, 시·도안전관리계획 및 시·군·구안전관리계획과 연계되어야 한다(제4조의 2 제1항).

2) 노인의 날과 노인 학대 예방의 날

노인에 대한 사회적 관심과 공경의식을 높이기 위하여 매년 10월 2일을 노인의 날로, 매년 10월을 경로의 달로 한다(제6조 제1항). 부모에 대한 효 사상을 앙양하기 위하여 매년 5월 8일을 어버이날로 한다(제6조 제2항). 범국민적으로 노인 학대에 대한 인식을 높이고 관심을 유도하기 위하여 매년 6월 15일을 노인 학대 예방의 날로 지정하고, 국가와 지방자치단체는 노인 학대 예방의 날의 취지에 맞는 행사와 홍보를 실시하도록 노력하여야 한다(제6조 제4항).

3) 노인복지상담원

노인의 복지를 담당하게 하기 위하여 특별자치도와 시·군·구에 노인복지상담원을 둔다(제7조 제1항). 노인복지상담원의 임용 또는 위촉, 직무 및 보수 등에 관하여 필요한 사항은 대통령령으로 정한다(제7조 제2항).

4) 노인일자리전담기관의 설치 · 운영 및 위탁

노인의 능력과 적성에 맞는 일자리 지원 사업을 전문적 · 체계적으로 수행하기 위한 전담기관(노인일자리전담기관)은 다음과 같으며(제23조의 2 제1항), 국가 또는 지방자치단체는 노인일자리전담기관을 설치 · 운영하거나 그 운영의 전부 또는 일부를 법인 · 단체 등에 위탁할 수 있다(제23조의 2 제2항).

- 노인인력개발기관 : 노인일자리 개발 · 보급 사업, 조사 사업, 교육 · 홍보 및 협력 사업, 프로그램 인증 · 평가 사업 등을 지원하는 기관
- 노인일자리지원기관 : 지역사회 등에서 노인일자리의 개발 · 지원, 창업 · 육성 및 노인에 의한 재화의 생산 · 판매 등을 직접 담당하는 기관
- 노인취업알선기관 : 노인에게 취업 상담 및 정보를 제공하거나 노인일자리를 알선하는 기관

5) 경로우대

국가 또는 지방자치단체는 65세 이상의 자에 대하여 대통령령이 정하는 바에 의하여 국가 또는 지방자치단체의 수송시설 및 고궁 · 능원 · 박물관 · 공원 등의 공공시설을 무료로 또는 그 이용요금을 할인하여 이용하게 할 수 있다(제26조 제1항). 국가 또는 지방자치단체는 노인의 일상생활에 관련된 사업을 경영하는 자에게 65세 이상의 자에 대하여 그 이용요금을 할인하여 주도록 권유할 수 있다(제26조 제2항). 국가 또는 지방자치단체는 제2항의 규정에 의하여 노인에게 이용요금을 할인하여 주는 자에 대하여 적절한 지원을 할 수 있다(제26조 제3항).

6) 독거노인종합지원센터

보건복지부장관은 홀로 사는 노인에 대한 돌봄과 관련된 다음의 사업을 수행하기 위하여 독거노인종합지원센터를 설치 · 운영할 수 있다(제27조의 3 제1항).

- 홀로 사는 노인에 대한 정책 연구 및 프로그램의 개발
- 홀로 사는 노인에 대한 현황조사 및 관리
- 홀로 사는 노인 돌봄사업 종사자에 대한 교육
- 홀로 사는 노인에 대한 돌봄사업의 홍보, 교육교재 개발 및 보급
- 홀로 사는 노인에 대한 돌봄사업의 수행기관 지원 및 평가
- 관련 기관 협력체계의 구축 및 교류
- 홀로 사는 노인에 대한 기부문화 조성을 위한 기부금품의 모집, 접수 및 배부
- 그 밖에 홀로 사는 노인의 돌봄을 위하여 보건복지부장관이 위탁하는 업무

7) 노인성 질환에 대한 의료지원

국가 또는 지방자치단체는 노인성 질환자의 경제적 부담 능력 등을 고려하여 노인성 질환의 예방교육, 조기 발견 및 치료 등에 필요한 비용의 전부 또는 일부를 지원할 수 있다(제27조의 4 제1항).

8) 상담 · 입소 등의 조치

보건복지부장관, 특별시장 · 광역시장 · 특별자치시장 · 도지사 · 특별자치도지사, 시장 · 군수 · 구청장은 노인에 대한 복지를 도모하기 위하여 필요하다고 인정한 때에는 다음의 조치를 하여야 한다(제28조 제1항).

- 65세 이상의 자 또는 그를 보호하고 있는 자를 관계공무원 또는 노인복지상담원으로 하여금 상담 · 지도하게 하는 것
- 65세 이상의 자로서 신체적 · 정신적 · 경제적 이유 또는 환경상의 이유로 거택에서 보호받기가 곤란한 자를 노인주거복지시설 또는 재가노인복지시설에 입소시키거나 입소를 위탁하는 것
- 65세 이상의 자로서 신체 또는 정신상의 현저한 결함으로 인하여 항상 보호를

필요로 하고 경제적 이유로 거택에서 보호받기가 곤란한 자를 노인의료복지시설에 입소시키거나 입소를 위탁하는 것

보건복지부장관, 시 · 도지사 또는 시장 · 군수 · 구청장(복지시설기관)은 65세 미만의 자에 대하여도 그 노쇠 현상이 현저하여 특별히 보호할 필요가 있다고 인정할 때에는 제1항의 조치를 할 수 있다(제28조 제2항). 복지실시기관은 제1항 또는 제2항에 따라 입소 조치된 자가 사망한 경우에 그 자에 대한 장례를 행할 자가 없을 때에는 그 장례를 행하거나 해당 시설의 장으로 하여금 그 장례를 행하게 할 수 있다. 이 경우 복지실시기관 또는 노인복지시설의 장은 사망자가 유류한 금전 또는 유가증권을 그 장례에 필요한 비용에 충당할 수 있으며, 부족이 있을 때에는 유류물품을 처분하여 그 대금을 이에 충당할 수 있다(제28조 제3항).

3 노인복지시설

1) 노인복지시설의 종류

노인복지시설의 종류는 다음과 같다(「노인복지법」 제31조).

- 노인주거복지시설
- 노인의료복지시설
- 노인여가복지시설
- 재가노인복지시설
- 노인보호전문기관
- 「노인 일자리 및 사회활동 지원에 관한 법률」 제9조 제1항 제2호(노인일자리 지원기관: 지역사회 등에서 노인일자리의 개발 · 지원, 창업 · 육성, 안전관리 및 노인에 의한

재화의 생산·판매 등을 직접 담당하는 기관)에 따른 노인일자리지원기관

- 같은 법 제39조의 19(학대피해노인 전용쉼터의 설치)에 따른 학대피해노인 전용쉼터

2) 노인주거복지시설

노인주거복지시설은 다음의 시설로 한다(제32조 제1항).

- 양로시설 : 노인을 입소시켜 급식과 그 밖에 일상생활에 필요한 편의를 제공함을 목적으로 하는 시설
- 노인공동생활가정 : 노인들에게 가정과 같은 주거여건과 급식, 그 밖에 일상생활에 필요한 편의를 제공함을 목적으로 하는 시설
- 노인복지주택 : 노인에게 주거시설을 임대하여 주거의 편의·생활지도·상담 및 안전관리 등 일상생활에 필요한 편의를 제공함을 목적으로 하는 시설

3) 노인의료복지시설

노인의료복지시설은 다음의 시설로 한다(제34조 제1항).

- 노인요양시설 : 치매·중풍 등 노인성 질환 등으로 심신에 상당한 장애가 발생하여 도움을 필요로 하는 노인을 입소시켜 급식·요양과 그 밖에 일상생활에 필요한 편의를 제공함을 목적으로 하는 시설
- 노인요양공동생활가정 : 치매·중풍 등 노인성 질환 등으로 심신에 상당한 장애가 발생하여 도움을 필요로 하는 노인에게 가정과 같은 주거 여건과 급식·요양, 그 밖에 일상생활에 필요한 편의를 제공함을 목적으로 하는 시설

4) 노인여가복지시설

노인여가복지시설은 다음의 시설로 한다(제36조 제1항).

- 노인복지관 : 노인의 교양 · 취미생활 및 사회참여 활동 등에 대한 각종 정보와 서비스를 제공하고, 건강증진 및 질병예방과 소득 보장 · 재가복지, 그 밖에 노인의 복지증진에 필요한 서비스를 제공함을 목적으로 하는 시설
- 경로당 : 지역 노인들이 자율적으로 친목도모 · 취미활동 · 공동작업장 운영 및 각종 정보교환과 기타 여가활동을 할 수 있도록 하는 장소를 제공함을 목적으로 하는 시설
- 노인교실 : 노인들에 대하여 사회활동 참여 욕구를 충족시키기 위하여 건전한 취미생활 · 노인건강유지 · 소득보장 · 기타 일상생활과 관련한 학습 프로그램을 제공함을 목적으로 하는 시설

5) 재가노인복지시설

재가노인복지시설은 다음의 어느 하나 이상의 서비스를 제공함을 목적으로 하는 시설을 말한다(제38조 제1항).

- 방문요양 서비스 : 가정에서 일상생활을 영위하고 있는 노인으로서 신체적 · 정신적 장애로 어려움을 겪고 있는 노인에게 필요한 각종 편의를 제공하여 지역사회 안에서 건전하고 안정된 노후를 영위하도록 하는 서비스
- 주 · 야간보호 서비스 : 부득이한 사유로 가족의 보호를 받을 수 없는 심신이 허약한 노인과 장애노인을 주간 또는 야간 동안 보호시설에 입소시켜 필요한 각종 편의를 제공하여 이들의 생활 안정과 심신 기능의 유지 · 향상을 도모하고, 그 가족의 신체적 · 정신적 부담을 덜어주기 위한 서비스
- 단기보호 서비스 : 부득이한 사유로 가족의 보호를 받을 수 없어 일시적으로 보호가 필요한 심신이 허약한 노인과 장애노인을 보호시설에 단기간 입소시켜 보호함으로써 노인 및 노인 가정의 복지증진을 도모하기 위한 서비스
- 방문목욕 서비스 : 목욕 장비를 갖추고 재가노인을 방문하여 목욕을 제공하는

서비스

- 그 밖의 서비스 : 그 밖에 재가노인에게 제공하는 서비스로서 보건복지부령이 정하는 서비스

6) 노인보호전문기관의 설치 · 운영

국가는 지역 간의 연계체계를 구축하고 노인 학대를 예방하기 위하여 다음의 업무를 담당하는 중앙노인보호전문기관을 설치 · 운영하여야 한다(제39조의 5 제1항).

- 노인인권보호 관련 정책제안
- 노인인권보호를 위한 연구 및 프로그램의 개발
- 노인 학대 예방의 홍보, 교육 자료의 제작 및 보급
- 노인보호전문사업 관련 실적 취합, 관리 및 대외 자료 제공
- 지역노인보호전문기관의 관리 및 업무지원
- 지역노인보호전문기관 상담원의 심화교육
- 관련 기관 협력체계의 구축 및 교류
- 노인 학대 분쟁 사례 조정을 위한 중앙노인학대사례판정위원회 운영
- 그 밖에 노인의 보호를 위하여 대통령령으로 정하는 사항

학대받는 노인의 발견 · 보호 · 치료 등을 신속히 처리하고 노인 학대를 예방하기 위하여 다음의 업무를 담당하는 지역노인보호전문기관을 특별시 · 광역시 · 도 · 특별자치도에 둔다(제35조의 5 제2항).

- 노인 학대 신고전화의 운영 및 사례 접수
- 노인 학대 의심사례에 대한 현장조사
- 피해 노인 및 노인 학대자에 대한 상담
- 피해 노인에 대한 법률 지원의 요청

- 피해 노인 가족 관련자와 관련 기관에 대한 상담
- 상담 및 서비스 제공에 따른 기록과 보관
- 일반인을 대상으로 한 노인 학대 예방교육
- 노인 학대 행위자를 대상으로 한 재발방지 교육
- 노인 학대 사례 판정을 위한 지역노인학대사례판정위원회 운영 및 자체사례회의 운영
- 그 밖에 노인의 보호를 위하여 보건복지부령으로 정하는 사항

7) 학대 피해 노인 전용쉼터의 설치 · 운영

국가와 지방자치단체는 노인 학대로 인하여 피해를 입은 노인을 일정 기간 보호하고 심신 치유 프로그램을 제공하기 위하여 학대 피해 노인 전용쉼터를 설치 · 운영할 수 있으며(제39조의 19 제1항), 쉼터의 업무는 다음과 같다(제39조의 19 제2항).

- 학대 피해 노인의 보호와 숙식 제공 등의 쉼터생활 지원
- 학대 피해 노인의 심리적 안정을 위한 전문심리상담 등 치유 프로그램 제공
- 노인 학대 행위자에 대한 고소 · 고발 등 법률적 사항의 자문을 위한 대한변호사협회, 지방변호사회 또는 「법률구조법」에 따른 법률구조법인 등에 대한 협조 및 지원 요청
- 학대 피해 노인에게 학대로 인한 신체적, 정신적 치료를 위한 기본적인 의료비 지원
- 학대 재발 방지와 원가정 회복을 위하여 노인 학대 행위자 등에게 전문상담 서비스 제공
- 그 밖에 쉼터에 입소하거나 쉼터를 이용하는 학대 피해 노인을 위하여 보건복지부령으로 정하는 사항

4 노인장기요양보험제도

노인장기요양보험제도는 국민연금, 국민건강보험, 고용보험, 산업재해보상보험에 이은 제5의 사회보험제도이다. 이 제도는 고령이나 노인성 질병 등의 사유로 일상생활을 혼자서 수행하기 어려운 노인 등에게 신체활동 또는 가사활동 등을 지원하여 노후생활의 안정을 도모하고, 그 가족의 부담을 덜어주기 위한 사회보험제도이다. 2007년에 「노인장기요양보험법」이 국회를 통과한 후 2008년 7월부터 보험료 고지 및 급여의 개시가 이루어졌다.

노인장기요양보험은 고령이나 노인성 질환으로 혼자 힘으로 일상생활이 어려운 자에게 장기요양기관이나 가정을 방문하여 신체활동이나 가사지원 서비스를 제공한다는 점에서 병·의원 또는 약국을 통해 질환의 진단, 입원 및 외래 치료 등에 필요한 서비스를 제공하는 국민건강보험과는 차이가 있다. 또한 소득과 관계없이 심신 기능의 상태에 따라 요양이 필요하다고 인정되는 자에게 보편적으로 서비스를 제공하는 제도라는 점에서 기존의 노인복지 서비스와도 차이가 있다.

1) 장기요양급여 제공의 기본원칙

장기요양급여는 노인 등이 자신의 의사와 능력에 따라 최대한 자립적으로 일상생활을 수행할 수 있도록 제공하여야 한다(「노인장기요양보호법」 제3조 제1항). 장기요양급여는 노인 등의 심신 상태·생활환경과 노인 등 및 그 가족의 욕구·선택을 종합적으로 고려하여 필요한 범위 안에서 이를 적정하게 제공하여야 한다(같은 법 제3조 제2항). 장기요양급여는 노인 등이 가족과 함께 생활하면서 가정에서 장기요양을 받는 재가급여를 우선적으로 제공하여야 한다(제3조 제3항). 장기요양급여는 노인 등의 심신 상태나 건강 등이 악화되지 아니하도록 의료 서비스와 연계하여 이를 제공하여야 한다(제3조 제4항).

2) 국가 및 지방자치단체의 책무 등

국가 및 지방자치단체는 노인이 일상생활을 혼자서 수행할 수 있는 온전한 심신 상태를 유지하는 데 필요한 사업을 실시하여야 한다(제4조 제1항). 국가는 노인성질환 예방사업을 수행하는 지방자치단체 또는 「국민건강보험법」에 따른 국민건강보험공단에 대하여 이에 소요되는 비용을 지원할 수 있다(제4조 제2항). 국가 및 지방자치단체는 노인 인구 및 지역 특성 등을 고려하여 장기요양급여가 원활하게 제공될 수 있도록 적정한 수의 장기요양기관을 확충하고 장기요양기관의 설립을 지원하여야 한다(제4조 제3항). 국가 및 지방자치단체는 장기요양급여가 원활히 제공될 수 있도록 공단에 필요한 행정적 또는 재정적 지원을 할 수 있다(제4조 제4항). 국가 및 지방자치단체는 장기요양요원의 처우를 개선하고 복지를 증진하며 지위를 향상시키기 위하여 적극적으로 노력하여야 한다(제4조 제5항). 국가 및 지방자치단체는 지역의 특성에 맞는 장기요양사업의 표준을 개발 · 보급할 수 있다(제4조 제6항).

3) 장기요양급여에 관한 국가정책방향

국가는 장기요양기본계획을 수립 · 시행함에 있어서 노인뿐만 아니라 장애인 등 일상생활을 혼자서 수행하기 어려운 모든 국민이 장기요양급여, 신체활동지원 서비스 등을 제공받을 수 있도록 노력하고 나아가 이들의 생활안정과 자립을 지원할 수 있는 시책을 강구하여야 한다(제5조).

4) 장기요양기본계획

보건복지부장관은 노인 등에 대한 장기요양급여를 원활하게 제공하기 위하여 5년 단위로 다음의 사항이 포함된 장기요양기본계획을 수립 · 시행하여야 하며(제6조 제1항), 지방자치단체의 장은 제1항에 따른 장기요양기본계획에 따라 세부시행계획을 수립 · 시행하여야 한다(제6조 제2항).

- 연도별 장기요양급여 대상인원 및 재원조달 계획
- 연도별 장기요양기관 및 장기요양전문인력 관리 방안
- 장기요양요원의 처우에 관한 사항
- 그 밖에 노인 등의 장기요양에 관한 사항으로서 대통령령으로 정하는 사항

5) 실태조사

보건복지부장관은 장기요양사업의 실태를 파악하기 위하여 3년마다 다음의 사항에 관한 조사를 정기적으로 실시하고, 그 결과를 공표하여야 한다(제6조의 2 제1항).

- 장기요양인정에 관한 사항
- 같은 법 제52조(등급판정위원회의 설치)에 따른 장기요양등급판정위원회의 판정에 따라 장기요양급여를 받을 사람(수급자)의 규모, 그 급여의 수준 및 만족도에 관한 사항
- 장기요양기관에 관한 사항
- 장기요양요원의 근로조건, 처우 및 규모에 관한 사항
- 그 밖에 장기요양사업에 관한 사항으로서 보건복지부령으로 정하는 사항

6) 장애인 등에 대한 장기요양보험료의 감면

공단은 「장애인복지법」에 따른 장애인 또는 이와 유사한 자로서 대통령령으로 정하는 자가 장기요양보험가입자 또는 그 피부양자인 경우 제15조 제2항(등급판정위원회는 신청인이 신청자격요건을 충족하고 6개월 이상 동안 혼자서 일상생활을 수행하기 어렵다고 인정하는 경우 심신 상태 및 장기요양이 필요한 정도 등 대통령령으로 정하는 등급판정기준에 따라 수급자로 판정)에 따른 수급자로 결정되지 못한 때 대통령령으로 정하는 바에 따라 장기요양보험료의 전부 또는 일부를 감면할 수 있다(제10조).

7) 장기요양급여의 종류

장기요양급여의 종류는 다음과 같다(제23조 제1항).

- 재가급여

  가. 방문요양 : 장기요양요원이 수급자의 가정 등을 방문하여 신체활동 및 가사활동 등을 지원하는 장기요양급여

  나. 방문목욕 : 장기요양요원이 목욕설비를 갖춘 장비를 이용하여 수급자의 가정 등을 방문하여 목욕을 제공하는 장기요양급여

  다. 방문간호 : 장기요양요원인 간호사 등이 의사, 한의사 또는 치과의사의 지시서에 따라 수급자의 가정 등을 방문하여 간호, 진료의 보조, 요양에 관한 상담 또는 구강위생 등을 제공하는 장기요양급여

  라. 주·야간보호 : 수급자를 하루 중 일정한 시간 동안 장기요양기관에 보호하여 신체활동 지원 및 심신 기능의 유지·향상을 위한 교육·훈련 등을 제공하는 장기요양급여

  마. 단기보호 : 수급자를 보건복지부령으로 정하는 범위 안에서 일정 기간 동안 장기요양기관에 보호하여 신체활동 지원 및 심신 기능의 유지·향상을 위한 교육·훈련 등을 제공하는 장기요양급여

  바. 기타 재가급여 : 수급자의 일상생활·신체활동 지원 및 인지 기능의 유지·향상에 필요한 용구를 제공하거나 가정을 방문하여 재활에 관한 지원 등을 제공하는 장기요양급여로서 대통령령으로 정하는 것
- 시설급여 : 장기요양기관에 장기간 입소한 수급자에게 신체활동 지원 및 심신 기능의 유지·향상을 위한 교육·훈련 등을 제공하는 장기요양급여
- 특별현금급여

  가. 가족요양비 : 제24조(가족요양비)에 따라 지급하는 가족장기요양급여

  나. 특례요양비 : 제25조(특례요양비)에 따라 지급하는 특례장기요양급여

다. 요양병원간병비 : 제26조(요양병원간병비)에 따라 지급하는 요양병원장기요양급여

8) 가족요양비

공단은 다음의 어느 하나에 해당하는 수급자가 가족 등으로부터 제23조 제1항 제1호 가목(방문요양)에 따른 방문요양에 상당한 장기요양급여를 받은 때 대통령령으로 정하는 기준에 따라 해당 수급자에게 가족요양비를 지급할 수 있다(제24조 제1항).

- 도서 · 벽지 등 장기요양기관이 현저히 부족한 지역으로서 보건복지부장관이 정하여 고시하는 지역에 거주하는 자
- 천재지변이나 그 밖에 이와 유사한 사유로 인하여 장기요양기관이 제공하는 장기요양급여를 이용하기가 어렵다고 보건복지부장관이 인정하는 자
- 신체 · 정신 또는 성격 등 대통령령으로 정하는 사유로 인하여 가족 등으로부터 장기요양을 받아야 하는 자

9) 특례요양비

공단은 수급자가 장기요양기관이 아닌 노인요양시설 등의 기관 또는 시설에서 재가급여 또는 시설급여에 상당한 장기요양급여를 받은 경우 대통령령으로 정하는 기준에 따라 해당 장기요양급여비용의 일부를 해당 수급자에게 특례요양비로 지급할 수 있다(제25조 제1항).

10) 요양병원간병비

공단은 수급자가 「의료법」 제3조 제2항 제3호 라목(요양병원)에 따른 요양병원에 입원한 때 대통령령으로 정하는 기준에 따라 장기요양에 사용되는 비용의 일부를 요양

병원간병비로 지급할 수 있다(제26조 제1항).

11) 장기요양기관의 지정

재가급여 또는 시설급여를 제공하는 장기요양기관을 운영하려는 자는 보건복지부령으로 정하는 장기요양에 필요한 시설 및 인력을 갖추어 소재지를 관할 구역으로 하는 특별자치시장 · 특별자치도지사 · 시장 · 군수 · 구청장으로부터 지정을 받아야 한다(제31조 제1항). 제1항에 따라 장기요양기관으로 지정을 받을 수 있는 시설은 「노인복지법」 제31조(노인복지시설의 종류)에 따른 노인복지시설 중 대통령령으로 정하는 시설로 한다(제31조 제2항). 재가급여를 제공하는 장기요양기관 중 의료기관이 아닌 자가 설치 · 운영하는 장기요양기관이 방문간호를 제공하는 경우에는 방문간호의 관리책임자로서 간호사를 둔다(제31조 제2항).

12) 인권교육

장기요양기관 중 대통령령으로 정하는 기관을 운영하는 자와 그 종사자는 인권에 관한 교육을 받아야 한다(제35조의 3 제1항). 장기요양기관 중 대통령령으로 정하는 기관을 운영하는 자는 해당 기관을 이용하고 있는 장기요양급여 수급자에게 인권교육을 실시할 수 있다(제35조의 3 제2항). 보건복지부장관은 같은 법 제35조의 3 제1항 및 제2항에 따른 인권교육을 효율적으로 실시하기 위하여 인권교육기관을 지정할 수 있다. 이 경우 예산의 범위에서 인권교육에 소요되는 비용을 지원할 수 있으며, 지정을 받은 인권교육기관은 보건복지부장관의 승인을 받아 인권교육에 필요한 비용을 교육대상자로부터 징수할 수 있다(제35조의 3 제3항).

참고문헌

권육상(2002). **인간행동과 사회환경**. 서울: 유풍출판사.

강용규 · 류동수(2023). **노인복지론**. 경기: 공동체.

강희성 · 김현경 · 박길남 · 박주현 · 윤명길 · 이장희 · 정명희 · 주민경(2021). **사회문제론**. 경기: 양성원.

강희성 · 김현경 · 박길남 · 박주현 · 윤명길 · 전대성 · 정명희 · 주민경(2021). **사회복지와 문화다양성**. 경기: 양성원.

고수현 · 강호성 · 김정현 · 남연희 · 박성복 · 윤종갑 · 정영주(2016). **사회복지정책론**. 경기: 양성원.

고수현 · 윤선오(2021). **노인복지론**. 경기: 수양재.

곽혜원(2011). **자살문제 어떻게 할 것인가?** 서울: 21세기교회와신학포럼.

김준환 · 김혜경(2020). **노인복지 실천을 위한 노인 케어의 이론과 실제**(2판). 경기: 어가.

김춘경 · 이수연 · 이윤주 · 정종진 · 최웅용(2016). **상담학 사전**. 서울: 학지사.

김태현(1999). **노년학**. 경기: 교문사.

김희수(2022). **노인상담의 이해**. 서울: 동문사.

박석돈 · 박순미 · 이기원 · 이용환 · 이재모 · 최병태(2022). **노인복지론**. 경기: 양성원.

보건복지부(2021). 2020년도 노인실태조사.

보건복지부(2023). 제3차 노인일자리 및 사회활동 지원 종합계획(2023~2027).

보건복지부 · 국립중앙의료원 · 중앙치매센터(2023). **2023 나에게 힘이 되는 치매가이드북**.

보건복지부 · 중앙노인보호전문기관(2023). **2022 노인학대 현황보고서 가이드북**.

서 윤(2007). **노인복지학개론**. 경기: 학현사.

서혜경 · 정순돌 · 최광현(2013). **노인상담: 기본 기술과 과정**. 서울: 학지사.

유수정 · 김현숙 · 한규량(2002). 재가노인의 신체적 건강, 자아존중감, 사회적지지 및 보건복지 욕구조사: 치매 및 우울의심 노인과 정상노인의 비교를 중심으로. **한국노년학, 22**(3), 115-133.

이규미(2022). **상담의 실제: 과정과 기법**(2판). 서울: 학지사.

이미나 · 김희영 · 김동일 · 김재옥 · 김병남(2020). **웰빙과 웰다잉을 위한 노인돌봄과 노인상담**. 경기: 공동체.

이수연 · 김규식 · 정성란 · 황재규(2021). **상담심리학(2판)**. 경기: 양성원.

이외수(1994). **감성사전**. 서울: 동승동.

이호선(2012). **노인상담(2판)**. 서울: 학지사.

전상경(2001). **정책분석의 정치경제**. 서울: 박영사.

조원규(2018). **웰다잉강사지도사 자격과정을 위한 웰다잉의 이해와 실천**(개정판). 서울: 책과나무.

조재국(2010). 죽음에 관한 기독교적 이해. **신학과 실천, 24**(2), 143-181.

천성문 · 박은아 · 이정아 · 이지영 · 정세영 · 차윤희 · 김지숙 · 김현정(2023). **초심상담자를 위한 상담 기술의 실제**. 서울: 학지사.

최덕경 · 서의정 · 배은숙 · 이금옥 · 박주현 · 정유란(2013). **인간행동과 사회환경**. 경기: 양서원.

최선화(2003). 임파워먼트를 통한 노인상담. **노인복지연구, 20**(1), 29-47.

통계청 보도자료(2022. 4. 14.). 2021년 장래인구추계를 반영한 우리나라 내 · 외국인 인구 전망(2020~2040년).

하지현(2016). **정신의학의 탄생: 광기를 합리로 바꾼 정신의학사의 결정적 순간**. 서울: 해냄.

한광희 · 임중우 · 김민식 · 이일병 · 변혜란 · 김진우 · 김상문 · 이승종 · 이익환 · 이민행 · 임춘성 · 박창균 · 나동렬(2000). **인지과학**. 서울: 학지사.

한정란(2005). **노인교육의 이해**. 서울: 학지사.

현외성 · 조추용 · 이은희 · 윤은경(2001). **한국노인복지학강론**. 서울: 유풍출판사.

Ackerson, B. J., & Harrison, W. D. (2000). Practitioners' perceptions of empowerment. *Families in Society, 81*, 3.

Block, J. D., & Bakos, S. C. (1999). *Sex over 50*. Paramus, NJ: Reward Books.

Browne, C. V. (1995). Empowerment in Social Work Practice with Older Women. *Social Work, 40*(3), 358-364.

Chapin, R., & Cox, E. O. (2001). Changing the Paradigm: Strengths-Based and Empowerment-Oriented Social Work with Frail Elders. *Journal of Gerontological Social Work, 36*(3/4), 165-179.

Clark, P. G. (1989). The philosophical foundations of empowerment. *Journal of Health and Aging, 1*(3), 267-285; some crucial distinctions, Gerontologist 28: 10-17.

Gibson, C. (1991). A Concept analysis of empowerment. *Journal of Advanced Nursing, 16*, 354-361.

Gutierrez, L. M., Parsons, R. J., & Cox, E. O. (1998). *Empowerment in social work practice: A source book*. Pacific Grove, CA: Brooks/Cole Publishing Company.

Harbert, A. S., & Ginsberg, L. H. (1979). *Human services for older adults: Concepts & skills*. Balmont, Calif: Wadsworth Pub. Co.

Harold, D. I., & Abraham, K. (1970). *Power and Society*. New Haven: Yale University Press.

Horney, K. (1950). *Neurosis and human growth: The Struggle toward self-realization*. New York: W. W. Norton and Company, Inc.

Jantsch, E. (1970). From Forecasting and Planning to Policy Science. *Policy Science, 1*, 37-47.

Kottler, J. A. (2014). **상담자가 된다는 것**(이지연 · 황진숙 역). 서울: 학지사. (원저는 2010년에 출간).

Lewis, M. I., & Butler, R. N. (1974). Life-review therapy: Life-review therapy: Putting memories to work in individual and group psychotherapy. *Geriatrics, 29*, 165-173.

McDonald, P. A., & Haney, M. (2003). **노인상담연습**(현외성 · 하정미 역). 서울: 양서원. (원저는 1988년에 출간).

Maslow, A. H. (1965). A theory of human motivation. In D. E. Hamachek (Ed.). *The self in growth, teaching and learning*. New Jersey: Prentice-Hall.

McClusky, H. Y. (1971). Education: Background and issues. Report prepared for the White House Conference on Aging, Washington, DC.

Miller, J. B. (1986). *Toward a new psychology of women* (2nd ed.). Boston: Beacon Press.

Papalia, D. E., Olds, S. W., & Feldman, R. D. (1989). *Human development*. New York: McGraw-Hill.

Parsons, R. J., & Cox, E. O. (1989). Family mediation in elder caregiving decisions: An empowerment intervention. *Social Work, 34*(2), 122-126.

Pease, B. (2002). Rethinking empowerment. *British Journal of Social Work, 32*, 135-147.

Policy Studies Organization (1972). *Policy Studies Journal, 1*, Autumn.

Roger, C. R. (1961). *On becoming a person: A therapist's view of psychotherapy*. London: Constable.

Schedler, J. (2010). The efficacy of psychodynamic psychotherapy. *American Psychologist, 65*(2), 98.

Shera, W., & Page, J. (1995). Creating mote effective human service organizations through strategies of empowerment. *Administration in Social Work, 19*(4), 1-15.

Sherron, R. H., & Lumsden, D. B. (Eds.). (1990). *Introduction to Educational Gerontology* (3rd ed.). New York: Hemishere Publishing Corp.

Skovholt, T. M., & Starkey, M. T. (2010). The Three legs of the practitioner's learning stool: practice, research/theory, and personal life. *Journal of Contemporary Psychotherapy, 40*(3), 125-130.

Spiegler, M. D., & Guevremont, D. C. (2010). *Contemporary Behavior Therapy* (5th ed.). CA: Wadsworth.

Yalom, I. D. (1995). *Introduction in Away of Being* (Roger, G. R., 1980). Boston: Houghton Miffiin.

강원일보(2023. 11. 15.). 노인까지 흉기 휘두르는 세상… 춘천 · 원주서 잇따라 범죄.

경북매일(2023. 11. 21.). 늘어나는 생계형 범죄, 취약계층 맞춤형 지원 절실.

국제신문(2023. 12. 4.). 노년기 성생활, 치매 예방 · 뇌 건강에도 좋아요.

데일리안(2023. 11. 22.). "자신감 넘치는 사회 일원되도록"… 다문화 · 노인 세대에 두 팔 벌린 삼성.

머니투데이(2017. 5. 8.). 홍준표 "장인 영감탱이" 논란… 사전적 의미는?

문화일보(2016. 9. 9.). 외로워 이성 교제… 여성 노인들도 '데이트 폭력' 시달린다.

미주한국일보(2023. 8. 24.) 미국도 '황혼이혼' 급증… 독거노인 덩달아 늘어나.

브라보마이라이프(2023. 11. 14.). 日 나고야, 시민 치매 검사 비용 '전액 부담'.

브레이크뉴스(2015. 7. 8.). 탑골공원… 84세 할머니 성매매가 서울의 민낯인가?

서울신문(2023. 12. 3.). 우울증에 신음하는 농어촌… 진료받을 정신과가 없어요.

세계일보(2023. 12. 6.). 국민 정신건강 국가 관리, '자살률 1위' 오명 벗는 계기로.

시니어매일(2019. 7. 22.). 노인의 성, 언제 어디까지인가?

아시아타임즈(2023. 9. 21.). 치매주거부터 성생활까지… 필요한 것은 당당하게.

에너지경제(2023. 11. 24.). 노인을 위한 지자체는 있다, 포천시.

여성경제신문(2023. 12. 7.). 점점 늘어나는 고독사에… 유품정리업체, 씁쓸한 호황기.

연합뉴스(2023. 11. 29.). 中 노인 HIV 감염 7년새 54%… 남서부 지역 · 저학력자에 집중.

오피니언뉴스(2022. 8. 25.). 황혼이혼 원조국가 일본, 2020년 역대최고 기록.
의학신문(2021. 4. 5.). 80대 노인도 20~30% 성생활… 사회적 편견이 문제.
이데일리(2023. 7. 1.). 섹스리스 부부, 이혼 가능할까요?
조선일보(2023. 9. 12.). 노부부의 황혼 이혼… 그 다음에 벌어지는 일들.
조선일보(2023. 10. 12.). 노인들이 앱으로 연애한다, '온라인 황혼 소개팅' 인기.
조선일보(2023. 10. 27.). 노인 90%가 연금 받지만… 절반은 월 39만 원도 안 돼.
주간조선(2019. 3. 1.). 간병살인 비극 일본은 어떻게 대처했나.
중앙일보(2023. 11. 15.). 고금리 · 불경기에 그들 먼저 쓰러졌다… '노인 파산' 역대 최다.
천지일보(2014. 6. 7.). "노인 부부만 사는 '빈 둥지' 기간 길어졌다."
코메디닷컴(2021. 7. 23.). 사람들은 얼마나 오래 살고 싶을까?
파이낸셜뉴스(2023. 10. 19.). 노인이 주류가 되는 세상.
한겨레(2015. 4. 19.). 위기의 '치매가족'.
한국일보(2021. 6. 9.). 부동산에 속아 헐값에 입주권 파는 노인들.
후생신보(2022. 11. 4.). 기획특집—우울증(2022 Special Articles for PRIMARY CARE PHYSICIAN).
JTVC뉴스(2023. 11. 29.). "무릎 말고 다른 곳 만져줘"… '성범죄' 무방비 노출된 요양보호사들.

https://www.amnesty.or.kr/
http://www.chemicalnews.co.kr
http://www.hakjisa.co.kr
http://www.health.kdca.go.kr
https://www.hidoc.co.kr
http://www.koreanpsychology.or.kr
https://www.msdmanuals.com/ko-kr
https://www.namu.wiki/
https://www.nct.go.kr›distMental
http://www.netongs.com
https://www.smartkoh.tistory.com/590
http://www.snuh.org/

찾아보기

인 명

내 용

ㄴ

ㅇ

저자소개

■ **오승하** - 교육학박사(사회복지상담전공)

현재 강동대학교 글로컬사회복지학부 학과장으로 "인간행동과 사회환경", "노인복지론", "사회복지법제와 실천", "사회복지실습세미나" 등 수업을 하고 있다. "65세 이상 노인부부와 독거노인의 성생활 인식이 생활만족에 미치는 영향에 관한 연구"로 석사학위를 취득하였고 "한부모가정의 불안, 생활만족도, 사회적 지지 간의 관계연구-부자가정과 모자가정의 집단 간 비교"로 박사학위를 취득하였다. 최근 논문은 "노인 주야간보호센터 종사자의 조직몰입과 직무환경과의 관계에 대한 심리적 임파워먼트 매개효과"가 있다. 최근 저서로는 『사회복지행정론』, 『사회복지정책론』, 『사회복지학개론』, 『사회복지 실천기술론』, 『노인복지론』, 『가족복지론』, 『아동복지론』, 『노인상담』 등이 있다.

노인상담

1판 1쇄 인쇄 — 2024년 2월 1일
1판 1쇄 발행 — 2024년 2월 5일

저　　자 - 오승하
발 행 인 - 강철원
발 행 처 - 양성원
주　　소 - 경기도 파주시 검산로 173번길 29-12
전　　화 - 031-946-3861(代)
팩　　스 - 031-946-3864
이 메 일 - tnwpub@naver.com
홈페이지 - tnwpub.co.kr
출판등록 - 2015년 8월 31일 제 2015-000211 호

ISBN 979-11-6126-566-7

정가 21,000원